公路钢-混工字组合梁上部结构通用图

第二册 连 续 梁

河北省交通规划设计研究院有限公司
　　　　　　　　　东南大学　编制
邢台路桥建设集团有限公司

人民交通出版社股份有限公司

北　京

图书在版编目(CIP)数据

公路钢-混工字组合梁上部结构通用图. 第二册, 连续梁 / 河北省交通规划设计研究院有限公司等编制. —北京：人民交通出版社股份有限公司, 2021.10
 ISBN 978-7-114-16565-8

Ⅰ.①公… Ⅱ.①河… Ⅲ.①公路桥—钢筋混凝土桥—工形梁—连续梁桥—河北—图集 Ⅳ.①U448.14-64

中国版本图书馆 CIP 数据核字(2020)第 082078 号

Gonglu Gang-hun Gongzi Zuheliang Shangbu Jiegou Tongyongtu Di'erce Lianxuliang

书　　名：	**公路钢-混工字组合梁上部结构通用图　第二册　连续梁**
著 作 者：	河北省交通规划设计研究院有限公司　东南大学　邢台路桥建设集团有限公司
责任编辑：	周　宇　潘艳霞　侯蓓蓓　朱伟康
责任校对：	刘　芹
责任印制：	张　凯
出版发行：	人民交通出版社股份有限公司
地　　址：	(100011)北京市朝阳区安定门外外馆斜街 3 号
网　　址：	http://www.ccpcl.com.cn
销售电话：	(010)59757973
总 经 销：	人民交通出版社股份有限公司发行部
经　　销：	各地新华书店
印　　刷：	北京交通印务有限公司
开　　本：	880×1230　1/8
印　　张：	17.5
版　　次：	2021 年 10 月　第 1 版
印　　次：	2021 年 10 月　第 1 次印刷
书　　号：	ISBN 978-7-114-16565-8
定　　价：	450.00 元

(有印刷、装订质量问题的图书由本公司负责调换)

本书编制委员会

编制组组长： 何勇海

编制组副组长： 万　水　朱冀军　雷　伟

编制组人员： 闫　涛　马　骅　赵文忠　金凤温　张国清　李志聪　李　宁　张　磊

　　　　　　　 刘桂满　苏立超　王海林　朱万勇　程　涛　高海涛　任宇扬　韩瑞东

　　　　　　　 崔志永　吕　栋　安伟胜　冯海燕　高　飞　彭　姚

序

钢-混凝土组合桥梁具有自重轻、强度高、延性好、施工简捷等优点,已在许多大型或重点工程中得到了成功应用。与钢梁桥和预应力混凝土梁桥相比,钢-混凝土组合桥梁有很强的竞争能力,其综合经济指标要节约10%~20%,被认为是21世纪推广应用的新型结构形式之一。为了增加对组合梁桥性能的认识,以便使组合梁桥的综合效益得到更好的发挥。河北省交通规划设计研究院有限公司、东南大学、邢台路桥建设集团有限公司根据河北省交通运输厅厅长办公会《关于在全省公路建设中推广应用钢结构桥的意见》,为加快推进钢结构桥梁在公路建设中的应用工作,根据专题研究成果与实际建设经验,编制了《公路钢-混工字组合梁上部结构通用图 第一册 简支梁》《公路钢-混工字组合梁上部结构通用图 第二册 连续梁》。钢-混凝土组合结构桥梁设计的标准化有利于保证设计质量、加快设计速度,有利于采用和推广新技术,便于实行构件生产工厂化、装配化和施工机械化,有利于提高劳动生产率,加快建设进度。实践证明,钢-混凝土组合梁桥使用状态稳定,病害较少,易养护,维修便捷,钢结构回收利用率高达90%,符合国家节能降耗和绿色环保的综合目标。对于环境资源压力巨大的河北省来说,交通运输行业主动作为,通过推广钢桥,既可为消耗钢铁行业过剩产能做出积极贡献,也可减少二氧化碳排放量,对节能减排影响深远。

本通用图推荐的新型标准钢-混组合桥梁充分体现了可以让桥梁结构真正实现装配化、模块化、工厂化、标准化的思想,有助于提高工程质量,节约建设成本。钢-混凝土工字组合梁通用图在全省公路建设中推广使用后,不仅在经济方面能够节约大量的人力、物力,降低公路建设成本。采用通用图的桥梁结构设计也可以为管理部门减免设计审查,降低设计审查劳动强度,提高工作效率。

钢-混凝土组合桥梁已多次应用于工程实际,实际应用效果很好,建议推广使用。

中国工程设计大师

2021.5.31

目 录

序号	图 名	图 号
	说 明	
一	30m 连续梁上部结构通用图	
1	单幅一联上部结构主要工程材料数量表(一)	ST-GL-03-01
2	单幅一联上部结构主要工程材料数量表(二)	ST-GL-03-02
3	施工阶段划分图(一)	ST-GL-03-03
4	施工阶段划分图(二)	ST-GL-03-04
5	钢-混工字组合梁标准横断面图(13m)	ST-GL-03-05
6	钢-混工字组合梁标准横断面图(16.5m)	ST-GL-03-06
7	钢-混工字组合梁总体布置图(一)	ST-GL-03-07
8	钢-混工字组合梁总体布置图(二)	ST-GL-03-08
9	钢-混工字组合梁总体布置图(三)	ST-GL-03-09
10	钢-混工字组合梁总体布置图(四)	ST-GL-03-10
11	工字梁边梁制作段 A 一般构造图(一)	ST-GL-03-11
12	工字梁边梁制作段 A 一般构造图(二)	ST-GL-03-12
13	工字梁边梁制作段 A 一般构造图(三)	ST-GL-03-13
14	工字梁边梁制作段 A 一般构造图(四)	ST-GL-03-14
15	工字梁边梁制作段 B 一般构造图(一)	ST-GL-03-15
16	工字梁边梁制作段 B 一般构造图(二)	ST-GL-03-16
17	工字梁边梁制作段 B 一般构造图(三)	ST-GL-03-17
18	工字梁边梁制作段 B 一般构造图(四)	ST-GL-03-18
19	工字梁边梁制作段 C 一般构造图(一)	ST-GL-03-19
20	工字梁边梁制作段 C 一般构造图(二)	ST-GL-03-20
21	工字梁边梁制作段 C 一般构造图(三)	ST-GL-03-21
22	工字梁中梁制作段 A 一般构造图(一)	ST-GL-03-22
23	工字梁中梁制作段 A 一般构造图(二)	ST-GL-03-23

序号	图 名	图 号
	说 明	
24	工字梁中梁制作段 A 一般构造图(三)	ST-GL-03-24
25	工字梁中梁制作段 A 一般构造图(四)	ST-GL-03-25
26	工字梁中梁制作段 B 一般构造图(一)	ST-GL-03-26
27	工字梁中梁制作段 B 一般构造图(二)	ST-GL-03-27
28	工字梁中梁制作段 B 一般构造图(三)	ST-GL-03-28
29	工字梁中梁制作段 B 一般构造图(四)	ST-GL-03-29
30	工字梁中梁制作段 C 一般构造图(一)	ST-GL-03-30
31	工字梁中梁制作段 C 一般构造图(二)	ST-GL-03-31
32	工字梁中梁制作段 C 一般构造图(三)	ST-GL-03-32
33	钢-混工字组合梁拼接构造图	ST-GL-03-33
34	端横梁一般构造图	ST-GL-03-34
35	中横梁一般构造图	ST-GL-03-35
36	横向联系一般构造图(一)	ST-GL-03-36
37	横向联系一般构造图(二)	ST-GL-03-37
38	水平联系一般构造图(一)	ST-GL-03-38
39	水平联系一般构造图(二)	ST-GL-03-39
40	水平联系一般构造图(三)	ST-GL-03-40
41	水平联系布置图(一)	ST-GL-03-41
42	水平联系布置图(二)	ST-GL-03-42
43	水平联系布置图(三)	ST-GL-03-43
44	剪力钉布置图	ST-GL-03-44
45	抗震块构造图	ST-GL-03-45
46	桥面板一般构造图(一)	ST-GL-03-46
47	桥面板一般构造图(二)	ST-GL-03-47
48	桥面板钢筋一般构造图(一)	ST-GL-03-48

序号	图 名	图 号		序号	图 名	图 号
49	桥面板钢筋一般构造图(二)	ST-GL-03-49		27	工字梁中梁制作段A一般构造图(四)	ST-GL-04-27
50	桥面板钢筋一般构造图(三)	ST-GL-03-50		28	工字梁中梁制作段A一般构造图(五)	ST-GL-04-28
51	桥面板钢筋一般构造图(四)	ST-GL-03-51		29	工字梁中梁制作段B一般构造图(一)	ST-GL-04-29
52	桥面板钢筋一般构造图(五)	ST-GL-03-52		30	工字梁中梁制作段B一般构造图(二)	ST-GL-04-30
53	桥面板钢筋一般构造图(六)	ST-GL-03-53		31	工字梁中梁制作段B一般构造图(三)	ST-GL-04-31
54	预拱度设置示意图	ST-GL-03-54		32	工字梁中梁制作段B一般构造图(四)	ST-GL-04-32
55	支座平面布置图(一)	ST-GL-03-55		33	工字梁中梁制作段C一般构造图(一)	ST-GL-04-33
56	支座平面布置图(二)	ST-GL-03-56		34	工字梁中梁制作段C一般构造图(二)	ST-GL-04-34
57	钢-混工字组合梁焊缝通用图(一)	ST-GL-03-57		35	工字梁中梁制作段C一般构造图(三)	ST-GL-04-35
58	钢-混工字组合梁焊缝通用图(二)	ST-GL-03-58		36	工字梁中梁制作段C一般构造图(四)	ST-GL-04-36
二	40m连续梁上部结构通用图			37	钢-混工字组合梁拼接构造图	ST-GL-04-37
1	单幅一联上部结构主要工程材料数量表(一)	ST-GL-04-01		38	端横梁一般构造图	ST-GL-04-38
2	单幅一联上部结构主要工程材料数量表(二)	ST-GL-04-02		39	中横梁一般构造图	ST-GL-04-39
3	施工阶段划分图(一)	ST-GL-04-03		40	横向联系一般构造图(一)	ST-GL-04-40
4	施工阶段划分图(二)	ST-GL-04-04		41	横向联系一般构造图(二)	ST-GL-04-41
5	钢-混工字组合梁标准横断面图(13m)	ST-GL-04-05		42	水平联系一般构造图(一)	ST-GL-04-42
6	钢-混工字组合梁标准横断面图(16.5m)	ST-GL-04-06		43	水平联系一般构造图(二)	ST-GL-04-43
7	钢-混工字组合梁总体布置图(一)	ST-GL-04-07		44	水平联系一般构造图(三)	ST-GL-04-44
8	钢-混工字组合梁总体布置图(二)	ST-GL-04-08		45	水平联系一般构造图(四)	ST-GL-04-45
9	钢-混工字组合梁总体布置图(三)	ST-GL-04-09		46	水平联系一般构造图(五)	ST-GL-04-46
10	钢-混工字组合梁总体布置图(四)	ST-GL-04-10		47	水平联系一般构造图(六)	ST-GL-04-47
11	工字梁边梁制作段A一般构造图(一)	ST-GL-04-11		48	剪力钉布置图	ST-GL-04-48
12	工字梁边梁制作段A一般构造图(二)	ST-GL-04-12		49	抗震挡块构造图	ST-GL-04-49
13	工字梁边梁制作段A一般构造图(三)	ST-GL-04-13		50	桥面板一般构造图(一)	ST-GL-04-50
14	工字梁边梁制作段A一般构造图(四)	ST-GL-04-14		51	桥面板一般构造图(二)	ST-GL-04-51
15	工字梁边梁制作段A一般构造图(五)	ST-GL-04-15		52	桥面板钢筋一般构造图(一)	ST-GL-04-52
16	工字梁边梁制作段B一般构造图(一)	ST-GL-04-16		53	桥面板钢筋一般构造图(二)	ST-GL-04-53
17	工字梁边梁制作段B一般构造图(二)	ST-GL-04-17		54	桥面板钢筋一般构造图(三)	ST-GL-04-54
18	工字梁边梁制作段B一般构造图(三)	ST-GL-04-18		55	桥面板钢筋一般构造图(四)	ST-GL-04-55
19	工字梁边梁制作段B一般构造图(四)	ST-GL-04-19		56	桥面板钢筋一般构造图(五)	ST-GL-04-56
20	工字梁边梁制作段C一般构造图(一)	ST-GL-04-20		57	桥面板钢筋一般构造图(六)	ST-GL-04-57
21	工字梁边梁制作段C一般构造图(二)	ST-GL-04-21		58	预拱度设置示意图	ST-GL-04-58
22	工字梁边梁制作段C一般构造图(三)	ST-GL-04-22		59	支座平面布置图(一)	ST-GL-04-59
23	工字梁边梁制作段C一般构造图(四)	ST-GL-04-23		60	支座平面布置图(二)	ST-GL-04-60
24	工字梁中梁制作段A一般构造图(一)	ST-GL-04-24		61	钢-混工字组合梁焊缝通用图(一)	ST-GL-04-61
25	工字梁中梁制作段A一般构造图(二)	ST-GL-04-25		62	钢-混工字组合梁焊缝通用图(二)	ST-GL-04-62
26	工字梁中梁制作段A一般构造图(三)	ST-GL-04-26				

说 明

一、设计规范

1. 《公路工程技术标准》（JTG B01—2014）
2. 《公路桥涵设计通用规范》（JTG D60—2015）
3. 《公路钢筋混凝土及预应力混凝土桥涵设计规范》（JTG 3362—2018）
4. 《公路钢结构桥梁设计规范》（JTG D64—2015）
5. 《公路钢混组合桥梁设计与施工规范》（JTG D64-01—2015）
6. 《公路桥涵施工技术规范》（JTG/T 3650—2020）
7. 《公路工程抗震规范》（JTG B02—2013）
8. 《公路桥梁抗震设计规范》（JTG/T 2231-01—2020）
9. 《公路桥梁钢结构防腐涂装技术条件》（JT/T 722—2008）
10. 《公路工程质量检验评定标准 第一册 土建工程》（JTG F80/1—2017）
11. 《钢结构设计标准》（GB 50017—2017）
12. 《钢结构焊接规范》（GB 50661—2011）
13. 《钢结构高强度螺栓连接技术规程》（JGJ 82—2011）
14. 《铁路钢桥制造规范》（Q/CR 9211—2015）
15. 《桥梁用结构钢》（GB/T 714—2015）
16. 《低合金高强度结构钢》（GB/T 1591—2018）
17. 《厚度方向性能钢板》（GB/T 5313—2010）
18. 《碳素结构钢》（GB/T 700—2006）
19. 《优质碳素结构钢》（GB/T 699—2015）
20. 《热轧型钢》（GB/T 706—2016）
21. 《热轧H型钢和剖分T型钢》（GB/T 11263—2017）
22. 《焊缝无损检测超声检测技术、检测等级和评定》（GB/T 11345—2013）
23. 《焊缝无损检测 焊缝磁粉检测 验收等级》（GB/T 26952—2011）
24. 《混凝土结构设计规范》（GB 50010—2010）
25. 《混凝土外加剂应用技术规范》（GB 50119—2013）
26. 《钢纤维混凝土》（JG/T 472—2015）
27. 《钢筋机械连接用套筒》（JG/T 163—2013）
28. 《钢筋机械连接技术规程》（JGJ 107—2016）
29. 《钢筋焊接网混凝土结构技术规程》（JGJ 114—2014）
30. 《钢筋混凝土用钢 第1部分：热轧光圆钢筋》（GB/T 1499.1—2017）
31. 《钢筋混凝土用钢 第2部分：热轧带肋钢筋》（GB/T 1499.2—2018）
32. 《钢筋混凝土用钢 第3部分：钢筋焊接网》（GB/T 1499.3—2010）
33. 《城市桥梁工程施工与质量验收规范》（CJJ 2—2008）
34. 《公路工程混凝土结构耐久性设计规范》（JTG/T 3310—2019）
35. 《城市桥梁桥面防水工程技术规程》（CJJ 139—2010）
36. AASHTO LRFD 2012 Bridge Design Specifications
37. Eurocode 4：Design of Composite Steel and Concrete Structures
38. Steel-Concrete Composite Bridges Sustainable Design Guide

设计规范包括但不限于以上内容，与本工程设计内容相关的现行各种规范的要求也应满足。

二、技术标准

主要技术标准表（连续30m）

公路等级	高速公路
汽车荷载等级	公路—Ⅰ级
行车道数	双向四车道、双向六车道
桥面宽度(m)	13.0、16.5
跨径(m)	30
斜度(°)	0
单幅桥工字主梁片数	4、5
梁间距(m)	3.4
梁高(m)	2.0
设计安全等级	一级
腐蚀环境类别	C3
结构类型	连续

主要技术标准表（连续40m）

公路等级	高速公路
汽车荷载等级	公路—Ⅰ级
行车道数	双向四车道、双向六车道
桥面宽度(m)	13.0、16.5
跨径(m)	40
斜度(°)	0
单幅桥工字主梁片数	4、5
梁间距(m)	3.4
梁高(m)	2.4
设计安全等级	一级
腐蚀环境类别	C3
结构类型	连续

三、主要材料

1. 混凝土

现浇桥面板采用无收缩C50钢纤维混凝土。膨胀剂的掺量应以混凝土28d体积保持不变为原则；钢纤维的掺量为$50kg/m^3$。

混凝土材料、混凝土耐久性满足《公路钢筋混凝土及预应力混凝土桥涵设计规范》(JTG 3362—2018)要求。砂、石骨料宜就地取材，但应经过试验，并符合《公路桥涵施工技术规范》(JTG/T 3650—2020)有关条款要求。泵送混凝土坍落度不宜大于12~14，传统斗浇混凝土坍落度以不大于5~8为宜。混凝土用水泥、砂、石料应避免采用可能发生碱集料反应的材料。

2. 普通钢筋

设计用钢筋为HPB300钢筋和HRB400钢筋两种。HPB300钢筋必须符合《钢筋混凝土用钢 第1部分：热轧光圆钢筋》(GB/T 1499.1—2017)的有关规定，HRB400钢筋必须符合《钢筋混凝土用钢 第2部分：热轧带肋钢筋》(GB/T 1499.2—2018)的有关规定。

3. 钢材

钢梁板采用Q345qE钢材，钢材性能必须符合《桥梁用结构钢》(GB/T 714—2015)的有关规定；横向联系及平联型钢采用Q345D，钢材性能必须符合《低合金高强度结构钢》(GB/T 1591—2018)的有关规定。

附属设施钢材采用Q235钢材，钢材性能必须符合《碳素结构钢》(GB/T 700—2006)的有关规定。

4. 焊接材料

焊接材料采用与母材相匹配的焊丝、焊剂和手工焊条，且应符合相应的国标要求。使用焊丝、焊剂焊接上述钢板后，其熔敷金属的屈服强度、极限强度及延伸率应不低于母材的机械性能；手工电弧焊应采用低氢型焊条。焊接材料供货应附有质量证明书，任意抽查复验焊剂及焊丝，其质量均应合格。

5. 高强度螺栓

高强度螺栓采用M22，孔径24mm。高强度螺栓、螺母、垫圈的尺寸、技术条件及标记应符合《钢结构用高强度大六角头螺栓》(GB/T 1228—2006)、《钢结构用高强度大六角螺母》(GB/T 1229—2006)、《钢结构用高强度垫圈》(GB/T 1230—2006)的规定，热处理后材料的机械性能应符合《钢结构用高强度大六角头螺栓、大六角螺母、垫圈技术条件》(GB/T 1231—2006)的规定。

6. 剪力钉

钢主梁及横梁与混凝土桥面板间采用 φ22mm 圆柱头焊钉连接,焊钉材料为 ML15 或 ML15AL 材质,焊钉尺寸、化学成分、机械性能等应符合《电弧螺柱焊用圆柱头焊钉》(GB/T 10433—2002)的要求。焊钉焊接一律采用机械焊接,严禁采用手工焊接。

四、设计要点

1. 设计参数

(1) 一期恒载

混凝土重度 26kN/m³,沥青混凝土重度 25kN/m³,钢材重度 78.5kN/m³。

(2) 二期恒载

防撞护栏+基座;

车行道:10cm 沥青。

(3) 活载

荷载标准:公路—Ⅰ级。

(4) 温度

按《公路桥涵设计通用规范》(JTG D60—2015)规定取值。

(5) 沉降

5mm。

(6) 荷载组合

按照《公路桥涵设计通用规范》(JTG D60—2015)、《公路桥涵地基与基础设计规范》(JTG 3363—2019)及《公路钢结构桥梁设计规范》(JTG D64—2015)执行。

2. 主梁设计

(1) 连续 30m(桥宽 13m、16.5m)

主梁采用 4 片、5 片钢工字梁,由 2 片外主梁和 2 片、3 片内主梁组成,组合梁桥面全宽 13.0m/16.5m,钢梁中心线处的梁高为 1.65m,梁间距 3.4m。钢主梁采用 Q345qE 工字形直腹板钢梁,由顶板、底板和腹板焊接而成,顶、底板为变厚度钢板,顶板厚 20~25mm,底板厚 25~40mm,主梁腹板厚度为 12~14mm。主梁之间采用高强螺栓连接。混凝土桥面板和钢主梁通过剪力焊钉连接,焊钉尺寸 240mm×22mm,纵向间距 115~300mm 不等,横向根据结构受力布置 4 个。

(2) 连续 40m(桥宽 13m、16.5m)

主梁采用 4 片、5 片钢工字梁,由 2 片外主梁和 2 片、3 片内主梁组成,组合梁桥面全宽 13.0m/16.5m,钢梁中心线处的梁高为 2.05m,梁间距 3.4m。钢主梁采用 Q345qE 工字形直腹板钢梁,由顶板、底板和腹板焊接而成,顶、底板为变厚度钢板,顶板厚 25~35mm,底板厚 35~50mm,主梁腹板厚度为 12~14mm。主梁之间工地连接采用高强螺栓连接。混凝土桥面板和钢主梁通过剪力焊钉连接,焊钉尺寸 240mm×22mm,纵向间距 115~300mm 不等,横向根据结构受力布置 4 个。

钢主梁之间通过横梁加强横向联系,横梁标准间距为 5.0m,端横梁、中横梁采用实腹式横梁,采用焊接工字形截面,横梁顶板、底板和腹板采用等厚度钢板,顶、底板厚度为 16mm,端横梁腹板厚 16mm,中横梁腹板厚 20mm,设置竖向加劲肋,与钢主梁腹板焊接在一起,同时设置临时起顶构造。其中端横梁采用外包混凝土加强耐久性。横向联系采用框架式横梁,采用∟L100mm×100mm×12mm Q345D 角钢和 TN147mm×200mm×12mm×8mm Q345D T 型钢;平联采用 TN147mm×200mm×12mm×8mm Q345D T 型钢。

3. 桥面板设计

现浇桥面板为钢筋混凝土结构,标准梁段桥面板标准厚度为 25cm,钢梁支撑处板厚增加至 35cm。

五、结构耐久性设计

1. 混凝土耐久性设计措施

采取以下三种措施保证混凝土的耐久性:

(1) 控制混凝土的浇筑质量

应对本桥桥面板使用的各种混凝土进行严格的质量控制和检测。根据《公路钢筋混凝土及预应力混凝土桥涵设计规范》(JTG 3362—2018),在进行混凝土配合比设计时,必须按规范要求考虑所处环境条件下的耐久性要求。结构混凝土耐久性基本要求见下表。

环境类别	最大水灰比	最小水泥用量 (kg/m³)	最大氯离子含量(%)	最大碱含量 (kg/m³)	主要结构
Ⅱ	0.50	300	0.15	3.0	桥面板

（2）控制混凝土的保护层厚度

根据《公路钢筋混凝土及预应力混凝土桥涵设计规范》（JTG 3362—2018）控制混凝土最小保护层厚度。

所在部位	混凝土强度等级	主筋最小保护层厚度(mm)	允许裂缝宽度(mm)
桥面板	C50	主筋≥40 箍筋≥25	0.20

（3）混凝土外加剂的使用

混凝土外加剂的使用应满足《混凝土外加剂应用技术规范》（GB 50119—2013）的要求，并应注意如下方面：

含有氯盐的早强型普通减水剂、早强剂、防水剂和氯盐类防冻剂，严禁用于预应力混凝土、钢筋混凝土和钢纤维混凝土结构。

含有亚硝酸盐、碳酸盐的早强型普通减水剂、早强剂、防冻剂和含亚硝酸盐的阻锈剂，严禁用于预应力混凝土结构。

含有强电解质无机盐的早强型普通减水剂、早强剂、防冻剂和防水剂，严禁用于与镀锌钢材或铝铁相接触部位的混凝土。

2. 钢结构耐久性设计措施

由于钢梁各部位所处的环境条件、工作条件和涂装维修的难易程度各不相同，涂装的功能要求、类型和寿命也不尽相同。具体涂装体系要求如下：

（1）钢材预处理涂装

钢板要求进场后辊平后预处理 Sa2.5 级；粗糙度 Rz40~80μm，涂装无机硅酸锌车间底漆一道，厚度为 25μm。

（2）工厂及工地涂装

钢梁表面涂装方案

序号	设计要求	设计值	备注
1	二次表面处理	Sa2.5	GB/T 8923.1
2	表面粗糙度	Rz30~75μm	GB/T 13288.2
3	环氧富锌底漆	1×60μm	干膜中锌粉含量≥75%，体积固体含量>65%
4	环氧云铁中间漆	2×120μm	体积固体含量>80%，可在-5℃下施工
5	丙烯酸聚硅氧烷面漆	2×100μm	体积固体含量>65%，基料中硅氧键含量（全漆）≥15%；不含异氰酸酯，不使用含铅、铬的颜料；通过冷热循环测试；颜色待定，1道为工地涂装
6	总干膜厚度	280μm	

支座钢板涂装方案

预处理	表面酸洗处理，清除氧化层，露出钢结构本色	
2	热浸镀锌	80μm（600g/m²）
3	镀锌表面连接漆	20μm
4	环氧云铁中间漆	2×40μm
5	与箱梁外表面同面漆	2×30μm

高强度螺栓连接摩擦面部位涂装方案

序号	设 计 要 求	设 计 值	备 注
1	二次表面处理	Sa3.0	GB/T 8923.1
2	表面粗糙度	Rz50~100μm	GB/T 13288.2
3	无机富锌防锈、防滑涂料	120μm±40μm	抗滑移系数出厂时不小于0.55,工地安装前的复验值不小于0.45

主梁顶面部位涂装方案(含剪力钉)

序号	设 计 要 求	设 计 值	备 注
1	二次表面处理	Sa2.5级	GB/T 8923.1
2	表面粗糙度	Rz30~75μm	GB/T 13288.2
3	环氧富锌底漆	2×40μm	

(3)其他

现场焊接接缝处每侧留出100mm宽不涂装,待现场焊接完毕,方可进行涂装;焊缝、支墩部位修补,喷砂除锈Sa2.5或St3.0级,环氧富锌底漆1×60μm+环氧云铁中间漆2×120μm+丙烯酸聚硅氧烷面漆2×100μm。

高强度螺栓终拧后,外露的螺栓头部应打磨至St3.0级,然后按与周边相同的涂装体系进行涂装;外露的摩擦面应按照与周边相同的涂装体系补涂除底漆外的后续涂层。

桥面现浇混凝土施工前,该处钢结构顶面应进行净化处理,喷砂除锈达到Sa2.5级后,对钢结构主梁顶板上表面(除剪力键部分)进行涂装环氧富锌底漆。组合梁钢梁的防腐范围伸入钢混结合面不宜小于20mm;钢混接触面应做好防、排水,必要时设置密封胶等防水填塞料。

六、施工要点

1.施工方法概述

主桥钢工字梁采用分段吊装施工,桥面板采用分段浇筑施工。施工步骤如下:

(1)基础及墩柱施工、钢梁制作。
(2)运输及吊装第一段钢梁。
(3)吊装第二段钢梁并与第一段钢梁连接。
(4)吊装第三段钢梁并与第二段钢梁连接。
(5)重复(1)~(4),吊装第 n 段钢梁并与第 $n-1$ 段钢梁连接。
(6)安装模板,绑扎桥面板钢筋、浇筑正弯矩区混凝土,养护。
(7)正弯矩混凝土达到设计强度80%以上时,浇筑负弯矩区段混凝土。
(8)施工桥面系与附属结构,成桥。

若采用其他施工方法,应征得设计单位同意。

2.钢结构施工

1)总则

(1)钢材在进料之前应完成结构安装施工组织设计、制造工艺技术文件、质量检测与验收规则、焊接工艺试验评定清册等工艺文件,并进行专家评审,根据专家意见对工艺技术文件修改完善,报请监理批准后方可实施。

(2)钢结构加工之前应完成钢结构加工制作零件图和结构组拼图等技术文件。

(3)钢结构加工前,加工单位应进行焊接工艺评定试验,对到货供应的钢材和选定的焊接材料,进行完整、系统的试验,其评定种类和结果须经业主、监理、设计认可。

(4)钢结构加工单位须根据钢板定尺、制作工艺和吊装方案对钢梁进行分段,钢梁分段及对接焊缝设置应避开应力高峰区,制造时可先将钢板和纵肋焊接成板单元,再在组装台座上拼装。具体分段及对接焊缝设置应和设计、监理共同研究确定。

(5)钢结构在大规模制造之前应进行首梁试制,在加工、组装、焊接、矫正、验收合格后,再正式投入批量生产。应及时积累数据、发现与处理问题,以便在以后批量生产中予以改进。

(6)钢结构在加工制造中,必须对关键性零件、构件的半成品和成品进行检查、验收,并做好加工及检查记录,以备跟踪和查考。

(7)制造和检验所使用的量具、仪器、仪表等必须由二级以上计量机构检验合格后方可使用。工厂与工地用尺必须由总包统一发放,防止出现系统交互误差。

(8)钢结构加工制造,必须严格进行施工过程中的全面质量控制和管理,以确保质量,不留隐患。

(9)必须在监理单位现场监督下由钢结构制造加工单位实施工地焊接。

2)钢结构制造加工一般要求

(1)钢结构零件加工前必须进行钢板预处理。

(2)对于厚度大于20mm的单轧钢板,应进行超声波探伤检测,其他厚度单轧钢板及其他钢材,根据供需双方协议,也可进行无损检测,其检验标准和级别应在协议或合同中明确。

钢板的尺寸、外形、重量及允许偏差应符合《热轧钢板和钢带的尺寸、外形、重量及允许偏差》(GB/T 709—2019)的规定。要求钢板厚度允许偏差满足C类标准,固定负偏差为0,按公称厚度规定正偏差。

(3)钢结构制作和安装的切割、焊接设备,其使用性能应满足选定工艺要求。

(4)钢板在到货下料前,应认真记录各批钢板的炉批号及钢板规格编号。对来料钢板内在力学性能、化学成分,包括试件及超声探伤和表面质量进行复验,检查钢板几何尺寸、平整度及表面锈蚀或非正常锈腐情况,并做好记录,以备查考。

(5)钢板作样、下料、切割几何尺寸应准确,要正确考虑钢梁纵坡、横坡、预拱度、边缘加工及电焊收缩等各种因素的影响。

(6)下料所画的切割线必须准备清晰,下料尺寸允许偏差为±1mm。

(7)下料前应检查钢板的钢号、规格、质量。确认无误合格后,方可下料。下料后对主要零件应做好材料牌号、板号标记的移植,以便跟踪材料。

(8)主要构件的零件下料时,应尽量使其受力方向与钢板的轧制方向一致。

(9)钢板在切割前,应以矫平等预加工处理,并使其偏差在1mm/m范围之内。两端各2m范围内应和顺平整。钢板经矫平后不得出现折皱、翘曲等影响质量的现象。有异常情况,应进行特殊加工处理。矫平后钢板表面不应有明显的凸痕和其他损伤。必要时应进行局部整修或打磨整平。

(10)除钢衬垫及施工要求的临时结构之外,本桥永久结构钢板(除受力次要的侧壁板及塔头外封板外),一律不允许进行剪切切割。

(11)各类钢结构部件的零件,应优先考虑精密切割、数控自动切割、等离子切割等方法。手工切割只能用于次要零件或手工切割后还要再进行切割机加工的零件。

(12)切割的工艺要求

①在钢材加工之前,应采用有代表性的试件进行火焰切割工艺评定。

②应根据各种不同的板厚,分档进行火焰切割工艺评定。当板厚超过40mm时,加密板厚级差进行工艺评定。

③火焰切割面无裂纹;局部硬度不超过HV350;无其他危害结构使用性能的缺陷。

④火焰切割的边缘应打磨或用机加工法除去明显的火焰切痕迹线。

(13)对于主要受力构件的自由边,应刨边或铣边加工,火焰切割边机机加工量不小于3mm。对于火焰切割开坡口焊接的板边,可不进行刨(铣)加工,但应打磨平顺,去除其他杂质。

(14)刨(铣)加工后的表面粗糙度R_z应小于100μm。

(15)切割零件边缘允许偏差规定如下:

精密切割边缘:±1.0mm;

自动或半自动切割边缘:±1.5mm;

切割垂直度偏差应不大于板厚的5%,且不大于1.5mm;

对于自动、半自动切割,切割边缘的直线度$\Delta h \leq 0.5$mm/m,且在全长内且小于1.5mm。

(16)切割时,应防止缺口。主要受力构件的零件边缘不允许有缺口;一般构件的零件边缘缺口不大于2mm。

(17)待焊接表面和邻近焊缝表面不应有氧化皮、漆皮、锈、潮气、油污或其他杂质,以免妨碍正常焊接作业或产生烟尘。

(18)所有埋弧焊(包括角焊缝)被焊钢板表面,在焊缝及坡口两侧用砂轮打磨时,不允许施加过大压力,以免过热。焊剂可能接触部位的浮锈,均应去除干净,以防浮锈夹入助焊剂中。

(19)所有引弧板与熄弧板的表面,均应彻底去除氧化皮。引板的材质、厚度、坡口应与所焊件相同。

(20)需做产品试板检验时,应在焊缝端部连接试板,试板材质、厚度、轧制方向及坡口必须与所焊对接板材相同,其长度应大于400mm,宽度每侧不得小于150mm。

(21)零件铣平要求平整度不大于0.1mm。

(22)零件磨光顶紧要求:接触部位应进行铣平加工,其平整度不大于0.1mm,顶紧接触面不得少于75%,局部缝隙小于0.2mm。

(23)零件边缘加工后,应无杂刺、渣、波纹;崩坑等缺陷应修磨匀顺;刨铣时应避免油污污染钢板。

(24)材料表面伤痕应控制为:主要(零)构件与受力垂直方向小于0.3mm;主要(零)构件与受力平行方向小于0.5mm;其他(零)构件小于0.8mm。

(25)主梁支座垫板由工厂机加工,要求顶面与梁底密贴,底面水平。

(26)未经设计单位同意,不得在钢结构开工作人孔。

(27)人孔表面处理及焊缝处理:人孔孔壁光滑,孔缘无损伤不平,刺屑应除干净。

3)焊接连接

(1)全焊透坡口焊缝主要用于:

①钢主纵梁顶、底板、腹板和加劲肋对接焊缝,腹板与顶、底板之间的T形对接焊缝。

②主梁横梁及隔板顶、底板、腹板的对接焊缝。

(2)角焊缝主要用于腹板的竖向、水平加劲,底板加劲、横隔板加劲与主板之间焊缝和其他构造焊缝(均为Ⅱ级焊缝),分为部分焊透坡口角焊缝(开坡口角焊缝)及普通角焊缝(一般为不开坡口角焊缝)。焊角高度 $h_f \geq 12mm$ 的角焊缝应采用部分焊透坡口角焊缝(开坡口角焊缝)。

(3)必要时,全桥焊缝构造、焊接方法、焊接程序等由设计、施工、监理共同确定,并经评审通过。

(4)焊工应经过考试并取得权威部门(如中国船级社)的合格证后方可从事焊接工作。合格证应注明施焊条件、有效期限。焊工必须熟悉工艺要求,明确焊接工艺参数。

(5)正式施工前,应先将焊丝、焊剂与钢板进行焊接工艺评定试验。

①生产中的焊接工艺应与焊接工艺评定所采用的工艺相符,要进行对接接头、T形接头等接头试验,对特殊的接头形式亦应进行焊接工艺评定。

②本桥工厂焊接和工地焊接均应分别进行焊接工艺评定试验。

③工地焊接工艺评定试验,应包括现场作业中各种位置,并考虑工地现场的实际气候状况,焊接工艺评定所采用的钢材、焊接材料及焊接工艺必须与实际情况相同。

④在实际生产中,对于不同厂家的钢材,或厂家相同但钢材成分构成不同,以及焊接材料改变、焊接方法改变,或由于焊接设备变化引起焊接参数改变、焊接位置改变、坡口形式改变、角焊缝焊脚尺寸增大2mm以上,焊接部位采用车间底漆等均应事先进行焊接工艺评定试验。

⑤焊接工艺试验需进行外观及内部无损检测(包括X射线、超声波、磁粉等),机械力学性能试验、接头横向侧弯曲试验、接头硬度试验、宏观断面酸蚀试验等各种专项试验并满足不低于相应母材的设计技术和规程要求。

⑥焊接工艺评定的试验用材应考虑试验结果对所进钢板的性能和各种厚度具有全覆盖的效果。

⑦针对钢结构焊接的不同材料、不同的接头、不同的焊接位置、不同的钢板厚度以及不同的焊接方法,分别选出代表性的焊接接头作为评定项目,并汇总列出焊接工艺评定项目清单。该清单由制造方提出,经监理工程师签认批准后实施。

⑧焊接工艺评定后确定的工艺参数,在加工过程中作为指导生产的依据,不得随意改动。

⑨焊接工艺评定中,应包含焊钉的工艺评定内容。

⑩工艺评定用试板尺寸、取样标准以及试验及验收标准按照《铁路钢桥制造规范》(Q/CR 9211—2015)执行。

⑪为确定焊接工艺参数,对焊接接头施焊的指导原则是:焊接接头屈服强度不低于母材,韧性要求按照《铁路钢桥制造规范》(Q/CR 9211—2015)执行,即Q345qE钢焊缝金属和热影响区V缺口-40℃冲击功 $KV_2 \geq 34J$。必须严格控制线能量指标,制造厂在实施中应通过试验采用合适的指标作为实际使用控制值。而当实际采用线能量超过原工艺评定试验的范围时,应进行与此相应的工艺评定试验,作出评定。

(6)不同厚度的钢板对接,应将较厚板的一面加工成斜坡,其坡度应小于或等于1∶8。

(7)钢板对接接头,其纵横两方向的对接焊缝,可采用十字形交叉或T形交叉。当为T形交叉时,交叉点的距离不得小于200mm,且拼接材料的长度和宽度均不得小于300mm。

(8)顶板、底板、腹板和纵肋对接焊缝不得布置在同一截面,应错开一段距离。工地对接缝顶、底板宜做成向上的V形坡口。

(9)焊接坡口可用火焰切割加工,加工后的坡口形式与尺寸应符合相关规定。火焰切割时,切口上不得产生裂纹,并不宜有大于1.0mm的缺棱,切割后应清除边缘的氧化物、熔瘤和飞溅物等。

(10)施焊前,焊工应检查焊接部位的组装和表面清理的质量,如不符合要求,应修整合格后方能施焊。

(11)焊丝和焊剂均为易吸潮货物,装运和使用前应妥善包装和防护。手工焊条及焊剂烘焙温度与时间以及保存温度、时间应符合相关规定。

(12)全熔透的对接焊缝,应做背面清根焊接,或加垫板单面焊接。

(13)雨天时,严禁露天焊接。构件焊区表面潮湿或有冰雪时,必须清除干净后方可施焊。在四级以上风力焊接时,应采取防风措施。

(14)不应在焊接以外的母材上打火引弧。

(15)定位焊必须由持有焊工合格证的工人施焊。定位焊所用的焊接材料应与正式施焊用的材料相同。定位焊高度不宜超过设计焊缝厚度的一半,定位焊长度宜为50~100m,定位焊间距宜为400~600mm,并应填满弧坑。如发现定位焊上有气孔或裂纹,必须清除干净后重焊。

(16)对接接头焊缝,其两端必须配置引弧板和引出板,其材料和坡口形式应与被焊工件相同。焊接完毕后,必须用火焰切除被焊工件上的引弧出板和其他卡具,并沿受力方向修磨平整,严禁用锤击落。

(17)在组装好的构件上施焊,应严格按焊接工艺规定的参数以及焊接顺序进行,以控制焊后构件变形。控制焊接变形,可采用反变形措施。在约束焊道上施焊,应连续进行。如因故中断,再焊时应对已焊的焊缝局部做预热处理。采用多层焊时,应将前一道焊缝表面清理干净后再继续施焊。

(18)为保证构件疲劳受力性能,对下列受拉部位的焊缝必须进行打磨:

①墩顶横隔板与顶、底板和腹板相交的全焊透T形焊缝。

②腹板与顶、底板之间全焊透焊缝中超差缺陷及不和顺过渡部位。最后一道打磨方向应与受力方向一致,严禁沿受力方向横向打磨。

(19)钢板厚度变化处的焊缝和构件加工均应在工厂内完成。

(20)焊接严格按相关规范进行,不得随意在钢梁构件上引弧,不得随意在钢梁上焊接施工用临时附件。

①正式焊接前的母材清理工作,定位焊要求均应满足设计技术标准和有关规范、规程的规定。该码拆除时应距钢板1~3mm火焰切除,然后用砂轮磨光与钢板齐平,最后经磁粉探伤合格。

②吊装用的配件,在钢构件现场拼接完成后应予以割除,一般分两次切割,第一次切割作为预热用,第二次则完全切除。起吊配件切割后,一律用砂轮打磨。起吊配件切割后的剩余高度一般不超过20mm,以5~10mm为宜,严禁切割时损伤构件。

③对有疲劳受力要求的受拉部位焊缝必须进行打磨,具体部位为:所有杆件的横向对接焊缝、支座加劲板的熔透剪切角焊缝,圆弧过渡处焊缝,以及其他施工图纸中要求打磨的焊缝。

④为解决剖分T形接头焊缝表面与母材过渡处的磨光,宜用高耐磨性的指形砂轮进行打磨。

(21)在防风得到保证并且CO_2纯度不小于99.9%的情况下,允许采用CO_2气体保护焊打底,自动埋弧或手工焊罩面工艺。

(22)钢结构在现场桥位连接的部位可采用全焊工艺。制造商在节段加工时必须根据预先的工艺评定的参数,预留一定的变形量和收缩量,确保结构"三维"尺寸及精度,防止钢结构出现难以拼装或无法合拢的现象。

(23)现场焊接必须采取措施,对母材焊接部位进行有效的保护,配置合适的防风、防潮设备和预热去潮的设施,在符合工艺的条件下(工厂制作相同条件),方可进行焊接。在无任何防护措施下,严禁在雨、雪天及母材表面潮湿或大风天气进行露天焊接。

(24)工地焊接环境条件:风力<5级(施焊部位),温度≥5℃,湿度≤80%。

(25)工地现场施焊前,应检查对接钢结构节段接头焊口状况。其中包括接头坡口角度间隙尺寸、焊接高差等是否符合要求。

(26)工地焊接时各类构件节段施焊顺序应对称于桥轴线,并对称于构件自身的对称轴,均匀、对称、同步协调实施。

(27)工地焊接时,可在大接头环缝施焊后,再对各类加劲连接的补偿段予以实施焊接。

(28)图纸中给出了建议运输分段长度,如需调整应征得设计单位和监理单位同意。

4)焊缝检验与无损检测

(1)在钢梁加工过程中,制造厂应根据组装前、后,焊接时和焊接后的需要,对焊缝质量进行检查和试验,以保证材料和加工质量符合制作技术要求。

(2)焊缝无损伤探伤按《公路桥涵施工技术规范》(JTG/T 3650—2020)执行。

(3)凡涉及检查的各种作业,在开始之前应提前通知制造检查人员和监理人员。检查和监理人员应在已检查验收的各部件和焊接部位作明显的识别标记,并保存所有的现场和试验的记录资料。

(4)探伤人员资格:取得权威部门(如中国船级社)的上岗合格证书,无证人员严禁上岗操作。

(5)制造厂检查人员和监理人员应切实查明本桥所用钢板。钢板的内在质量和外表质量的质保情况和商检情况是否符合设计技术要求,并检查其在加工过程中可能出现的问题。

应检查焊接设备是否符合要求。

应查明各种焊工是否经考试合格认可;并观察焊工的工作质量是否达到规范的

要求,焊工是否按照焊接工艺技术条件进行操作。

应切实查明所有焊缝尺寸、长度和位置是否符合技术规定、规范和图纸的要求。

应切实查明焊接材料、品种、规格是否应用正确,保管规范。检查人员和监理人员应借助各种手段对焊接质量进行检查,查明是否达到本技术要求以及其他规范的要求。

(6)所有的检验,必须在焊缝冷却到室温之后,才能开始进行。焊缝在焊接24h之后进行无损检验,对于板厚≥36mm的焊缝,需在焊接48h之后进行无损探伤。

(7)射线(RT)探伤、超声(UT)探伤、磁粉(MT)探伤均应按相应标准执行。

(8)工地焊接和工厂焊接接头焊缝均应进行焊接接头的破坏性试验及强度评定。试验数量、结果应符合焊接工艺评定的规定。

(9)在焊接主要构件的对接接缝时,应增设焊接试板,抽样进行上述试验。对各种节段组拼的纵、横对接焊缝施焊后,对于每个节段的不同部位均应附上拖带小板抽样检查与试验。产品试板数量参照《铁路钢桥制造规范》(Q/CR 9211—2015)表4.9.15执行。如试验结果不合格,可在原试板上重新取样再试验,如试验结果仍不合格,则先查明原因,然后对该试板代表的接头进行处理。

(10)超声探伤应包括坡口焊缝及其热影响区在内。

(11)生产过程中,当发现有问题时,监理人员可通过业主要求制造厂对钢板材料进行无损探伤复验。

(12)焊缝缺陷修补。

经检测的工厂焊缝或工地焊缝,凡无损探伤不合格者,应按规定的方法予以返修纠正,并重新检查,直到合格为止。

事先应严格确定裂缝和修补的范围,返修的焊缝不宜超过两次,确保焊缝工程质量。

(13)制造厂对焊缝进行无损探伤后,在制造检查人员验收之前,应将所有的照片记录资料(包括不合格待修焊缝的照片)、记录资料以及有关报告,全部提交给监理检查人员。

(14)制造厂对焊缝进行无损探伤的全套照片、记录资料(包括以前质量不合格而进行修理前、后的照片、记录资料以及有关报告),应在工作完成时交给业主。

5)构件允许误差

钢梁加工尺寸允许误差见下表,其他按《公路桥涵施工技术规范》(JTG/T 3650—2020)执行。

钢梁加工尺寸允许误差(单位:mm)

序号	简述	项目	钢梁一般区段	钢梁连接区
1		顶板宽度 B	±0.5	±0.5
2		底板宽度 b	±2.0	±1.0
3		腹板高度 h	±2.0	±1.0
4		钢梁中心线偏移	±2.0	±1.0
5		腹板垂直度偏差	±2.0	±1.0
6		顶、底板翘曲	±2.0	±1.0
7	横隔板及竖向加劲肋尺寸位置	间距	±2.0	±2.0
7	横隔板及竖向加劲肋尺寸位置	垂直度	±2.0	±2.0
8	平钢板加劲肋、T形加劲肋位置	间距	±2.0	±1.0
9	所有顶底板、T形加劲肋平钢板加劲对接	对接偏差	±0.5	±0.5

6)构件试拼装

(1)所有的钢梁构件均应逐个检查,确保焊缝及构件各部分尺寸、形状符合要求后,再进行试拼装,试拼装节段一般为不少于3+1个节段。

(2)试拼装时,应进行平直和几何尺寸检查。

(3)试拼装过程中,应检查拼装处有无互相抵触情况。

(4)钢梁试拼装时应着重检查在自然状态下钢梁顶、底板和腹板是否对接平齐与扭曲,钢梁立面(应考虑预拱度影响)、平面线形是否满足要求。

(5)对试组装好的构件及部件进行编号、登记,为现场安装提供方便。

(6)钢梁试拼装偏差应满足下表的要求。

钢梁试拼装允许偏差

项　目	允许偏差(mm)	附　注
梁高	±2	
总梁长	±15	
中心线偏移	±1	
跨径之间距离	±5	支座中心之间距离
主梁倾斜	5	
支点高低差	1	支座处三点水平时,另一点翘起高度
节段扭曲	每米不超过1mm,且整个梁长范围内≤5mm	

7)现场安装

(1)现场安装时,应保证临时措施安全可靠,有足够的刚度和稳定性。

(2)主梁桥上拼接采用高强度螺栓连接,其他构件连接采用焊接。

(3)钢梁拼装应精确测定钢梁的x、y、z坐标,一旦发现不正确时应及时调整,保证线形正确。

(4)现场拼缝处应有强大的定位措施,组成的焊缝坡口及其他尺寸的精度应符合相应的坡口尺寸允许误差、焊缝连接组装允许偏差及相应的钢梁制作允许误差的要求。

(5)现场安装时,不得随意在钢梁构件上引弧,不得随意在钢梁上焊接施工用临时附件,不得随意将钢梁作为工地一般电焊的接地使用,不得任意在钢梁构件各部位上进行敲打,等等。

(6)现场焊接的具体要求详见本说明"焊接连接"的有关内容。

(7)钢梁的最后一道防护面漆,应在全桥安装完成后进行。喷涂前,应按规定对原漆表面进行清洗处理和修补。

8)焊钉

(1)本桥中采用圆柱头焊钉。

(2)焊钉采用ML15或ML15AL材质,其各项性能应符合《电弧螺柱焊用圆柱头焊钉》(GB/T 10433—2002)的技术要求。

(3)焊接时,螺柱应无锈蚀坑、氧化皮、油脂、受潮或其他会对焊接工作造成有害影响的物质。

(4)施焊前,节段部位不应有涂漆等涂装,表面应无氧化皮、锈、受潮或其他有害物质,以达到良好的焊接效果。应使用钢丝刷、喷丸、冲击或打磨方法清理干净。

(5)电弧防护罩或套圈应保持干燥,由于雾、雨等而致电弧防护套圈表面潮湿时,均应在使用前将其置于120℃烘箱中烘焙2h。

(6)焊钉与钢板间应保持垂直。

(7)当被焊钢结构的温度低于-5℃或表面很湿或表面有雨、雪落下时,严禁施工。当温度低于0℃时,应按规定的方法在每100个焊成的焊钉增加一个附加的焊钉做试验。这不包括在每次新的生产周期开始时或改变设定参数时先焊的两只焊钉在内。

(8)焊钉评定应根据《铁路钢桥制造规范》(Q/CR 9211—2015)及《公路桥涵施工技术规范》(JTG/T 3650—2020)规定执行。

(9)生产控制。

①生产前试验。

a. 在用特定参数进行生产焊接前、以及每天或每班生产开始时,应先将被焊的最初两个焊钉进行试验。可在一块厚度和性能类似于产品构件的材料上焊接,以拟定工艺。所有试验用焊钉应与产品设计状态一致。

b. 试验焊钉应经肉眼检查。整个360°均应有飞边。

c. 除目检外,焊接焊钉冷却后应进行弯曲试验,用人工或机械方法弯曲焊钉,使焊钉从原轴线弯曲至30°。

②操作人员资质评定。

如按前述要求进行生产前试验合格,则也认为该焊钉焊工资质评定合格。

③如果不合格焊钉已经从组件上去除,则应将切除焊钉的部位修整光滑和平齐。

(10)焊钉施焊后,应进行监理检验合格后方可出厂。

9)钢梁存放、运输

(1)钢梁节段成品存放

①构件节段成品的存放场地,应当坚实、平整、通风,有排水设施。

②构件支点应合理布置,并经监理、设计单位同意,严禁钢梁节段叠放。
③存放构件节段应按工地安装程序编号,并按吊运顺序安排位置。
④成品节段短途转移时,应避免擦伤扭折、坠落等人为损伤。

(2)钢梁节段成品运输
①起吊点位置由加工单位和安装单位提出,并经监理、设计单位确认。不允许用捆绑、挂钩等方式起吊。
②构件节段的包装必须在涂装干燥后进行,并应防止损伤漆面。
③构件节段应标明编号、分类,以免混淆。重大构件出厂前应进行称重,并标明重量、重心位置和定位标记。
④构件节段在运输过程中应防止倾倒、碰撞。支点要平稳、多点、可靠,支点布置由施工、监理、设计单位共同商定,且要采取可靠措施防止碰损。

10)混凝土桥面板施工
(1)混凝土桥面板按设计要求分段浇筑,先浇筑正弯矩区段混凝土,后浇筑负弯矩区段混凝土。
(2)混凝土桥面板施工中应采取措施保证混凝土板顶面的平整、表面拉毛,以确保铺装层厚度准确,黏结可靠。
(3)桥面板顶标高以公路路面设计标高减去桥面铺装层厚度控制。
(4)施工缝构造须严格按有关规范要求处理。
(5)施工用永久钢模板严禁集中堆载、超载。

11)普通钢筋施工
所有普通钢筋应按照施工图要求准确加工安装和定位,严格保证各类钢筋的净保护层厚度。
普通钢筋接长时,同一断面钢筋接头不超过该断面通过钢筋总面积的50%。
所有拉筋均钩到最外层钢筋上,并绑扎牢靠。

12)高强度螺栓连接的施工
钢桥安装时的高强度螺栓连接施工要点应按照《公路桥梁施工技术规范》(JTG/T 3650—2020)规定执行。

七、其他事项

(1)设计中荷载取值按《公路桥涵设计通用规范》(JTG D60—2015)标准采用,未计车辆超载等不可预知因素对结构影响。

(2)桥面板浇筑过程中必须注意护栏、泄水管等预埋钢筋的设置。

(3)所有要求在工厂预制的构件均要统筹考虑,应编制施工组织文件,制定详细的工艺标准和流程,防止各种预埋件的遗漏。

(4)施工单位应对设计文件认真、全盘考虑,对图纸中的相关坐标、标高、钢筋明细、结构几何尺寸等进行详细复核,确保无误后方可进行施工。

(5)钢筋加工厂建议配备数控钢筋弯曲机、数控弯箍机等钢筋加工成套设备,保证工程所需各种钢筋可以由机械自动加工成型。所有钢筋应准确安设,可采用模具、胎具等施工工艺,加强钢筋定位和绑扎控制。根据各型号钢筋的分布距离和数量,按其位置在模具或胎具上进行精确定位和安装,确保钢筋准确安设并固定,不允许在浇筑混凝土时安设或插入钢筋。

(6)施工单位应制订详细的施工组织计划,尤其应对加工和架设方案做详细的研究,应编制施工方案的验收标准,制订切实可行的施工方案,经审查、审批后严格执行。施工中请严格按照有关规定执行安全生产管理。

(7)涂装材料的有机挥发物含量(VOC)应符合国家有关法律法规的要求,做到绿色环保。

(8)本图册为通用图,钢结构放样按具体桥梁平、纵面进行,并计入相应预拱度。位于曲线上的桥梁,主梁按实际线形制作,对应的竖向加劲肋及横向联系等构件径向布置。

(9)本册图纸设计荷载等级为公路—Ⅰ级,当有超限车辆通过时,应进行结构验算,并采取相应措施。

未尽事宜均依照现行有关标准、规范、规程执行。

一、30m连续梁上部结构通用图

单幅3孔一联上部结构主要工程材料数量表（桥宽:13m）

项目		材料及规格	单位	主梁制作段	端横梁	中横梁	横向联系	水平联系	主梁连接	抗震挡块	支座	现浇桥面板	桥面铺装	总计
Q345桥梁用钢		δ=10mm	kg			350.6								350.6
		δ=12mm	kg	43434.2	566.1		3117.6	3171.6	1096.5					51386.0
		δ=14mm	kg	21488.7										21488.7
		δ=16mm	kg	860.0	3447.5	1213.3			2157.5	276.1				7954.4
		δ=20mm	kg	27577.0		3128.1				329.3				31034.4
		δ=22mm	kg			1756.2								1756.2
		δ=25mm	kg	44594.0						321.7				44915.6
		δ=40mm	kg	14167.7						173.3				14341.0
		小计	kg	152121.5	4013.6	6448.2	3117.6	3171.6	3254.0	1100.4				173226.9
		焊缝（1.5%）	kg	2281.8	60.2	96.7	46.8	47.6	48.8	16.5				2598.4
钢板	Q235D	δ=40mm	kg								2351.2			2351.2
型钢	Q345D	TN147×200×12×8	kg				7655.4	8252.2						15907.6
		角钢100×100×12	kg				2232.5							2232.5
高强度螺栓		M22×125	套				1620	840	1872					4332.0
剪力钉		φ22×240	个	7248	240	228								7716
		φ22×180	个			1824								1824
支座		GPZ(2009)3.0GD	个								1			1
		GPZ(2009)3.0DX	个								4			4
		GPZ(2009)3.0SX	个								3			3
		GPZ(2009)1.5DX	个								2			2
		GPZ(2009)1.5SX	个								6			6
		防腐面积	m²	2222.9	66.9	87.0	274.5	284.1	57.6	13.0	11.5			3017.5
		防水层	m²										1078.0	1078.0
		1cm精铣刨	m²										1078.0	1078.0
		聚丙纤维	kg										97.0	97.0
		D11冷轧带肋钢筋网(间距10cm×10cm)	m²										1132.0	1132.0
混凝土		C50防水混凝土	m³										97.0	97.0
		C50混凝土	m³			11.2						329.2		340.4
钢筋		⌀12	kg			136.4						1418.8	3021.1	4576.3
		⌀16	kg			1357.1						53284.5		54641.6
		⌀22	kg									67956.9		67956.9

钢-混工字组合梁上部结构通用图
单幅一联上部结构主要工程材料数量表(一)

荷载标准:公路—Ⅰ级
桥面宽度:13.0m、16.5m

连续30m 斜度:0°
图 号：ST-GL-03-01

单幅3孔一联上部结构主要工程材料数量表（桥宽:16.50m）

项目		材料及规格	单位	主梁制作段	端横梁	中横梁	横向联系	水平联系	主梁连接	抗震挡块	支座	现浇桥面板	桥面铺装	总计
Q345桥梁用钢		$\delta=10mm$	kg			467.4								467.4
		$\delta=12mm$	kg	54292.7	748.1		3877.3	3155.4	1371.0					63444.5
		$\delta=14mm$	kg	27072.5										27072.5
		$\delta=16mm$	kg	1146.7	4596.7	1617.7			2697.0	276.1				10334.2
		$\delta=20mm$	kg	34681.1		4170.8				329.3				39181.3
		$\delta=22mm$	kg			2341.6								2341.6
		$\delta=25mm$	kg	55691.6						321.7				56013.2
		$\delta=40mm$	kg	17709.6										17709.6
		小计	kg	190594.2	5344.8	8597.6	3877.3	3155.4	4068.0	927.1				216564.4
		焊缝（1.5%）	kg	2858.9	80.2	129.0	58.2	47.3	61.0	13.9				3248.5
钢板	Q235D	$\delta=40mm$	kg								2939			2939.0
型钢	Q345D	TN147×200×12×8	kg				10206.7	9133.2						19339.9
		角钢100×100×12	kg				2976.9							2976.9
高强度螺栓		M22×125	套				2160	1008	2340					5508.0
剪力钉		$\phi22×240$	个	9060	320	304								9684
		$\phi22×180$	个			2432								2432
支座		GPZ（2009）3.0GD	个								1			1
		GPZ（2009）3.0DX	个								5			5
		GPZ（2009）3.0SX	个								4			4
		GPZ（2009）1.5DX	个								2			2
		GPZ（2009）1.5SX	个								8			8
		防腐面积	m²	2785.8	89.2	116.0	356.0	296.1	72.0	13.0	14.4			3742.5
		防水层	m²										1392.6	1392.6
		1cm精铣刨	m²										1392.6	1392.6
		聚丙纤维	kg										125.3	125.3
		D11冷轧带肋钢筋网(间距10cm×10cm)	m²										1446.4	1446.4
混凝土		C50防水混凝土	m³										125.3	125.3
		C50混凝土	m³			14.9						417.2		432.1
HRB400钢筋		⌀12	kg			181.9						1804.6	4972.9	6959.4
		⌀16	kg			1809.4						67526.5		69335.9
		⌀22	kg									86230.9		86230.9

钢-混工字组合梁上部结构通用图	荷载标准:公路—Ⅰ级	连续30m 斜度:0°
单幅一联上部结构主要工程材料数量表(二)	桥面宽度:13.0m、16.5m	图号 ST-GL-03-02

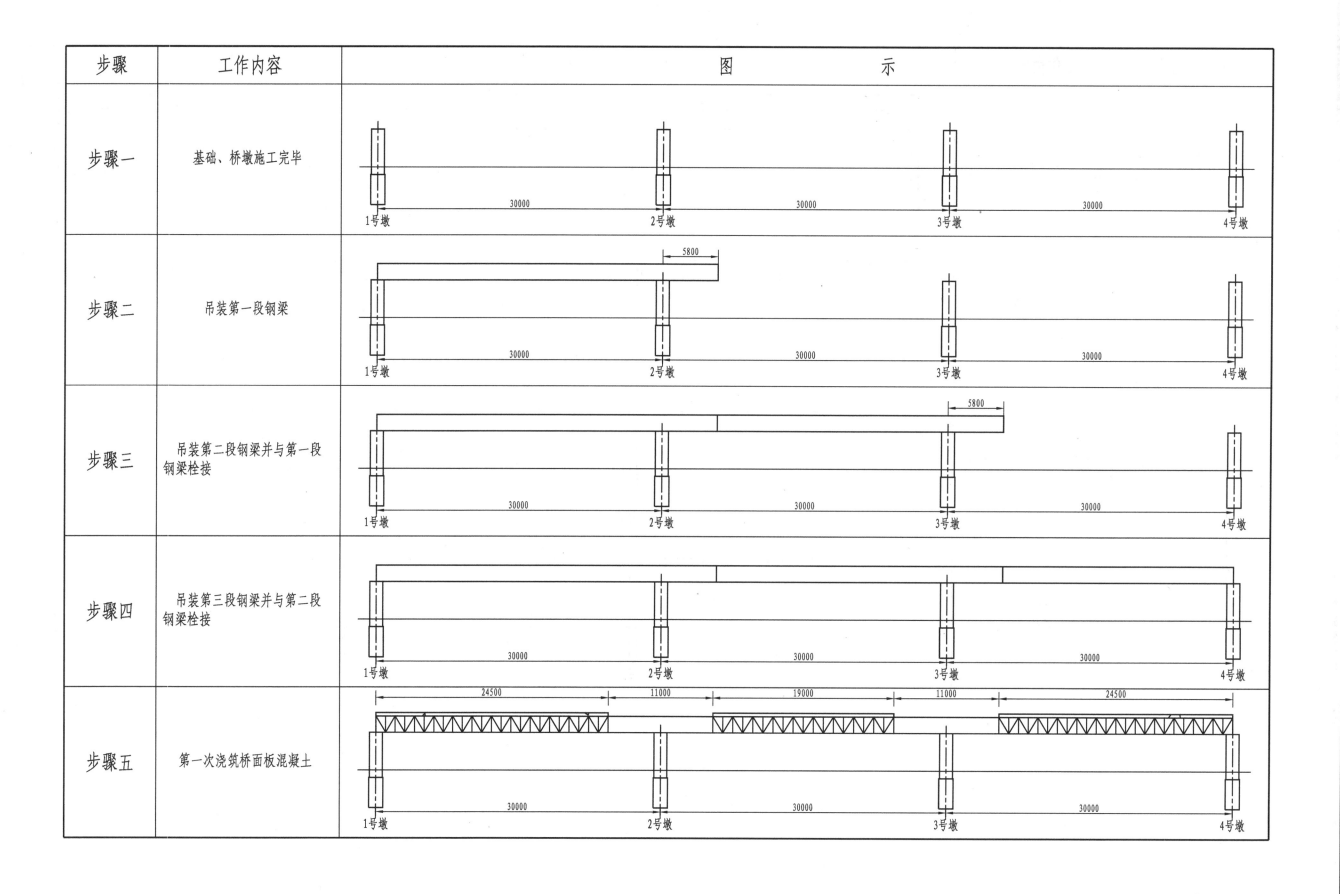

步骤	工作内容	图示
步骤一	基础、桥墩施工完毕	
步骤二	吊装第一段钢梁	
步骤三	吊装第二段钢梁并与第一段钢梁栓接	
步骤四	吊装第三段钢梁并与第二段钢梁栓接	
步骤五	第一次浇筑桥面板混凝土	

钢-混工字组合梁上部结构通用图
施工阶段划分图（一）

荷载标准：公路—Ⅰ级
桥面宽度：13.0m、16.5m

连续30m 斜度：0°
图号：ST-GL-03-03

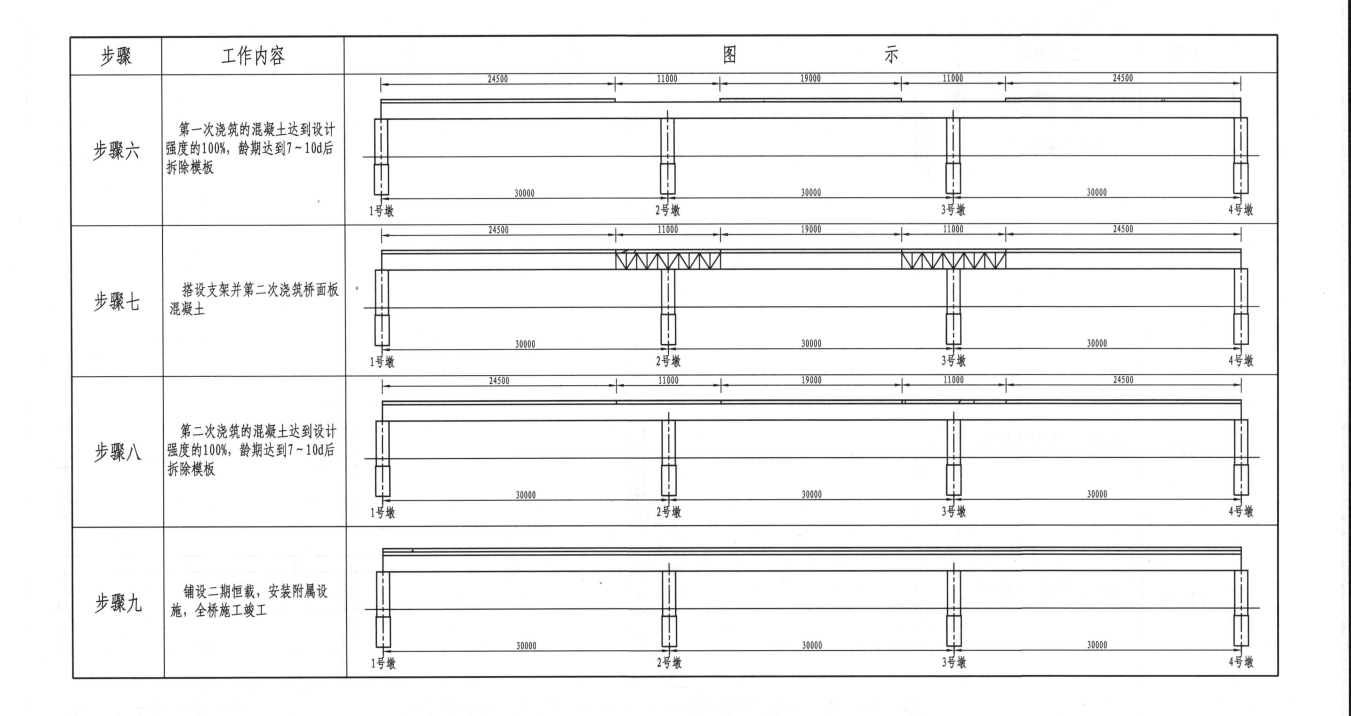

步骤	工作内容	图 示
步骤六	第一次浇筑的混凝土达到设计强度的100%，龄期达到7～10d后拆除模板	
步骤七	搭设支架并第二次浇筑桥面板混凝土	
步骤八	第二次浇筑的混凝土达到设计强度的100%，龄期达到7～10d后拆除模板	
步骤九	铺设二期恒载，安装附属设施，全桥施工竣工	

注
1、图中单位除注明者外，余均以毫米计。

钢-混工字组合梁上部结构通用图	荷载标准：公路—Ⅰ级	连续30m 斜度：0°
施工阶段划分图（二）	桥面宽度：13.0m、16.5m	图 号：ST-GL-03-04

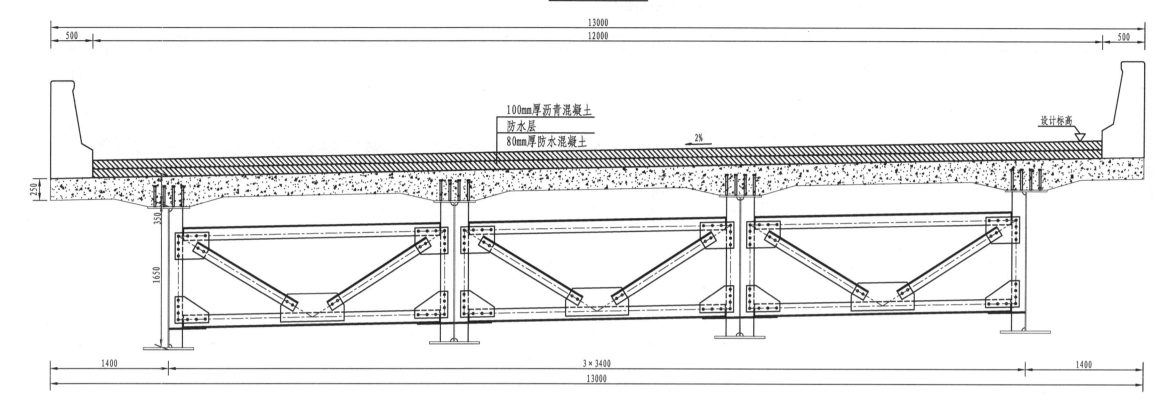
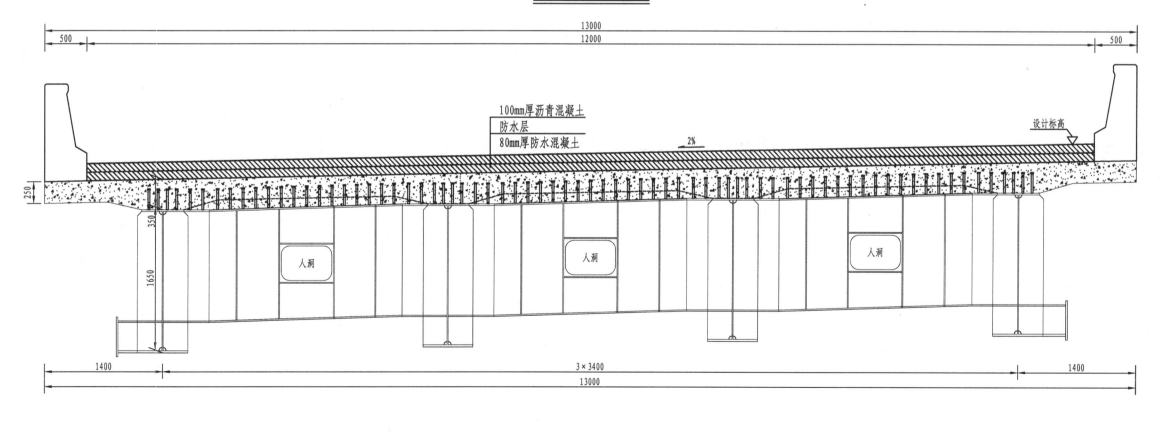

1/2跨中断面

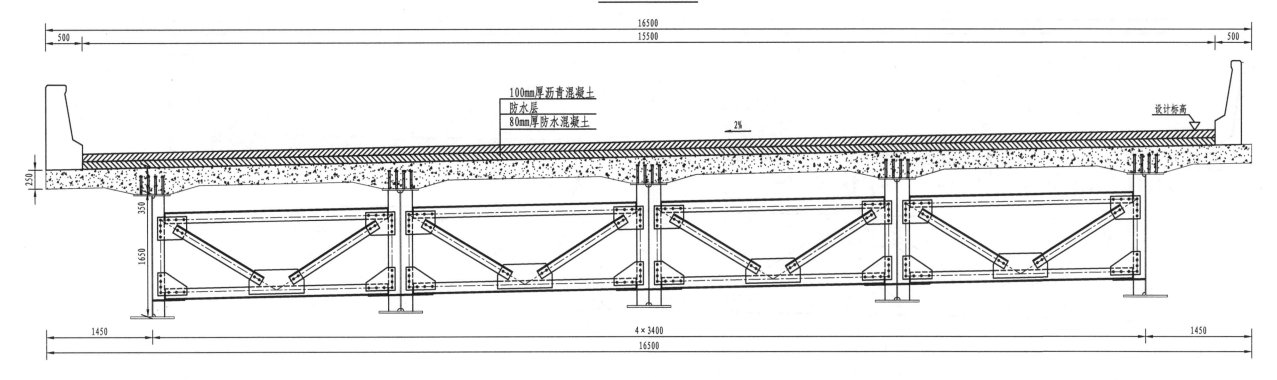

1/2中横梁断面

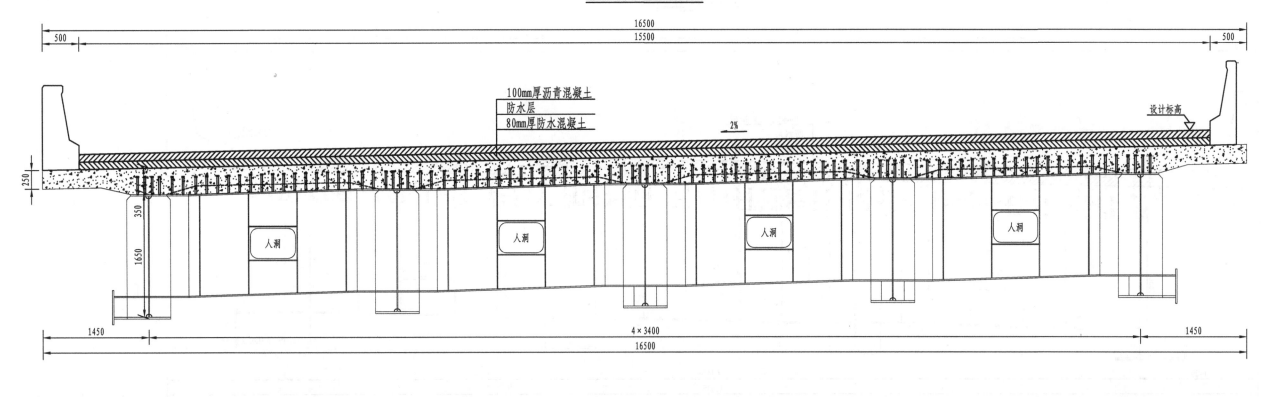

注：
1、图中单位除注明者外，余均以毫米计。

钢-混工字组合梁上部结构通用图	荷载标准：公路—Ⅰ级	连续30m 斜度：0°
钢-混工字组合梁标准横断面图（16.5m）	桥面宽度：13.0m、16.5m	图 号： ST-GL-03-06

立面

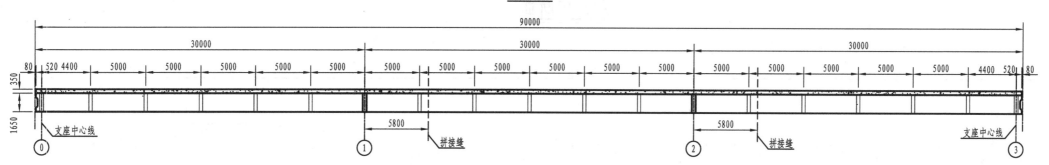

混凝土桥面板平面图

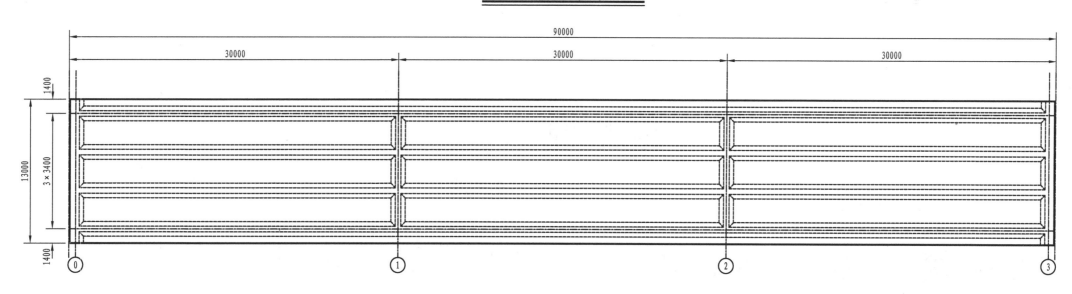

钢梁平面图

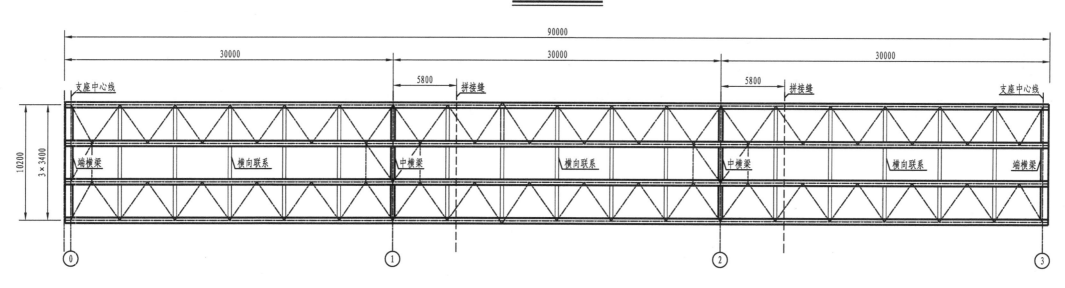

注
1、图中单位除注明者外,余均以毫米计。

钢-混工字组合梁上部结构通用图	荷载标准:公路—Ⅰ级	连续30m 斜度:0°
钢-混工字组合梁总体布置图(一)	桥面宽度:13.0m、16.5m	图 号: ST-GL-03-07

1/2跨中断面

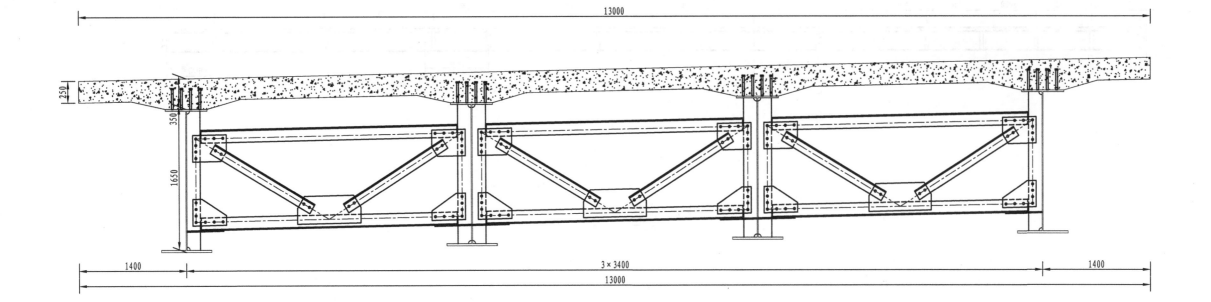

1/2中横梁断面

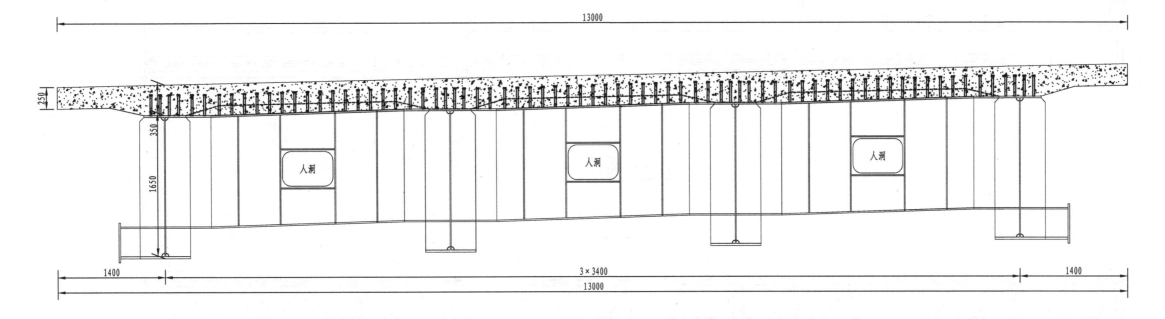

注：
1、图中单位除注明者外，余均以毫米计。

钢-混工字组合梁上部结构通用图	荷载标准：公路—Ⅰ级	连续30m　斜度：0°
钢-混工字组合梁总体布置图(二)	桥面宽度：13.0m、16.5m	图　号：ST-GL-03-08

立面

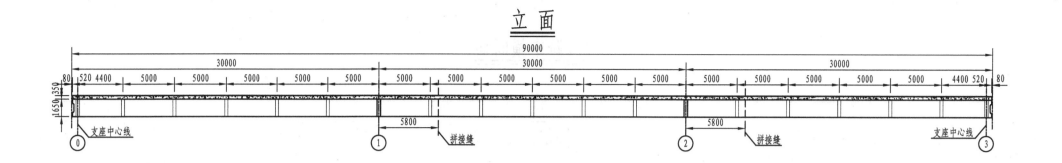

混凝土桥面板平面图

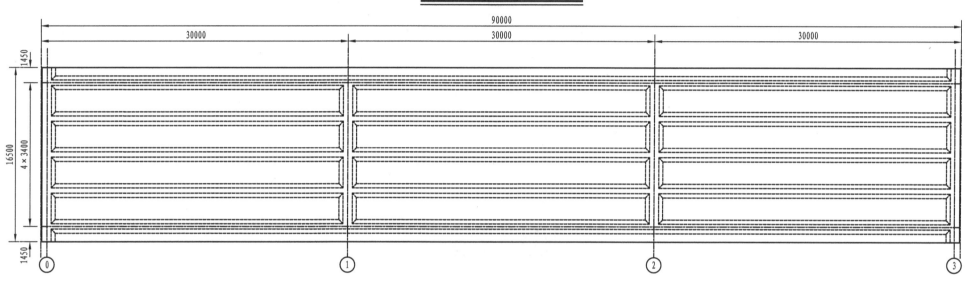

钢梁平面图

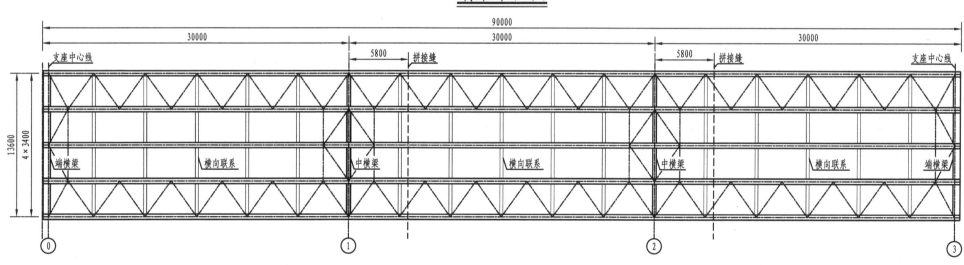

注
1、图中单位除注明者外，余均以毫米计。

钢-混工字组合梁上部结构通用图	荷载标准：公路—Ⅰ级	连续30m 斜度：0°
钢-混工字组合梁总体布置图（三）	桥面宽度：13.0m、16.5m	图 号：ST-GL-03-09

1/2跨中横断面

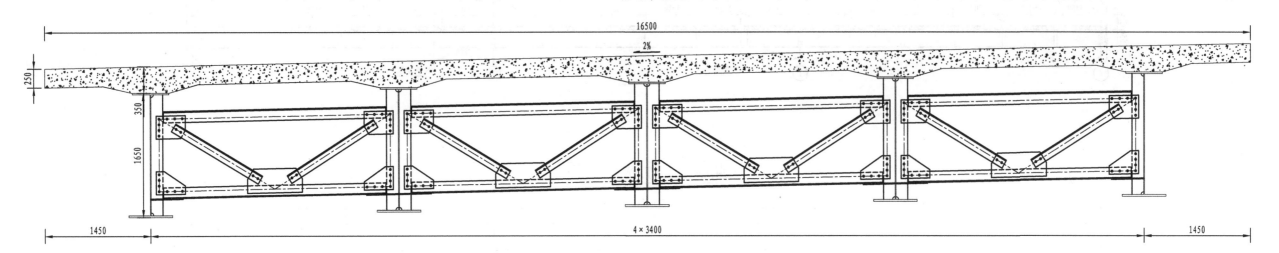

1/2支点横断面

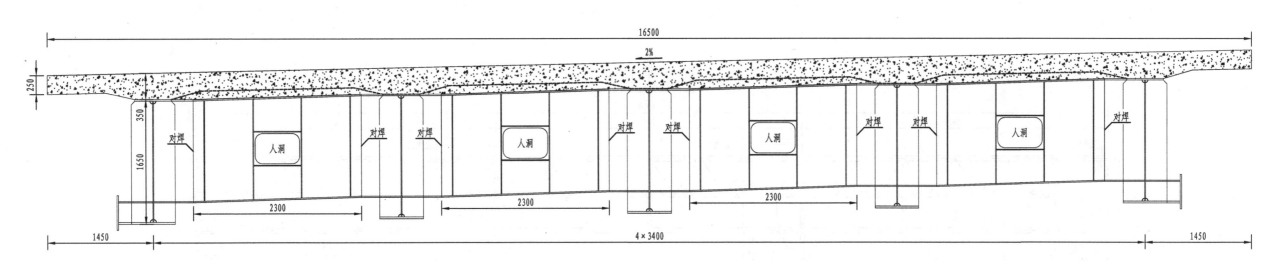

注
1、图中单位除注明者外，余均以毫米计。

钢-混工字组合梁上部结构通用图	荷载标准：公路—Ⅰ级	连续30m 斜度：0°
钢-混工字组合梁总体布置图（四）	桥面宽度：13.0m、16.5m	图号：ST-GL-03-10

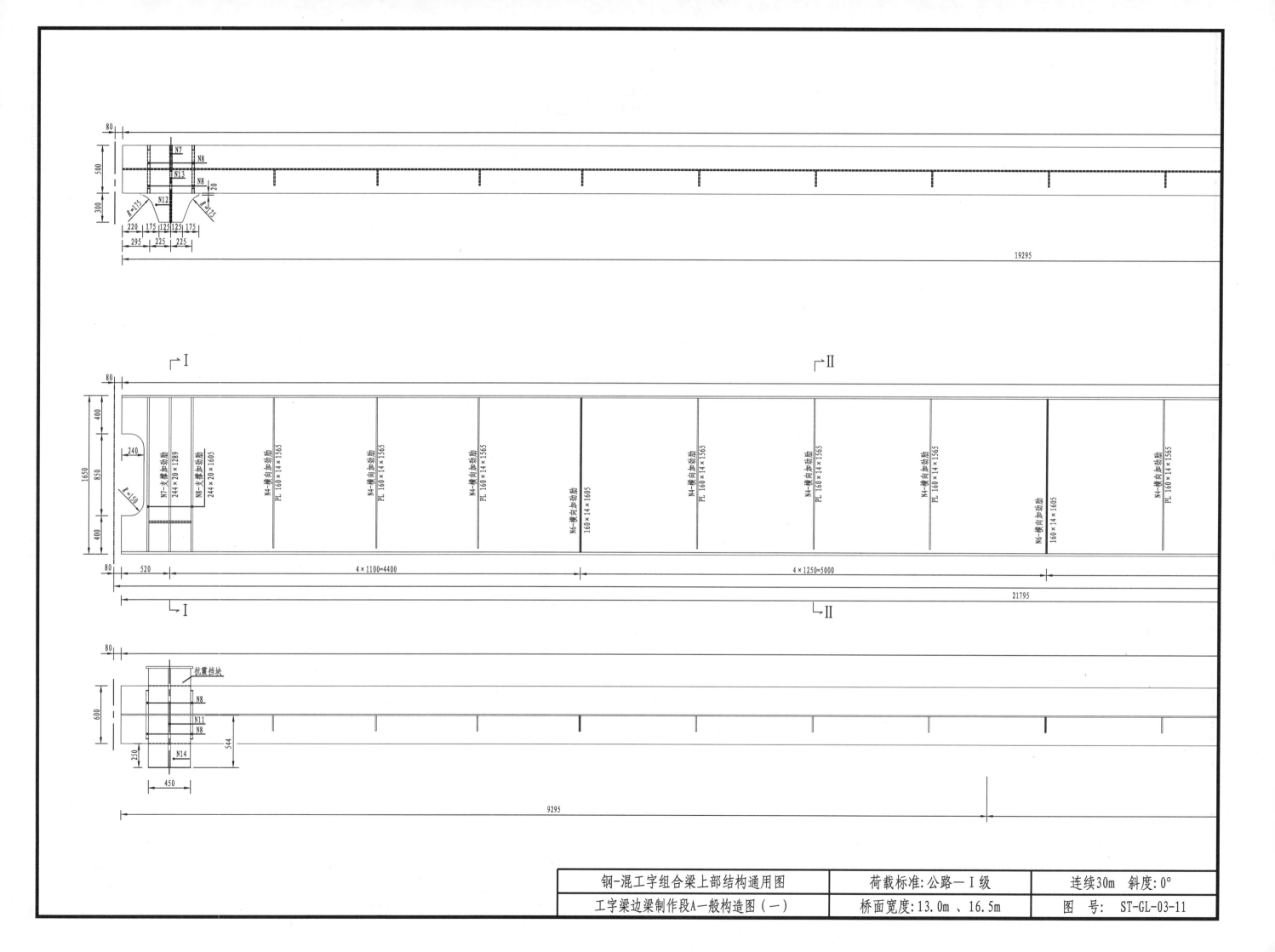

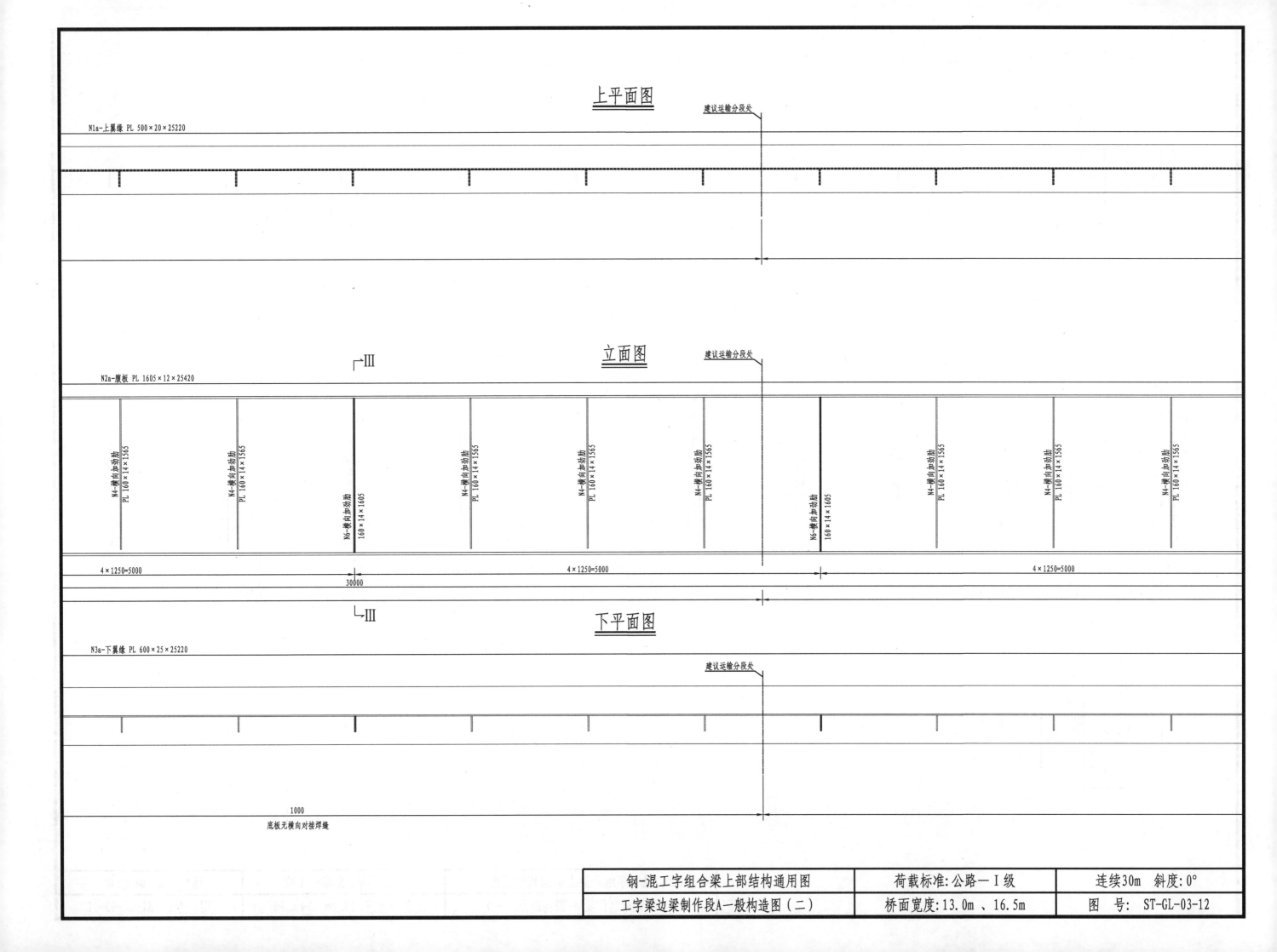

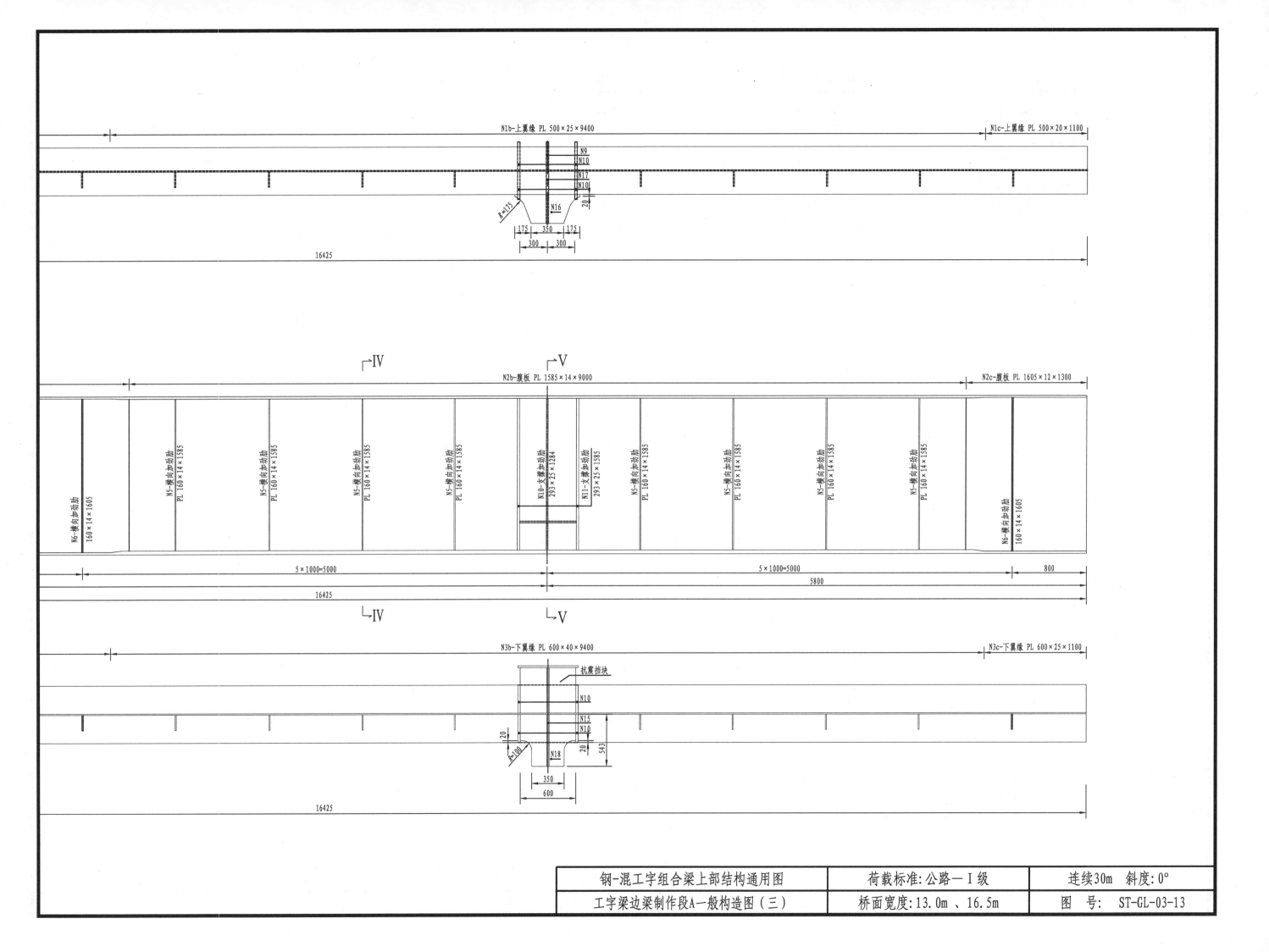

I-I	II-II	III-III	IV-IV	V-V
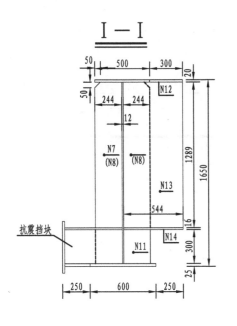	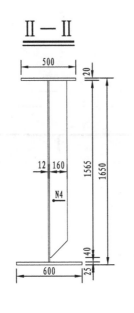	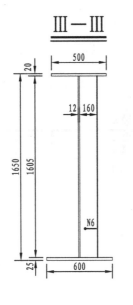	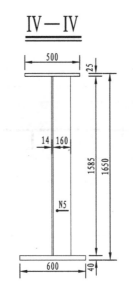	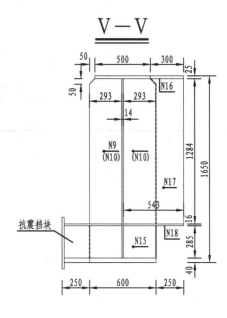

边梁A制作段顶底板、加劲板材料表

编号	名称	尺寸(mm×mm×mm)	数量	单重(kg)	总重(kg)	防腐面积(m²)	备注
N1a	上翼缘板	500×20×25220	1	1979.77	1979.8	25.22	
N1b	上翼缘板	500×25×9400	1	922.38	922.4	9.40	
N1c	上翼缘板	500×20×1100	1	86.35	86.4	1.10	
N2a	腹板	1605×12×25420	1	3843.28	3843.3	81.60	
N2b	腹板	1585×14×9000	1	1567.72	1567.7	28.53	
N2c	腹板	1605×12×1300	1	196.55	196.6	4.16	
N3a	下翼缘板	600×25×25220	1	2969.66	2969.7	30.26	
N3b	下翼缘板	600×40×9400	1	1770.96	1771.0	11.28	
N3c	下翼缘板	600×25×1100	1	129.53	129.5	1.31	
N4	横向加劲肋	160×14×1565	15	27.52	412.8	7.51	
N5	横向加劲肋	160×14×1585	8	27.87	223.0	4.06	
N6	横向加劲肋	160×14×1605	6	28.22	169.3	3.08	
N7	支撑加劲肋	244×20×1289	1	49.38	49.4	0.63	
N8	支撑加劲肋	244×20×1605	4	61.48	245.9	3.13	
N9	支撑加劲肋	293×25×1284	1	73.83	73.8	0.75	
N10	支撑加劲肋	293×25×1585	4	91.14	364.6	3.72	
合计					15005.0	215.7	

横向加劲肋附加详图

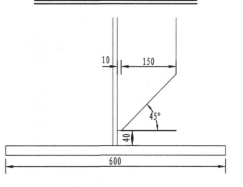

材料汇总表

一个制作段合计(kg)	15393.5
3孔一联共2个制作段共计(kg)	30787.0

横向接头材料表

编号	名称	尺寸(mm×mm×mm)	数量	单重(kg)	总重(kg)	防腐面积(m²)	备注
N11	端横梁处加劲板	244×20×300	1	11.49	11.5	0.15	
N12	端横梁上翼缘接头	600×20×300	1	28.26	28.3	0.36	
N13	端横梁腹板接头	544×20×1289	1	110.19	110.2	1.40	
N14	端横梁下翼缘接头	450×16×544	1	30.75	30.8	0.49	
N15	墩顶横梁处加劲板	293×25×285	1	16.39	16.4	0.67	
N16	墩顶横梁上翼缘接头	700×25×300	1	41.21	41.2	0.42	
N17	墩顶横梁腹板接头	543×20×1284	1	109.46	109.5	1.39	
N18	墩顶横梁下翼缘接头	600×16×543	1	40.92	40.9	0.65	
合计					388.7	5.5	

注:
1、图中单位除注明外,余均以毫米计。
2、材料表中尺寸仅供计算重量,不得作为结构尺寸。
3、除明确注明之外,钢材为Q345桥梁用钢。
4、本图适用于边梁A制作段。
5、抗震挡块见抗震挡块构造图。

钢-混工字组合梁上部结构通用图
工字梁边梁制作段A一般构造图(四)
荷载标准:公路—Ⅰ级
桥面宽度:13.0m、16.5m
连续30m 斜度:0°
图号:ST-GL-03-14

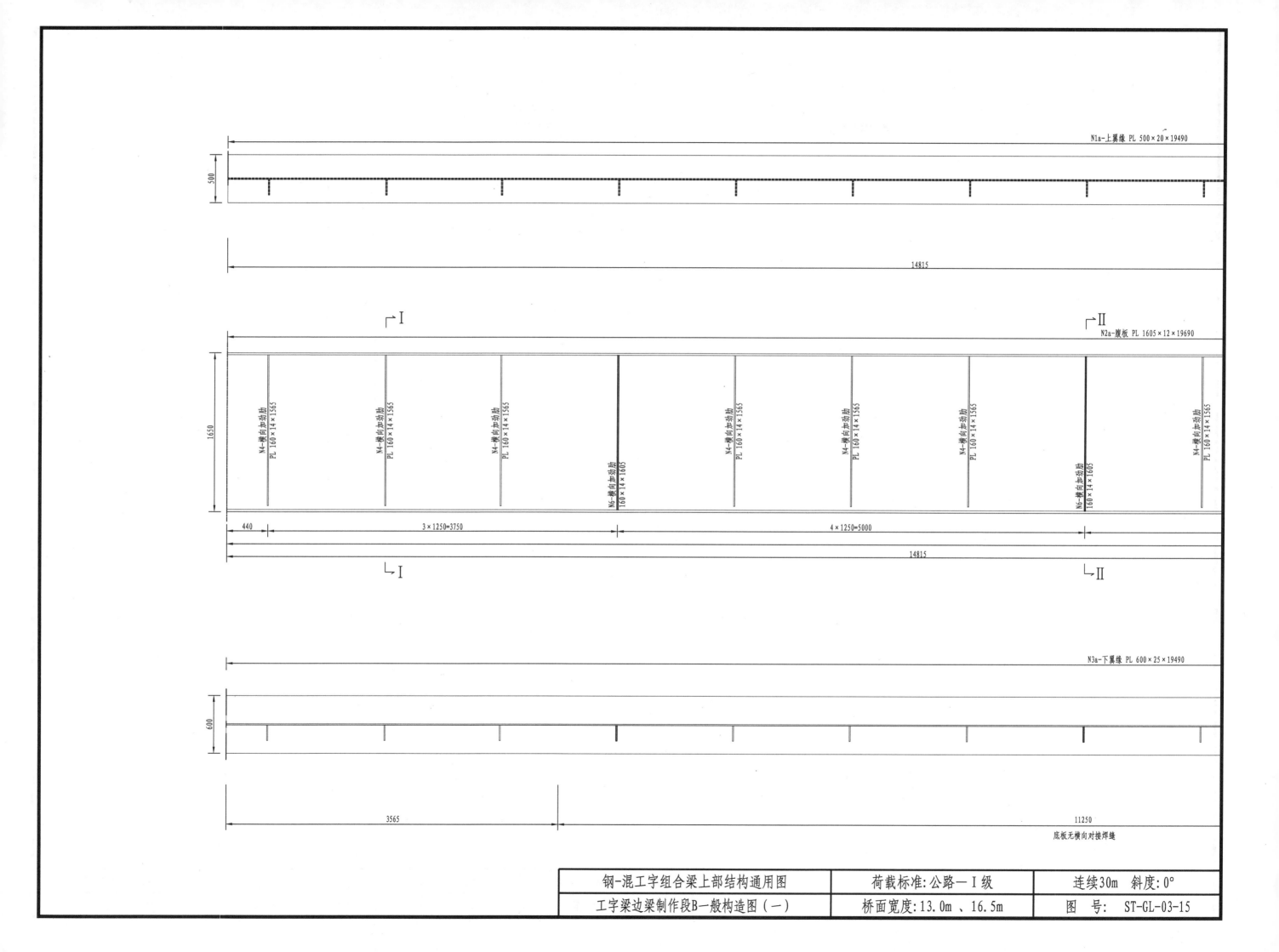

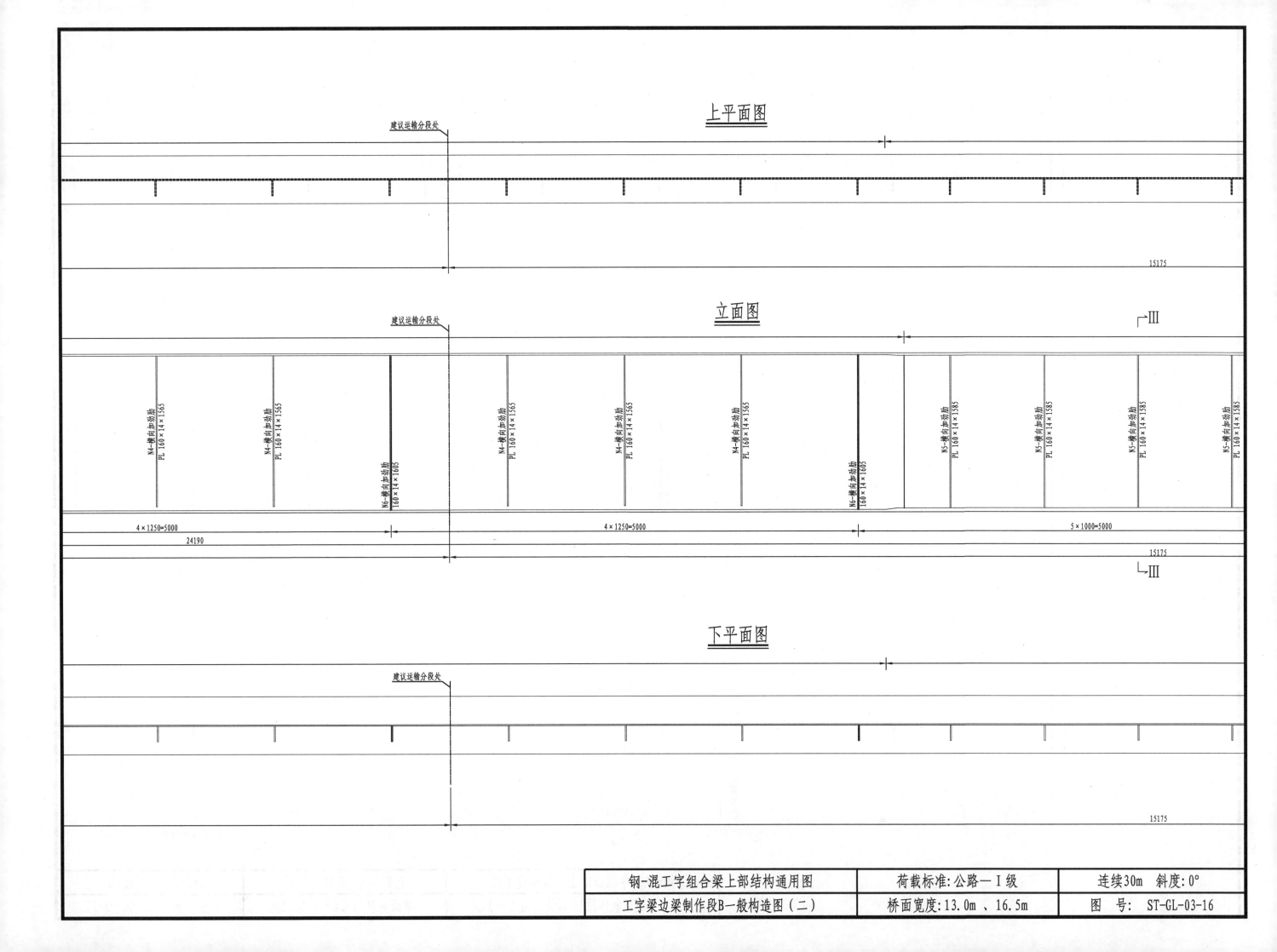

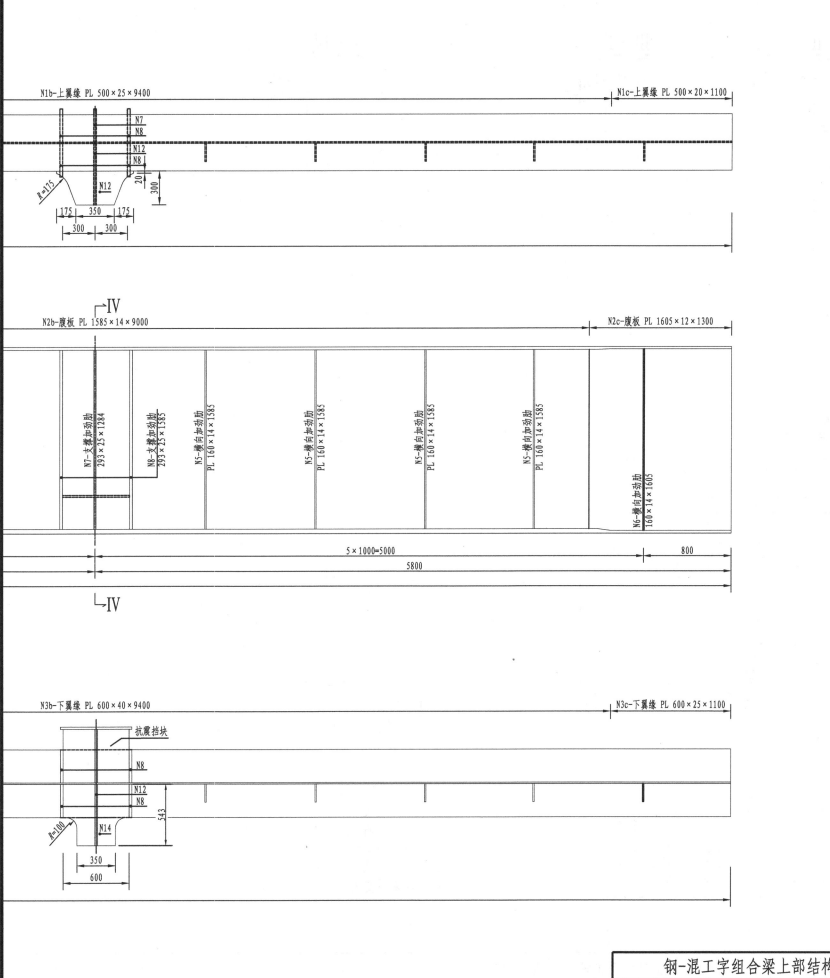

钢-混工字组合梁上部结构通用图	荷载标准：公路—Ⅰ级	连续30m 斜度：0°
工字梁边梁制作段B一般构造图（三）	桥面宽度：13.0m、16.5m	图 号： ST-GL-03-17

Ⅰ—Ⅰ

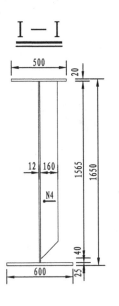

Ⅱ—Ⅱ

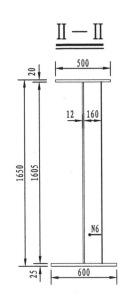

Ⅲ—Ⅲ

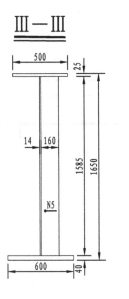

Ⅳ—Ⅳ

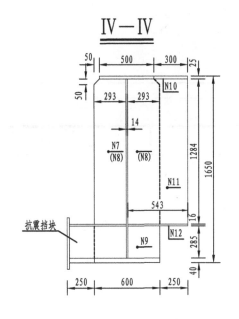

边梁B制作段顶底板、加劲板材料表

编号	名称	尺寸(mm×mm×mm)	数量	单重(kg)	总重(kg)	防腐面积(m²)	备注
N1a	上翼缘板	500×20×19490	1	1529.97	1530.0	19.49	
N1b	上翼缘板	500×25×9400	1	922.38	922.4	9.40	
N1c	上翼缘板	500×20×1100	1	86.35	86.4	1.10	
N2a	腹板	1605×12×19690	1	2976.95	2977.0	63.21	
N2b	腹板	1585×14×9000	1	1567.72	1567.7	28.53	
N2c	腹板	1605×12×1300	1	196.55	196.6	4.17	
N3a	下翼缘板	600×25×19490	1	2294.95	2295.0	23.39	
N3b	下翼缘板	600×40×9400	1	1770.96	1771.0	11.28	
N3c	下翼缘板	600×25×1100	1	129.53	129.5	1.32	
N4	横向加劲肋	160×14×1565	12	27.52	330.2	6.01	
N5	横向加劲肋	160×14×1585	8	27.87	223.0	4.06	
N6	横向加劲肋	160×14×1605	5	28.22	141.1	2.57	
N7	支撑加劲肋	293×25×1284	1	73.83	73.8	0.75	
N8	支撑加劲肋	293×25×1585	4	91.14	364.6	3.72	
合计					12608.1	179.0	

横向加劲肋附加详图

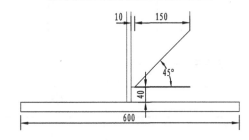

材料汇总表

一个制作段合计（kg）	12816.0
3孔一联共2个制作段共计（kg）	25632.0

横向接头材料表

编号	名称	尺寸(mm×mm×mm)	数量	单重(kg)	总重(kg)	防腐面积(m²)	备注
N9	墩顶横梁处加劲板	293×25×285	1	16.39	16.4	0.17	
N10	墩顶横梁上翼缘接头	700×25×300	1	41.21	41.2	0.42	
N11	墩顶横梁腹板接头	543×20×1284	1	109.46	109.5	1.39	
N12	墩顶横梁下翼缘接头	600×16×543	1	40.92	40.9	0.65	
合计					208.0	2.6	

注

1、图中单位除注明者外，余均以毫米计。
2、材料表中尺寸仅供计算钢重，不得作为结构尺寸。
3、除明确注明之外，钢材为Q345桥梁用钢。
4、本图适用于边梁B制作段。
5、抗震挡块见抗震挡块构造图。
6、支垫板见支垫板详图。

钢-混工字组合梁上部结构通用图	荷载标准：公路—Ⅰ级	连续30m 斜度：0°
工字梁边梁制作段B一般构造图（四）	桥面宽度：13.0m、16.5m	图 号：ST-GL-03-18

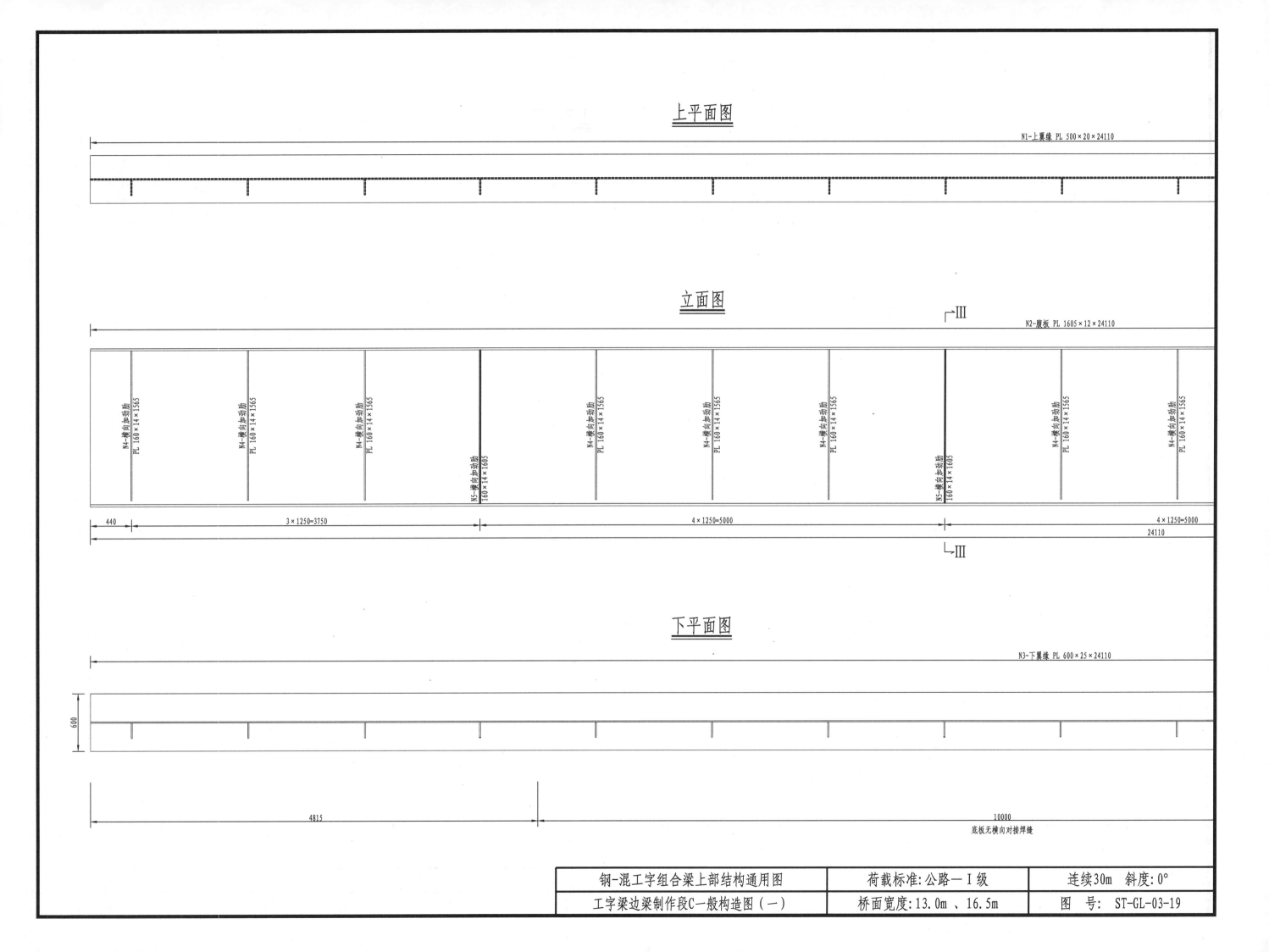

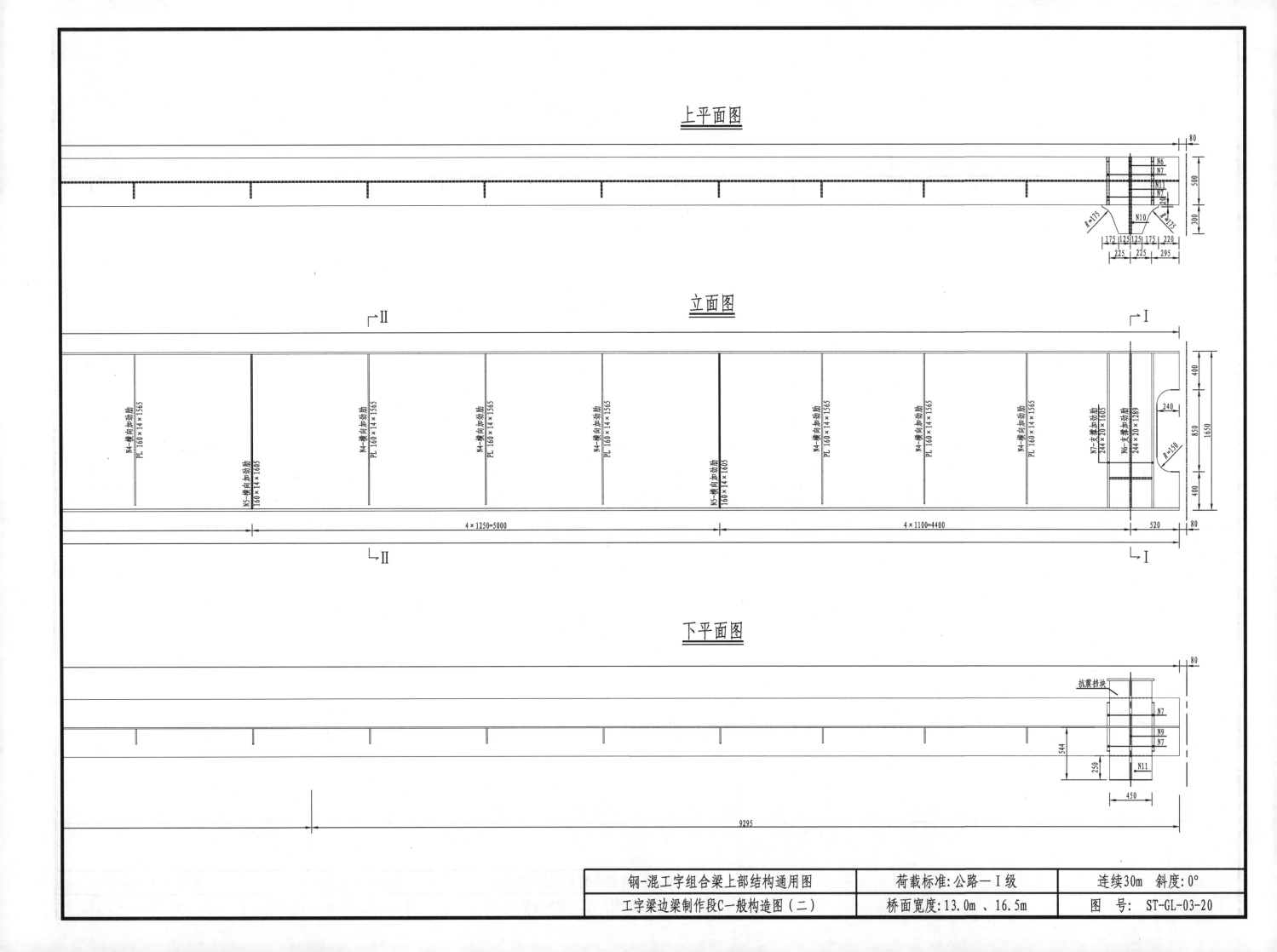

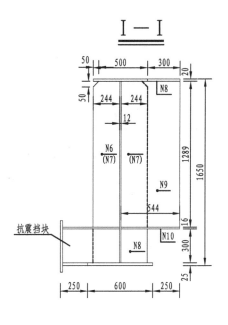
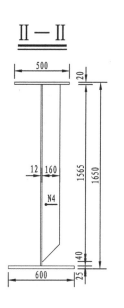
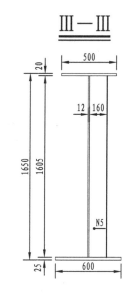

边梁C制作段顶底板、加劲板材料表

编号	名称	尺寸(mm×mm×mm)	数量	单重(kg)	总重(kg)	防腐面积(m²)
N1	上翼缘板	500×20×24110	1	1893.03	1893.0	24.12
N2	腹板	1605×12×24110	1	3645.97	3646.0	77.41
N3	下翼缘板	600×25×24110	1	2839.54	2839.5	28.94
N4	横向加劲肋	160×14×1565	15	27.52	412.8	7.51
N5	横向加劲肋	160×14×1605	4	28.22	112.9	2.05
N6	支撑加劲肋	244×20×1289	1	49.38	49.4	0.63
N7	支撑加劲肋	244×20×1605	4	61.48	245.9	3.13
合计					9199.5	143.8

横向加劲肋附加详图

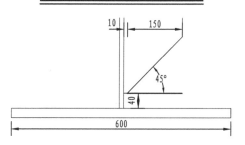

横向接头材料表

编号	名称	尺寸(mm×mm×mm)	数量	单重(kg)	总重(kg)	防腐面积(m²)	备注
N8	端横梁处加劲板	244×20×300	1	11.49	11.5	0.15	
N9	端横梁上翼缘接头	600×20×300	1	28.26	28.3	0.36	
N10	端横梁腹板接头	544×20×1289	1	110.09	110.1	1.40	
N11	端横梁下翼缘接头	544×16×450	1	30.75	30.8	0.49	
合计					180.6	2.4	

注:
1、图中单位除注明外,余均以毫米计。
2、材料表中尺寸仅供计算钢重,不得作为结构尺寸。
3、除明确注明之外,钢材为Q345桥梁用钢。
4、本图适用于边梁C制作段。
5、抗震挡块见抗震挡块构造图。
6、支垫板见支垫板详图。

材料汇总表

一个制作段合计（kg)	9378.4
3孔一联共2个制作段共计（kg)	18756.8

钢-混工字组合梁上部结构通用图	荷载标准:公路—Ⅰ级	连续30m 斜度:0°
工字梁边梁制作段C一般构造图（三）	桥面宽度:13.0m、16.5m	图号: ST-GL-03-21

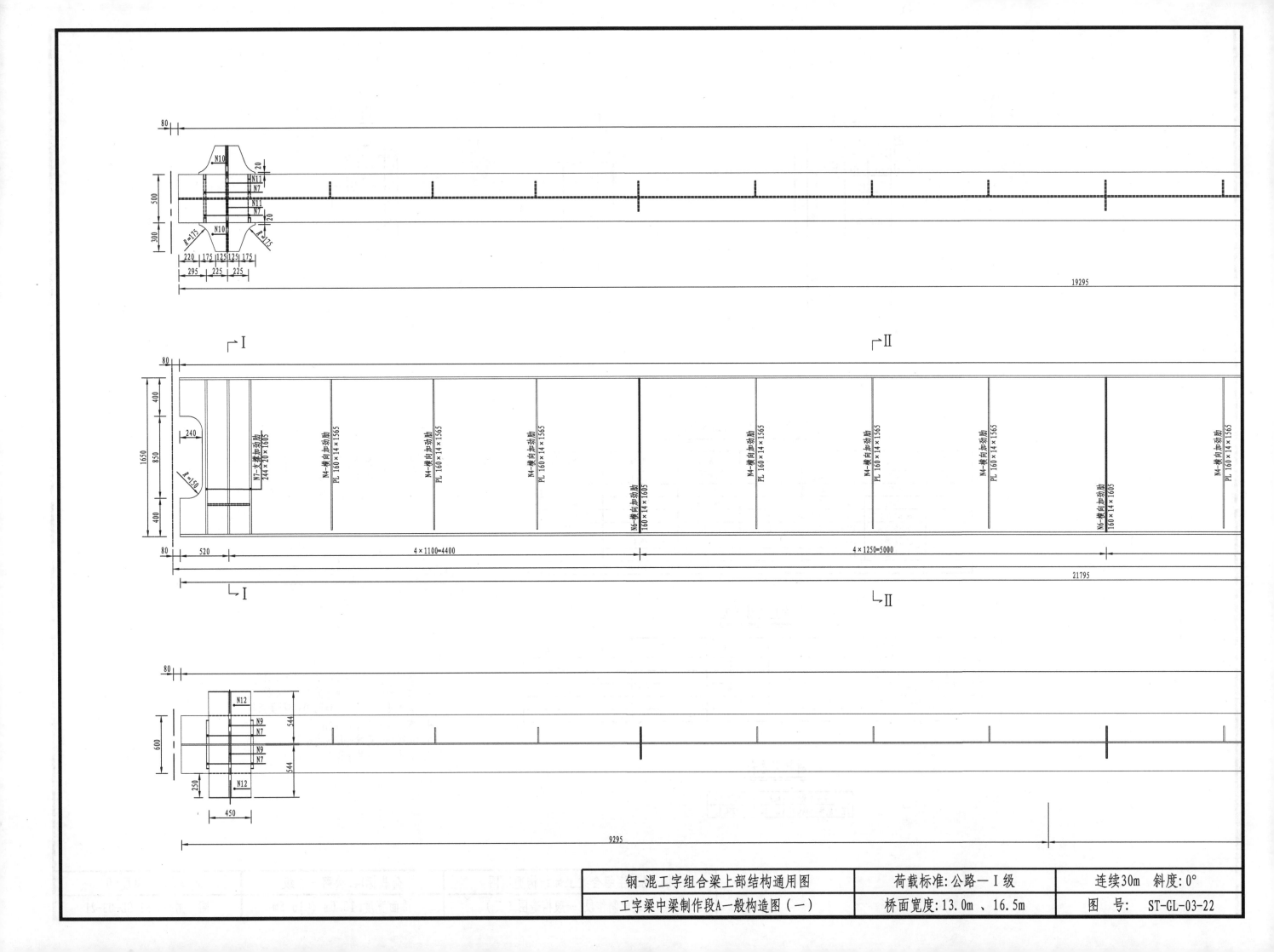

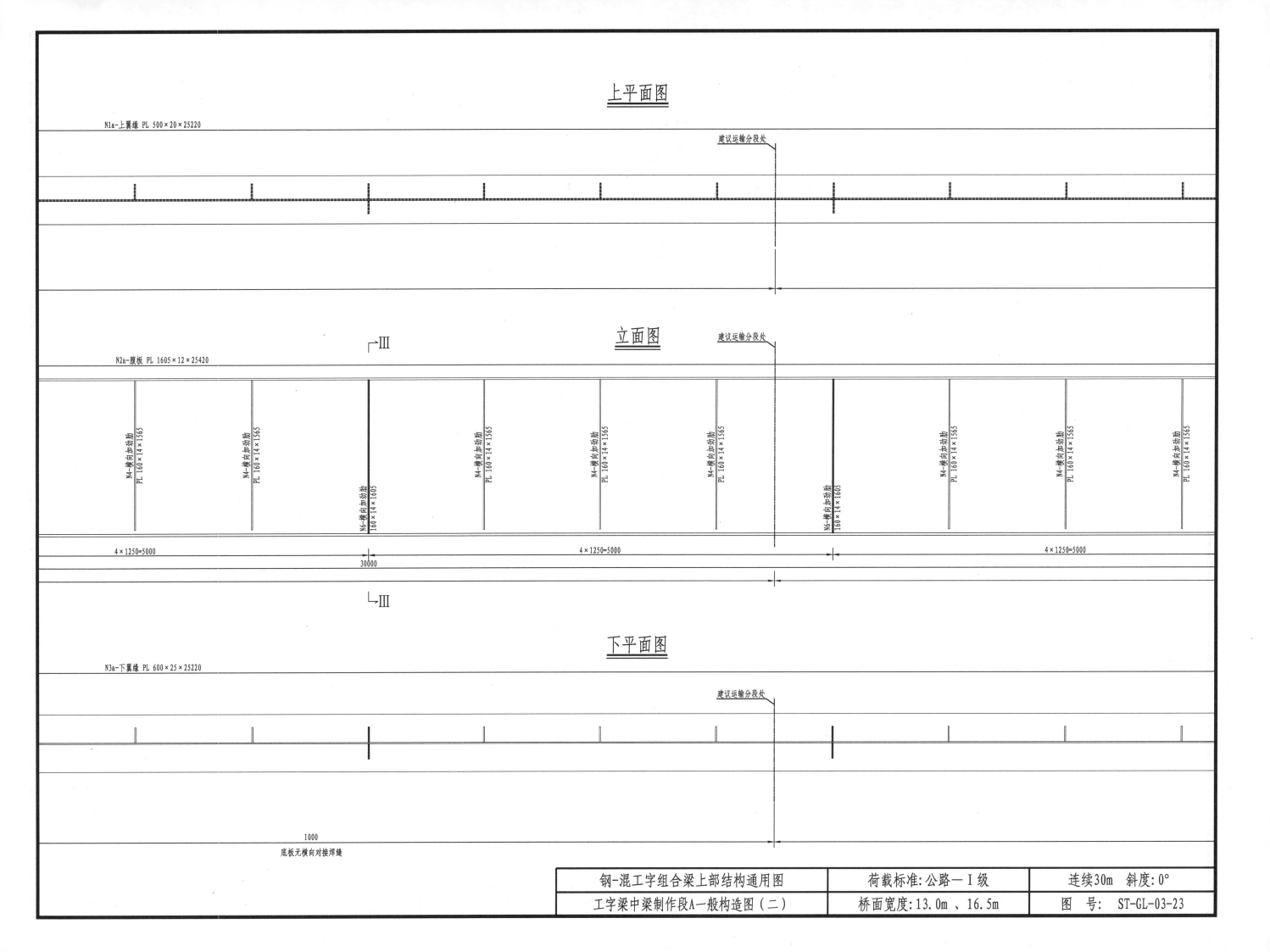

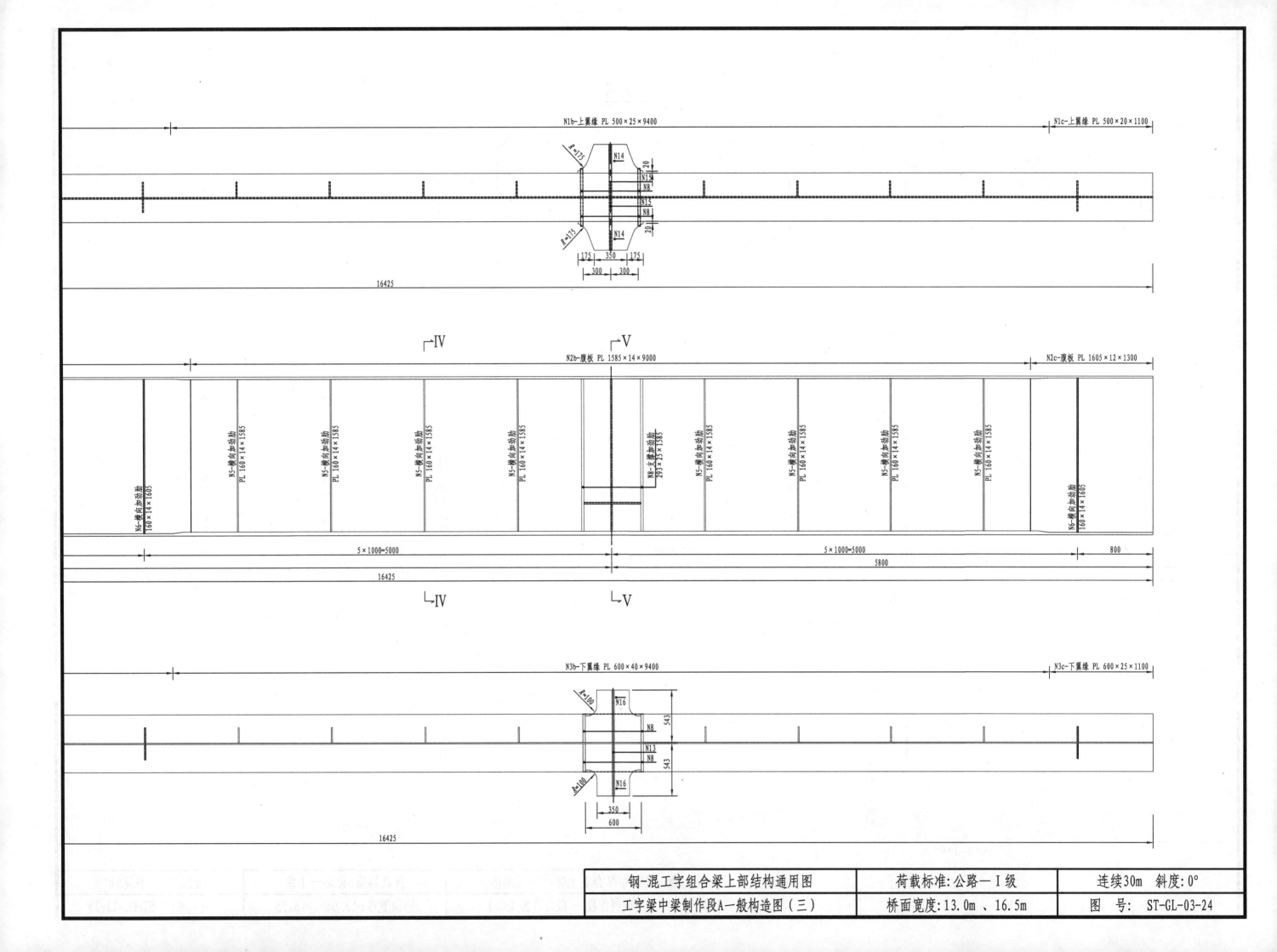

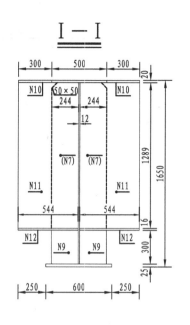
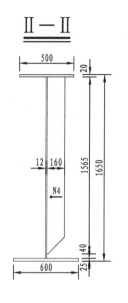
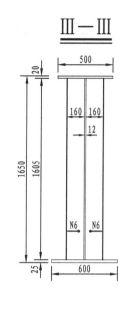
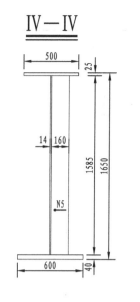
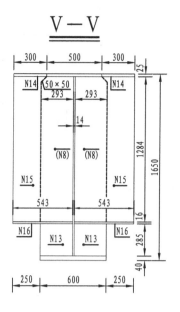

中梁A制作段顶底板、加劲板材料表

编号	名称	尺寸(mm×mm×mm)	数量	单重(kg)	总重(kg)	防腐面积(m²)	备注
N1a	上翼缘板	500×20×25220	1	1979.77	1979.8	25.22	
N1b	上翼缘板	500×25×9400	1	922.38	922.4	9.40	
N1c	上翼缘板	500×20×1100	1	86.35	86.4	1.10	
N2a	腹板	1605×12×25420	1	3843.28	3843.3	81.60	
N2b	腹板	1585×14×9000	1	1567.72	1567.7	28.53	
N2c	腹板	1605×12×1300	1	196.55	196.6	4.17	
N3a	下翼缘板	600×25×25220	1	2969.66	2969.7	30.26	
N3b	下翼缘板	600×40×9400	1	1770.96	1771.0	11.28	
N3c	下翼缘板	600×25×1100	1	129.51	129.5	1.32	
N4	横向加劲肋	160×14×1565	15	27.52	412.8	7.51	
N5	横向加劲肋	160×14×1585	8	27.87	223.0	4.06	
N6	横向加劲肋	160×14×1605	12	28.22	338.6	6.16	
N7	支撑加劲肋	244×20×1605	4	61.48	245.9	3.13	
N8	支撑加劲肋	293×25×1585	4	91.14	364.6	3.72	
		合计			15051.1	217.5	

材料汇总表

一个制作段合计 (kg)	15828.2
3孔一联共2个制作段共计 (kg)	31656.4

横向加劲肋附加详图

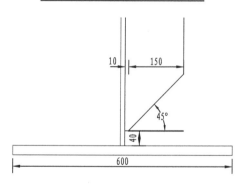

横向接头材料表

编号	名称	尺寸(mm×mm×mm)	数量	单重(kg)	总重(kg)	防腐面积(m²)	备注
N9	端横梁处加劲板	244×20×300	2	11.49	23.0	0.29	
N10	端横梁上翼缘接头	600×20×300	2	28.26	56.5	0.72	
N11	端横梁腹板接头	544×20×1289	2	110.09	220.2	2.80	
N12	端横梁下翼缘板接头	450×16×544	2	30.75	61.5	0.98	
N13	墩顶横梁处加劲板	293×25×285	2	16.39	32.8	0.33	
N14	墩顶横梁上翼缘接头	700×25×300	2	41.21	82.4	0.84	
N15	墩顶横梁腹板接头	543×20×1284	2	109.46	218.9	2.79	
N16	墩顶横梁下翼缘接头	600×16×332	2	40.92	81.8	1.30	
		合计			777.1	10.1	

注
1、图中单位除注明者外，余均以毫米计。
2、材料表中尺寸仅供计算钢重，不得作为结构尺寸。
3、除明确注明之外，钢材为Q345桥梁用钢。
4、本图适用于中梁A制作段。
5、抗震挡块见抗震挡块构造图。
6、支垫板见支垫板详图。

钢-混工字组合梁上部结构通用图
工字梁中梁制作段A一般构造图（四）
荷载标准：公路—Ⅰ级
桥面宽度：13.0m、16.5m
连续30m 斜度：0°
图号：ST-GL-03-25

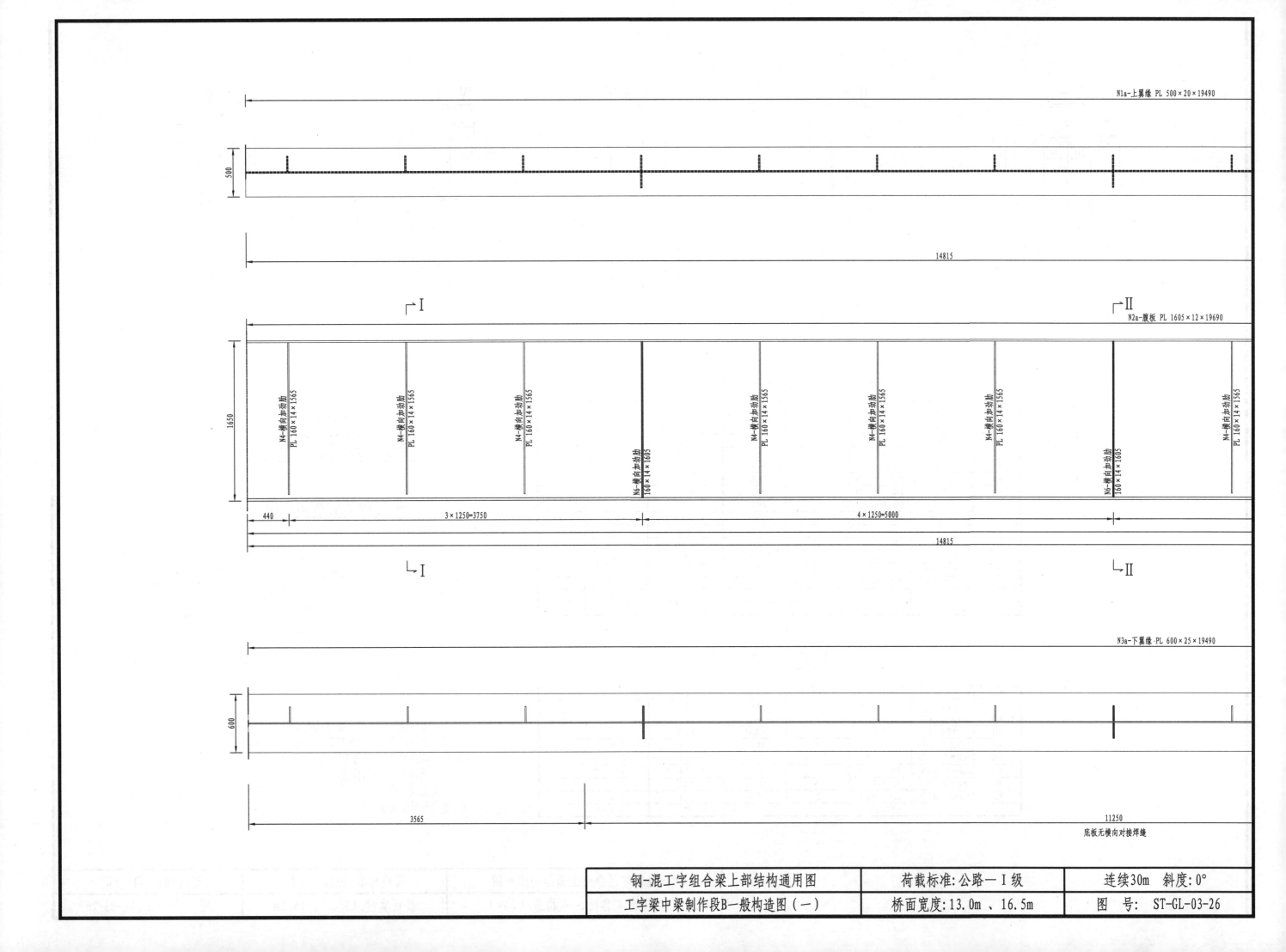

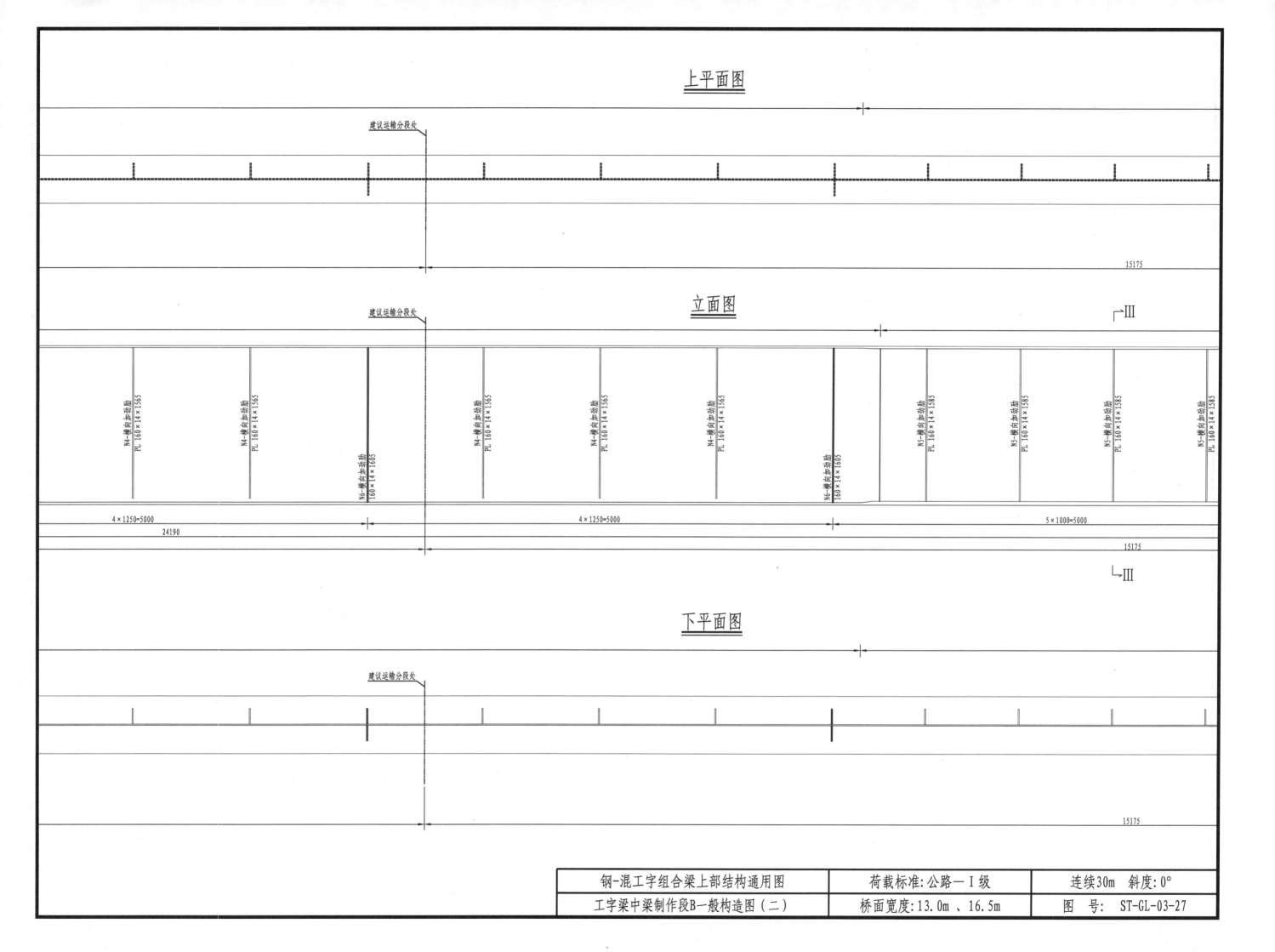

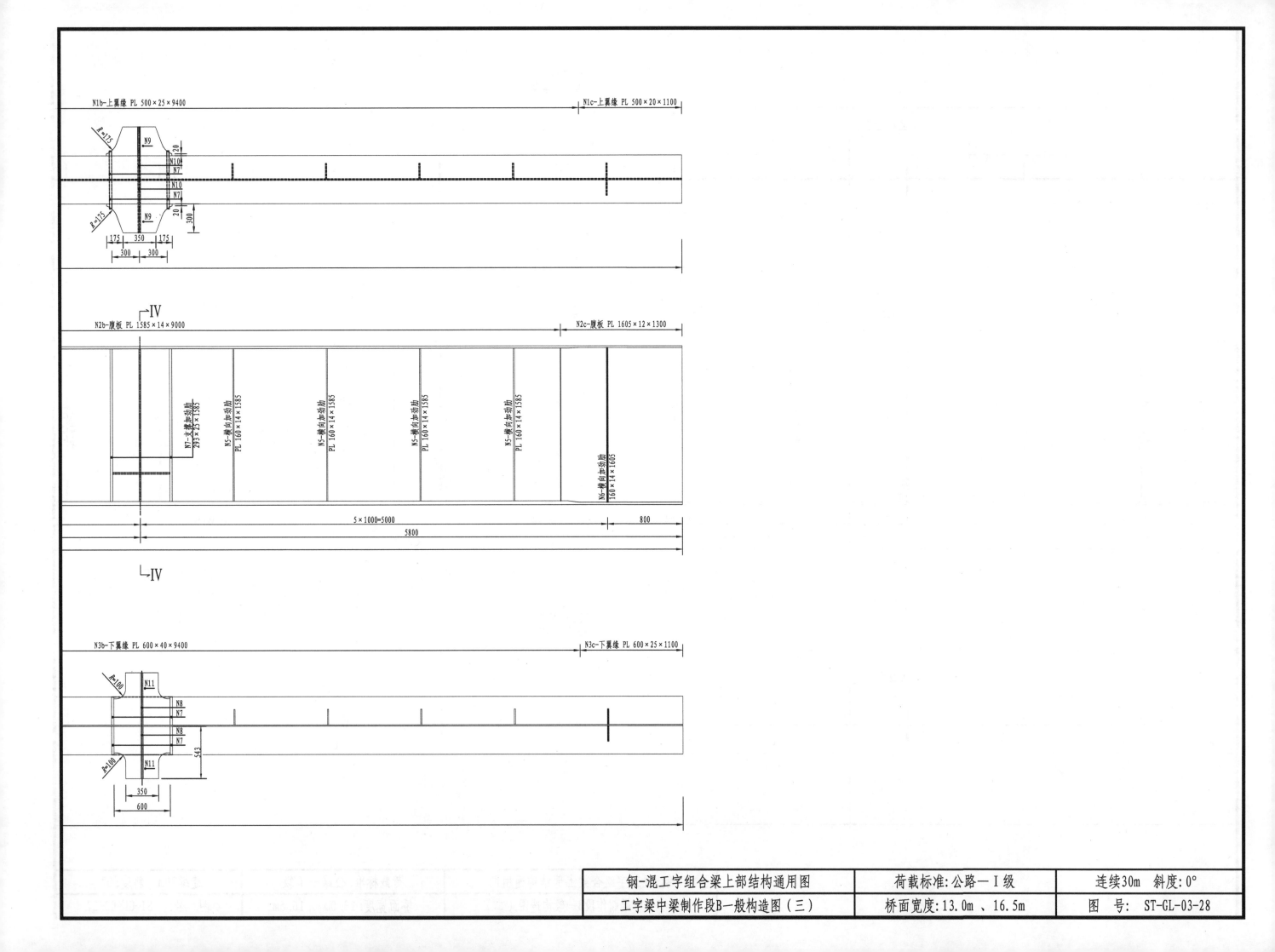

I—I
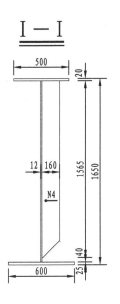

II—II
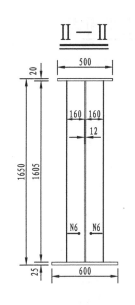

III—III
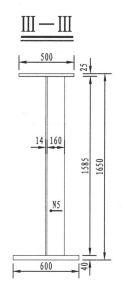

IV—IV
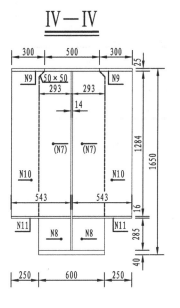

中梁B制作段顶底板、加劲板材料表

编号	名称	尺寸(mm×mm×mm)	数量	单重(kg)	总重(kg)	防腐面积(m²)	备注
N1a	上翼缘板	500×20×19490	1	1529.97	1530.0	19.49	
N1b	上翼缘板	500×25×9400	1	922.38	922.4	9.40	
N1c	上翼缘板	500×20×1100	1	86.35	86.4	1.10	
N2a	腹板	1605×12×19690	1	2976.95	2977.0	63.21	
N2b	腹板	1585×14×9000	1	1567.72	1567.7	28.53	
N2c	腹板	1605×12×1300	1	196.55	196.6	4.17	
N3a	下翼缘板	600×25×19490	1	2294.95	2295.0	23.39	
N3b	下翼缘板	600×40×9400	1	1770.96	1771.0	11.28	
N3c	下翼缘板	600×25×1100	1	129.53	129.5	1.32	
N4	横向加劲肋	160×14×1565	12	27.52	330.2	6.01	
N5	横向加劲肋	160×14×1585	8	27.87	223.0	4.06	
N6	横向加劲肋	160×14×1605	10	28.22	282.2	5.14	
N7	支撑加劲肋	293×25×1585	4	73.83	295.3	3.01	
合计					12606.1	180.1	

材料汇总表

一个制作段合计（kg）	13022.1
3孔一联共2个制作段共计（kg）	26044.2

横向加劲肋附加详图

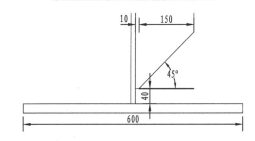

横向接头材料表

编号	名称	尺寸(mm×mm×mm)	数量	单重(kg)	总重(kg)	防腐面积(m²)	备注
N8	墩顶横梁处加劲板	293×25×285	2	16.39	32.8	0.33	
N9	墩顶横梁上翼缘接头	700×25×300	2	41.21	82.4	0.84	
N10	墩顶横梁腹板接头	543×20×1284	2	109.46	218.9	2.79	
N11	墩顶横梁下翼缘接头	600×16×543	2	40.92	81.8	1.30	
合计					416.0	5.3	

注
1、图中单位除注明者外，余均以毫米计。
2、材料表中尺寸仅供计算钢重，不得作为结构尺寸。
3、除明确注明之外，钢材为Q345桥梁用钢。
4、本图适用于中梁B制作段。
5、抗震挡块见抗震挡块构造图。
6、支垫板见支垫板详图。

钢-混工字组合梁上部结构通用图	荷载标准:公路—Ⅰ级	连续30m 斜度:0°
工字梁中梁制作段B一般构造图（四）	桥面宽度:13.0m、16.5m	图 号: ST-GL-03-29

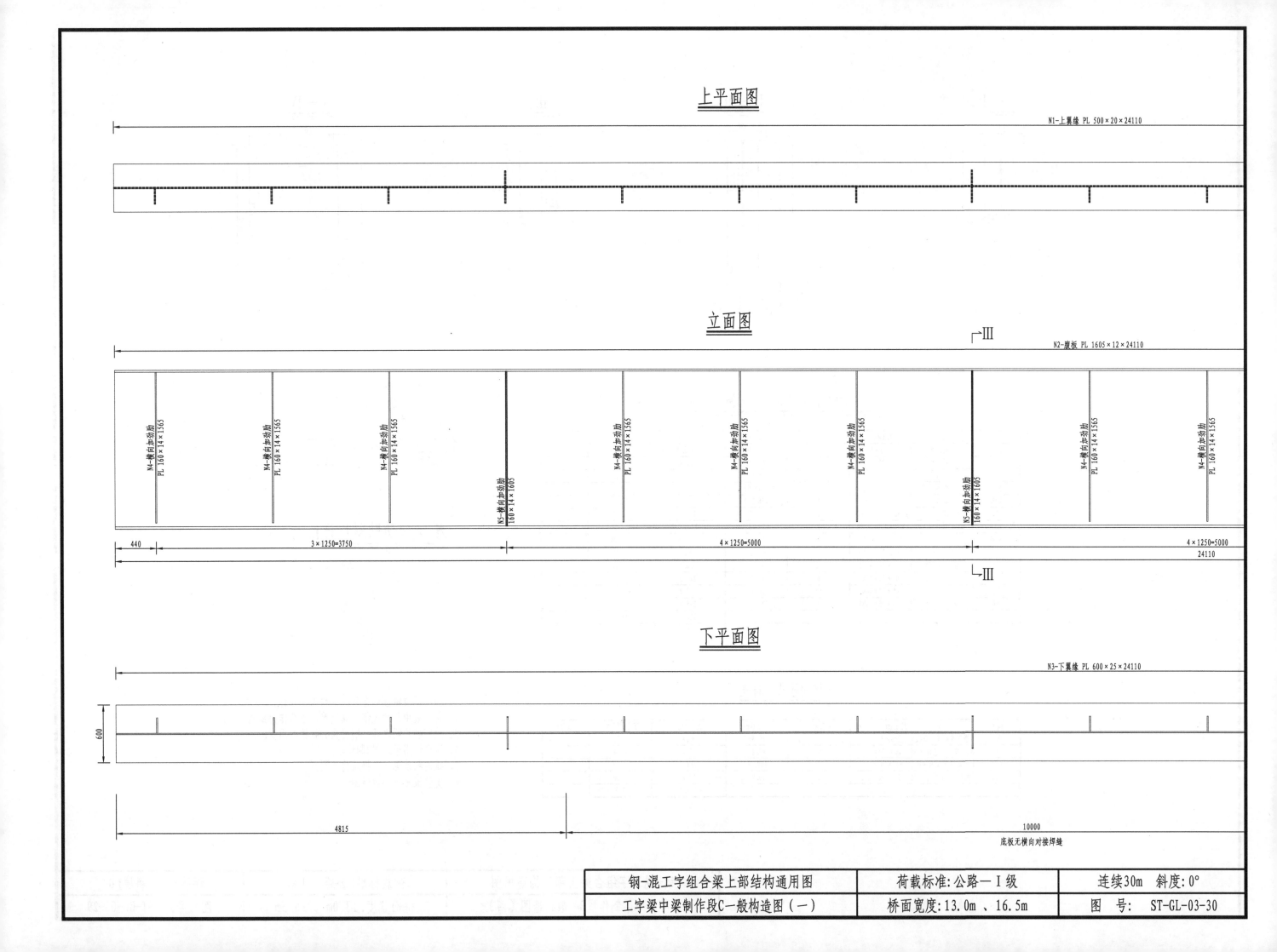

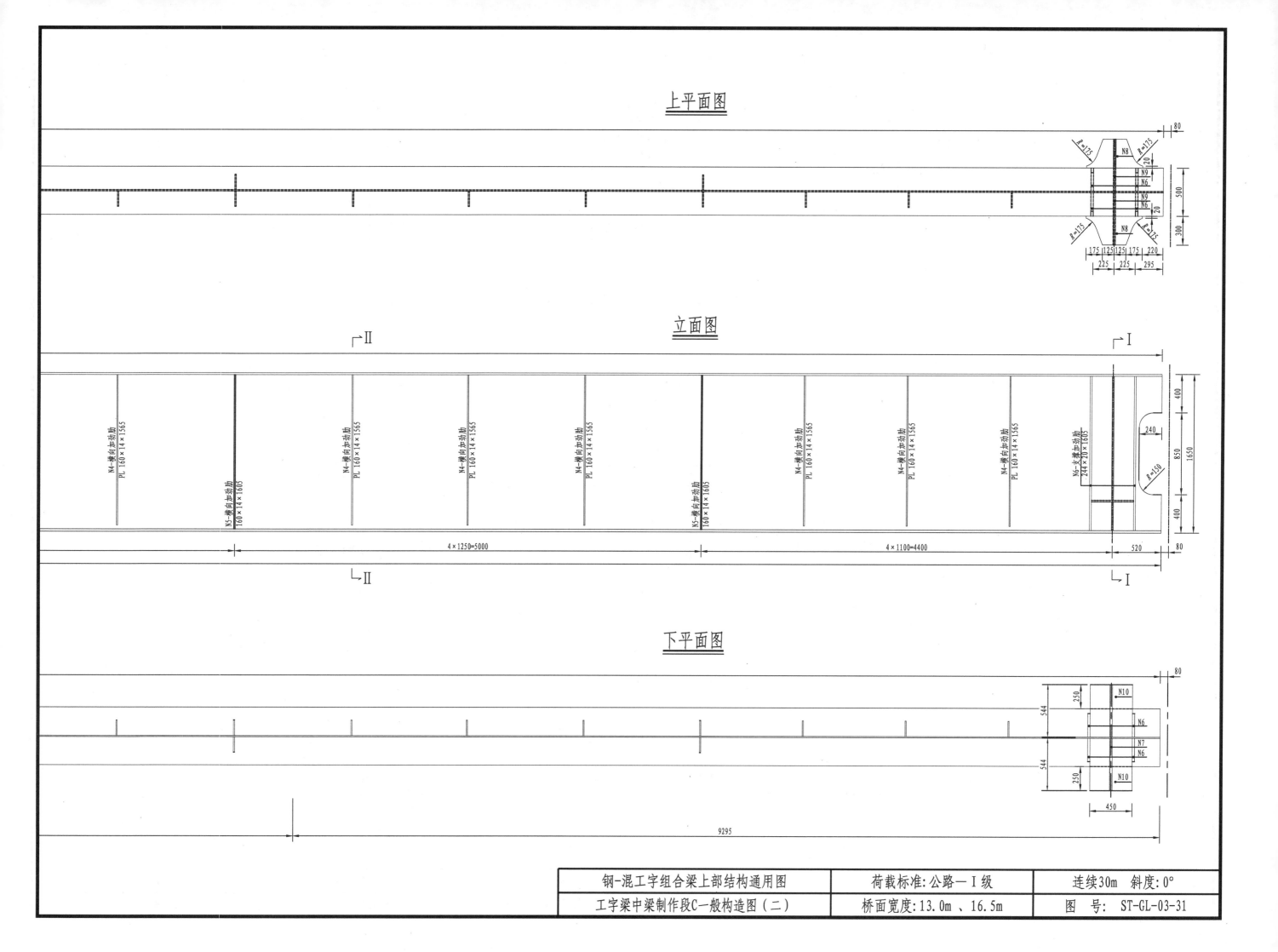

I — I

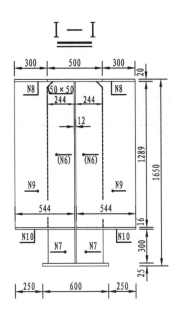

II — II

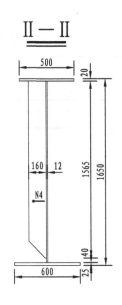

III — III

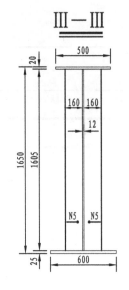

中梁C制作段顶底板、加劲板材料表

编号	名称	尺寸(mm×mm×mm)	数量	单重(kg)	总重(kg)	防腐面积(m²)
N1	上翼缘板	500×20×24110	1	1892.64	1892.6	24.11
N2	腹板	1605×12×24110	1	3645.22	3645.2	77.39
N3	下翼缘板	600×25×24110	1	2838.95	2839.0	28.93
N4	横向加劲肋	160×14×1565	15	27.52	412.8	7.51
N5	横向加劲肋	160×14×1605	8	28.22	225.8	4.11
N6	支撑加劲肋	244×20×1605	4	61.48	245.9	3.13
	合计				9261.3	145.2

材料汇总表

一个制作段合计（kg）	9622.5
3孔一联共2个制作段共计（kg）	19245.0

横向加劲肋附加详图

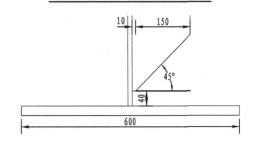

横向接头材料表

编号	名称	尺寸(mm×mm×mm)	数量	单重(kg)	总重(kg)	防腐面积(m²)	备注
N7	端横梁处加劲板	244×20×300	2	11.49	23.0	0.29	
N8	端横梁上翼缘接头	600×20×300	2	28.26	56.5	0.72	
N9	端横梁腹板接头	544×20×1289	2	110.09	220.2	2.80	
N10	端横梁下翼缘接头	450×16×544	2	30.75	61.5	0.98	
	合计				361.2	4.8	

注
1、图中单位除注明者外，余均以毫米计。
2、材料表中尺寸仅供计算钢重，不得作为结构尺寸。
3、除明确注明之外，钢材为Q345桥梁用钢。
4、本图适用于中梁C制作段。
5、抗震挡块见抗震挡块构造图。
6、支垫板见支垫板详图。

钢-混工字组合梁上部结构通用图	荷载标准:公路— I 级	连续30m 斜度：0°
工字梁中梁制作段C一般构造图（三）	桥面宽度：13.0m、16.5m	图 号： ST-GL-03-32

制作段间连接钢板立面布置图

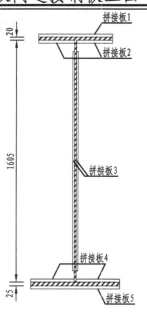

腹板接头螺栓布置

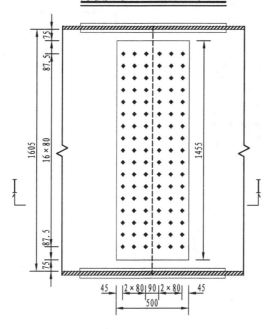

上翼缘板接头螺栓布置

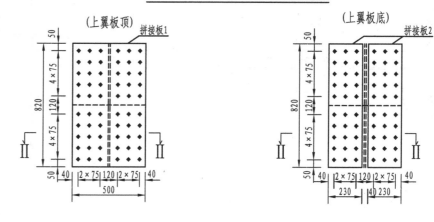

下翼缘板接头螺栓布置

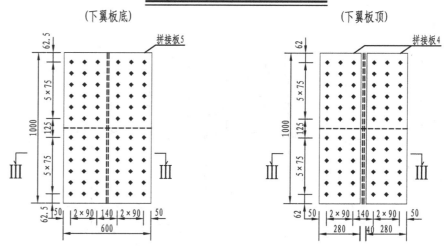

I－I

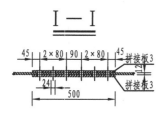

II－II

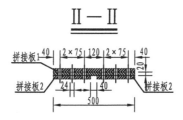

III－III

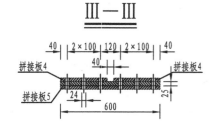

高强螺栓构造图

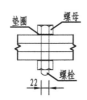

拼接段材料数量表

编号	名称	钢材牌号	规格(mm×mm)	板厚/长度(mm)	钢梁 数量(个)	钢梁 重量(kg)	钢梁 防腐面积(m²)	单个拼接段(kg)
1	拼接板(上翼板)	Q345桥梁用钢	500×820	16	1	51.5	0.82	板厚16mm: 269.7 板厚12mm: 137.1 防腐面积m²: 7.20
2			230×820	16	2	47.4	0.75	
3	拼接板(腹板)		500×1455	12	2	137.1	2.91	
4	拼接板(下翼板)		280×1000	16	2	82.9	1.32	
5			600×1000	16	2	87.9	1.40	
6	高强螺栓		M22×125					234套

注
1、图中单位除注明者外，余均以毫米计。
2、高强螺栓为摩擦型连接，要求连接钢板与钢板接触面做喷砂除锈布置后再做喷铝防锈布置，出厂时其接触面摩擦系数不小于0.55。
3、制作段接头位置见制作段构造图。

钢-混工字组合梁上部结构通用图	荷载标准：公路－Ⅰ级	连续30m 斜度：0°
钢-混工字组合梁拼接构造图	桥面宽度：13.0m、16.5m	图号：ST-GL-03-33

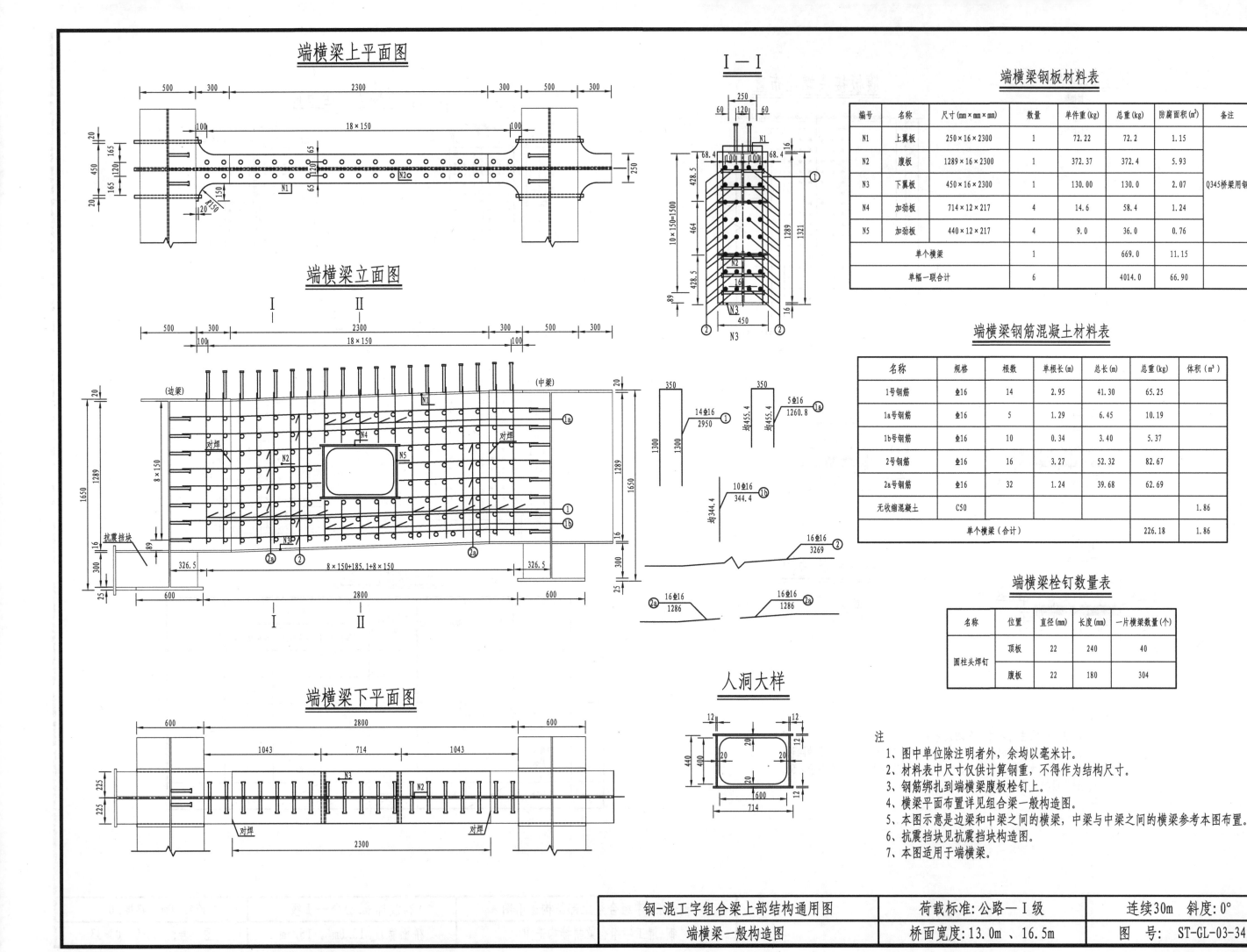

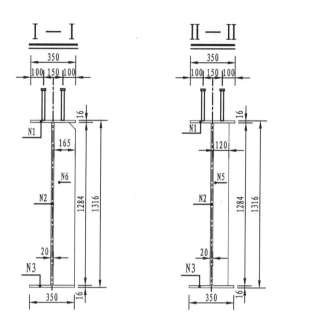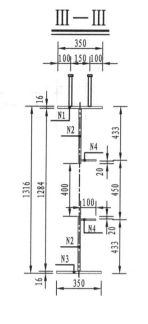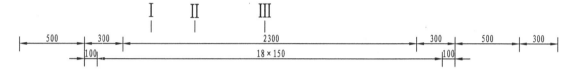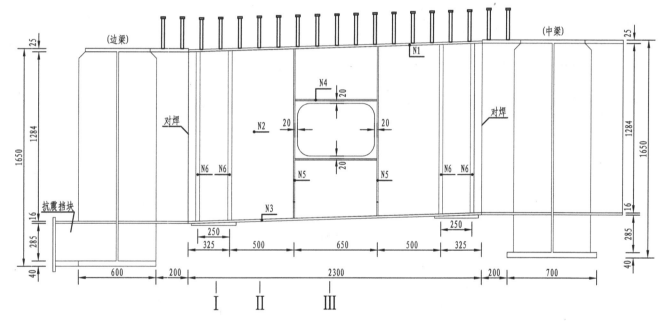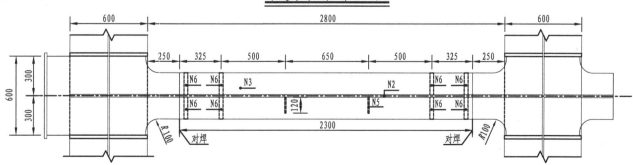

中横梁材料表

编号	名称	尺寸(mm×mm×mm)	数量	单件重(kg)	总重(kg)	防腐面积(m²)	备注
N1	上翼板	350×16×2300	1	101.1	101.1	1.61	
N2	腹板	1284×20×2300	1	463.7	463.7	5.91	
N3	下翼板	350×16×2300	1	101.1	101.1	1.61	
N4		100×10×640	2	5.0	10.0	0.26	Q345桥梁用钢
N5	加劲板	120×10×1284	4	12.1	48.4	1.23	
N6		165×22×1284	8	36.6	292.8	3.39	
楔形块		350×20×350	2	28.9	57.8	0.49	
单个横梁			1		1074.9	14.5	

中横梁栓钉数量表

名称	直径(mm)	长度(mm)	一片横梁数量(个)
圆柱头焊钉	22	240	38

注
1、图中单位除注明者外，余均以毫米计。
2、材料表中尺寸仅供计算钢重，不得作为结构尺寸。
3、横梁平面布置详见组合梁一般构造图。
4、本图示意是边梁和中梁之间的横梁，中梁与中梁之间的横梁参考本图布置。
5、抗震挡块见抗震挡块构造图。
6、本图适用于中横梁。

钢-混工字组合梁上部结构通用图	荷载标准：公路－Ⅰ级	连续30m 斜度：0°
中横梁一般构造图	桥面宽度：13.0m、16.5m	图 号：ST-GL-03-35

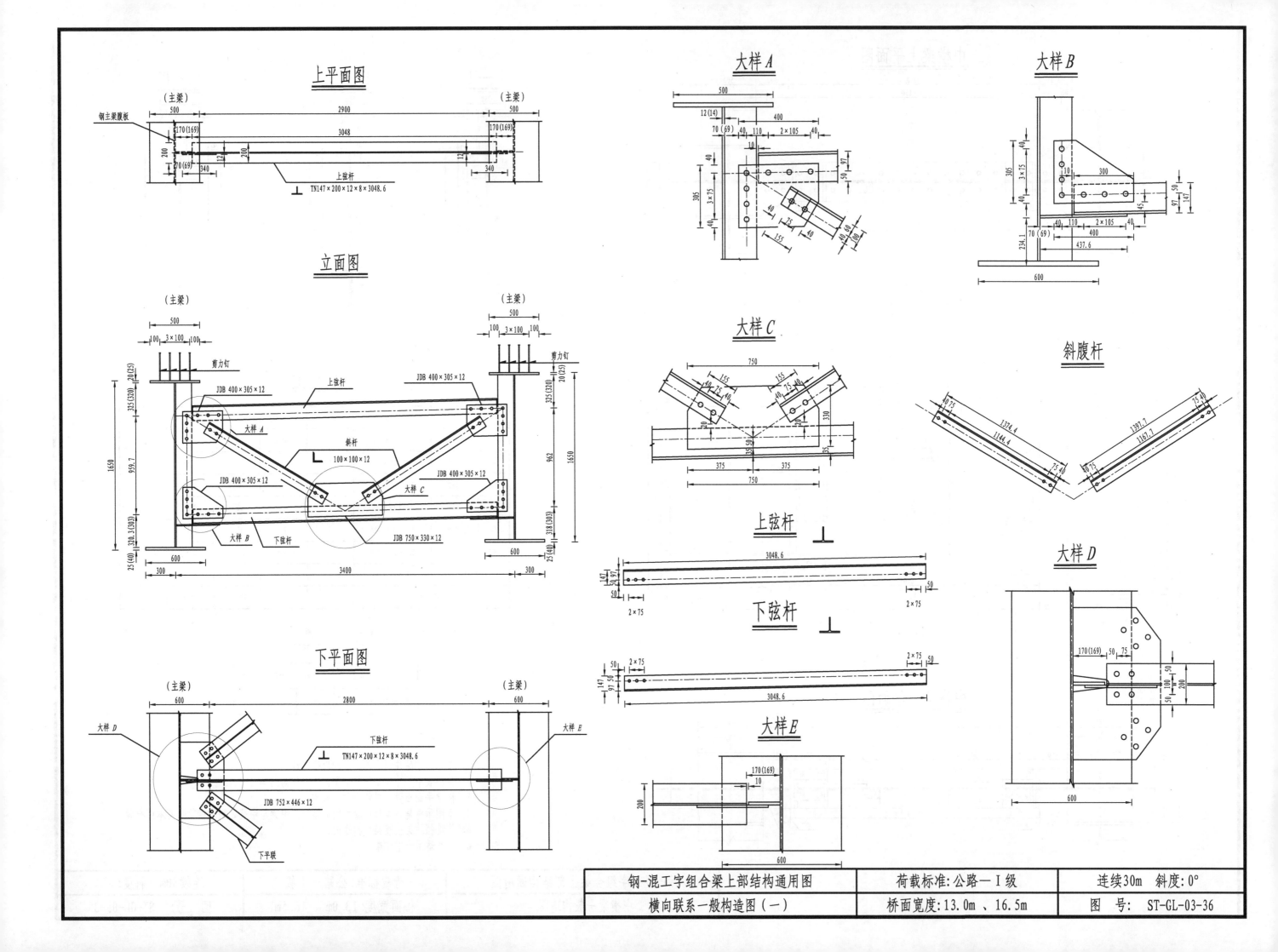

横向联系材料表

名称	尺寸(mm)	数量	单件重(kg)	总重(kg)	防腐(m²)	备注
T型钢	147×200×12×8×3048.6	2	85.06	170.12	4.1	Q345D
角钢	100×100×12×1374.4	1	24.60	24.60	0.5	Q345D
	100×100×12×1397.7	1	25.01	25.01	0.5	
节点板	400×305×12	4	11.49	45.97	0.5	Q345qE
	750×330×12	1	23.31	23.31	0.5	
单个横向联系合计	T型钢			170.12	6.1	
	角钢			49.61		
	节点板			69.28		
M22高强度螺栓(套)				36		

注
1、图中单位除注明者外，余均以毫米计。
2、材料表中尺寸仅供计算钢重，不得作为结构尺寸。
3、螺栓采用M22摩擦型高强度螺栓。

钢-混工字组合梁上部结构通用图	荷载标准：公路—Ⅰ级	连续30m 斜度：0°
横向联系一般构造图（二）	桥面宽度：13.0m、16.5m	图号：ST-GL-03-37

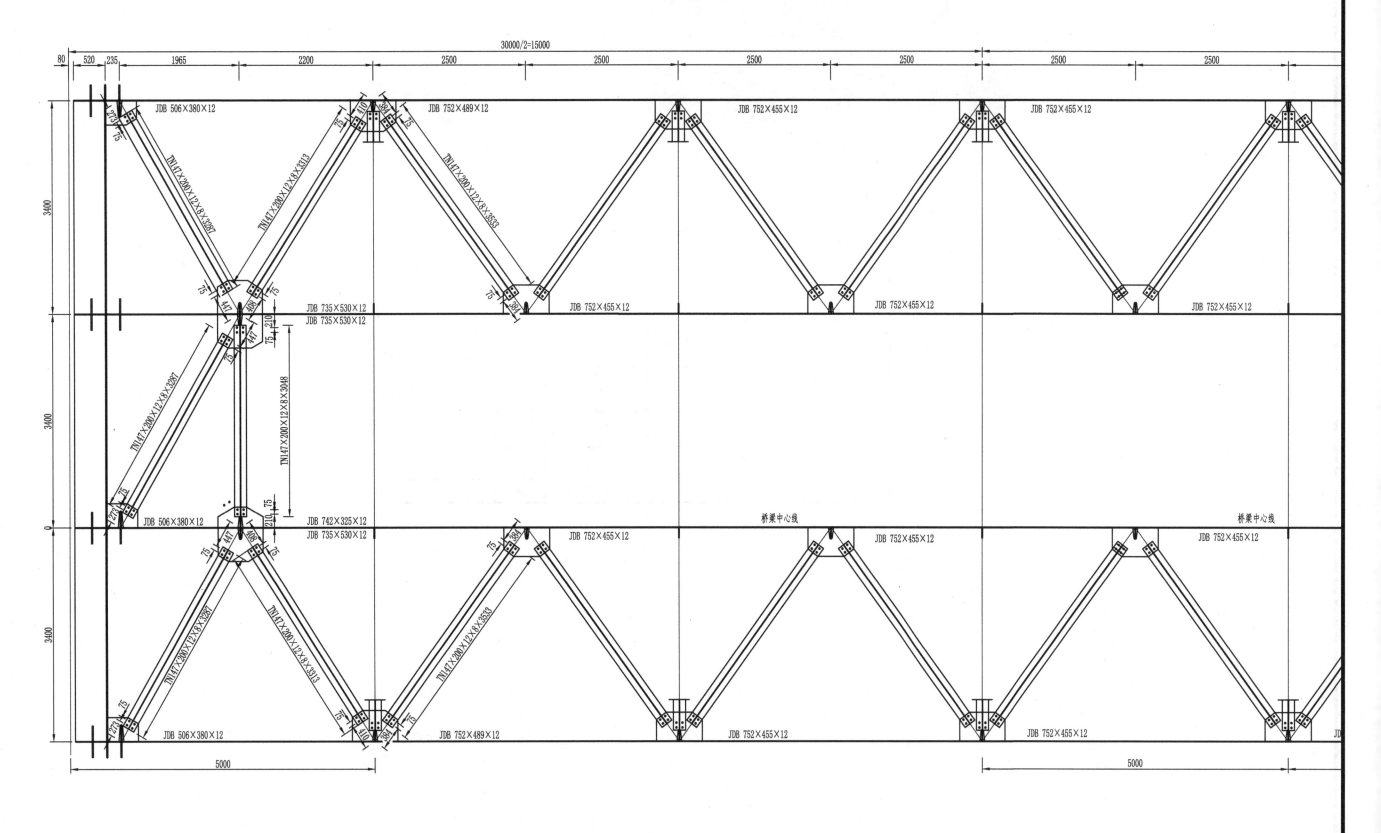

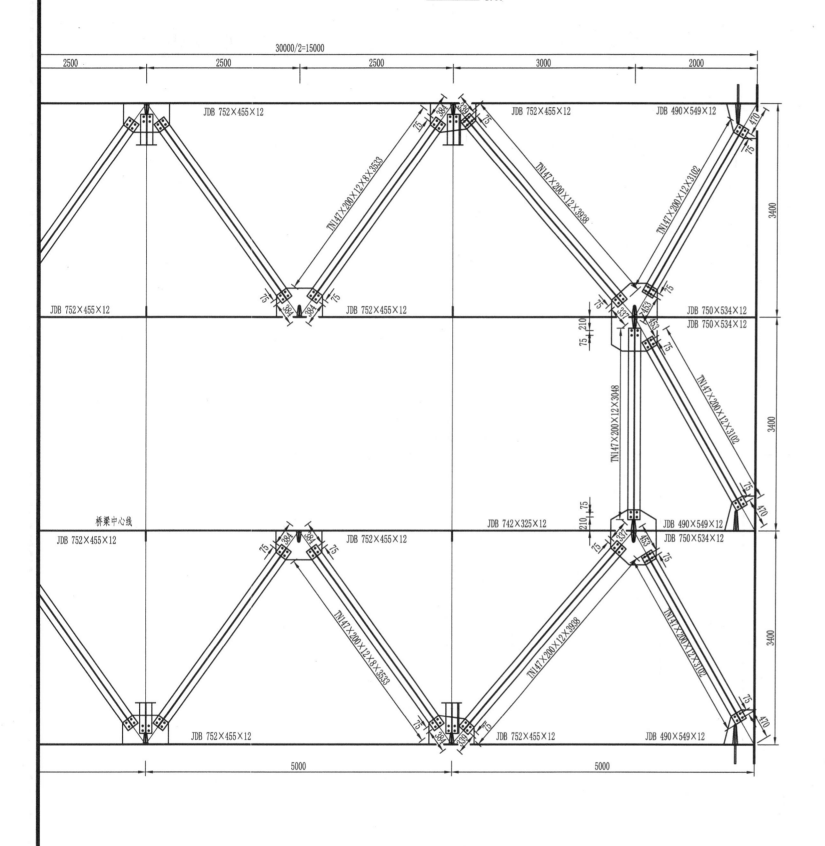

节点板开孔大样1 1:10
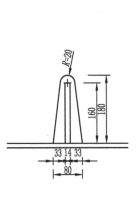

节点板开孔大样2 1:10
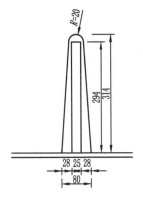

节点板开孔大样3 1:10
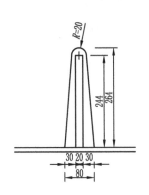

节点板大样 1:10
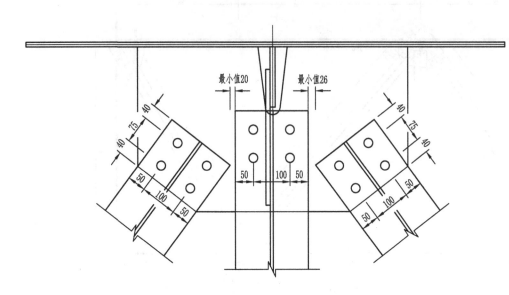

节点板开孔大样4 1:10
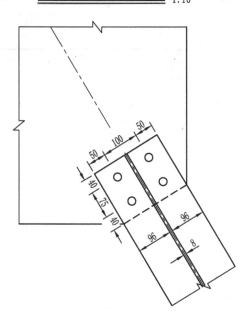

边跨平联材料表

名称	尺寸(mm)	数量	单件重(kg)	总重(kg)	防腐(m²)	备注
T型钢	TN147×200×12×8×3287	3	91.71	275.13	71.7	Q345D
	TN147×200×12×8×3313	2	92.43	184.86		
	TN147×200×12×8×3048	2	85.04	170.08		
	TN147×200×12×8×3533	16	98.57	1577.12		
	TN147×200×12×8×3938	2	109.87	219.74		
	TN147×200×12×8×3102	4	86.55	346.20		
节点板	506×380×12	3	18.11	54.33	23.0	Q345qE
	752×489×12	2	34.64	69.28		
	735×530×12	4	36.70	146.80		
	742×325×12	2	22.72	45.44		
	752×455×12	16	32.23	515.68		
	490×549×12	4	25.34	101.36		
	750×534×12	4	37.73	150.92		
单幅一孔边跨合计		T型钢	2773.13	94.7		
		钢板	1083.81			
		M22高强度螺栓(套)	280			

中跨平联材料表

名称	尺寸(mm)	数量	单件重(kg)	总重(kg)	防腐(m²)	备注
T型钢	TN147×200×12×8×3048	2	85.04	170.08	67.9	Q345D
	TN147×200×12×8×3533	16	98.57	1577.12		
	TN147×200×12×8×3938	4	109.87	439.48		
	TN147×200×12×8×3102	6	86.55	519.30		
节点板	742×325×12	2	22.72	45.44	26.8	Q345qE
	752×455×12	18	32.23	580.14		
	490×549×12	6	25.34	152.04		
	750×534×12	6	37.73	226.38		
单幅一孔中跨合计		T型钢	2705.98	94.7		
		钢板	1004.00			
		M22高强度螺栓(套)	280			

注
1、图中单位除注明者外,余均以毫米计。
2、材料表中尺寸仅供计算钢重,不得作为结构尺寸。
3、螺栓采用M22摩擦型高强度螺栓。

钢-混工字组合梁上部结构通用图	荷载标准:公路—Ⅰ级	连续30m 斜度:0°
水平联系一般构造图(三)	桥面宽度:13.0m、16.5m	图号: ST-GL-03-40

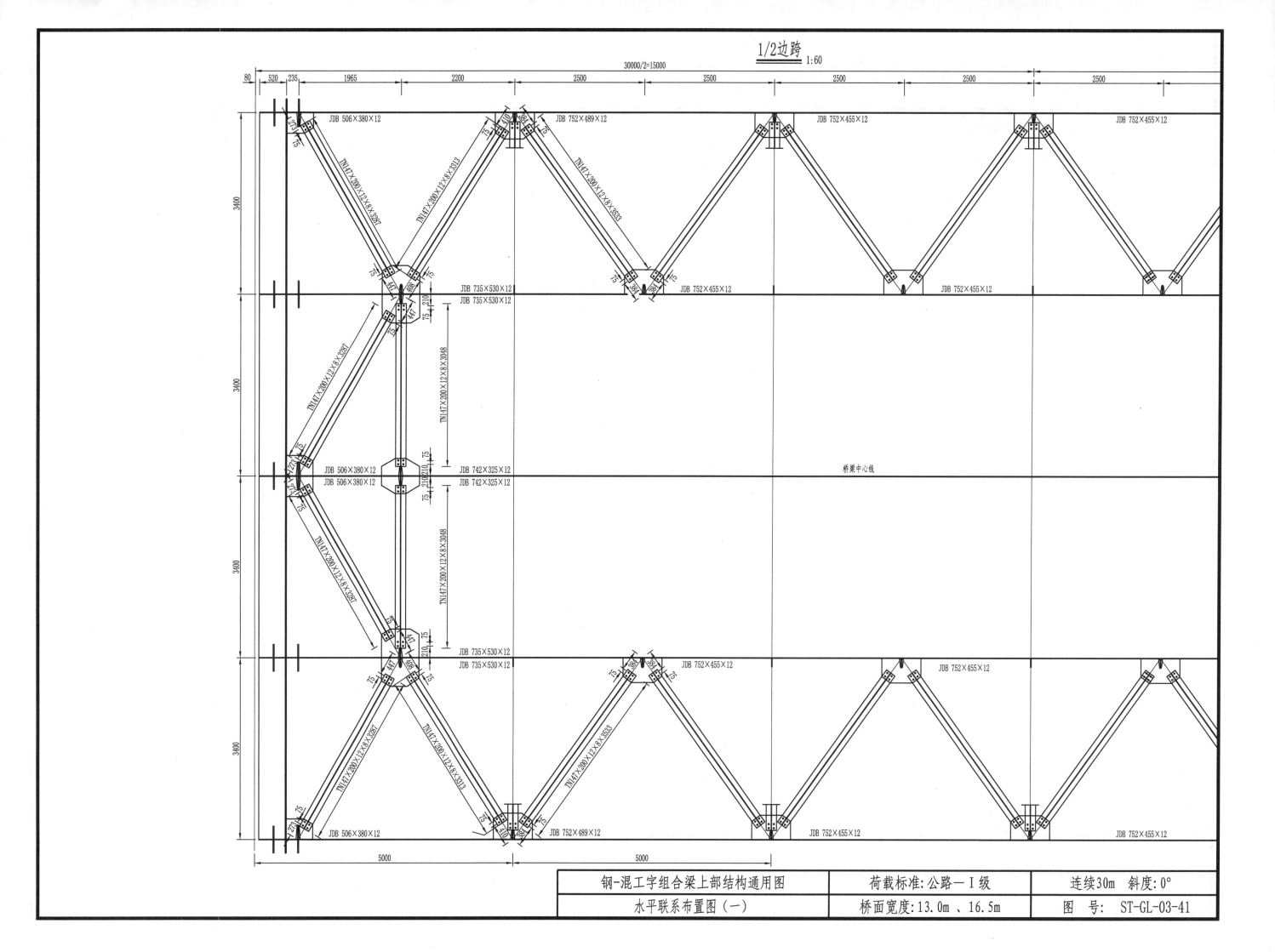

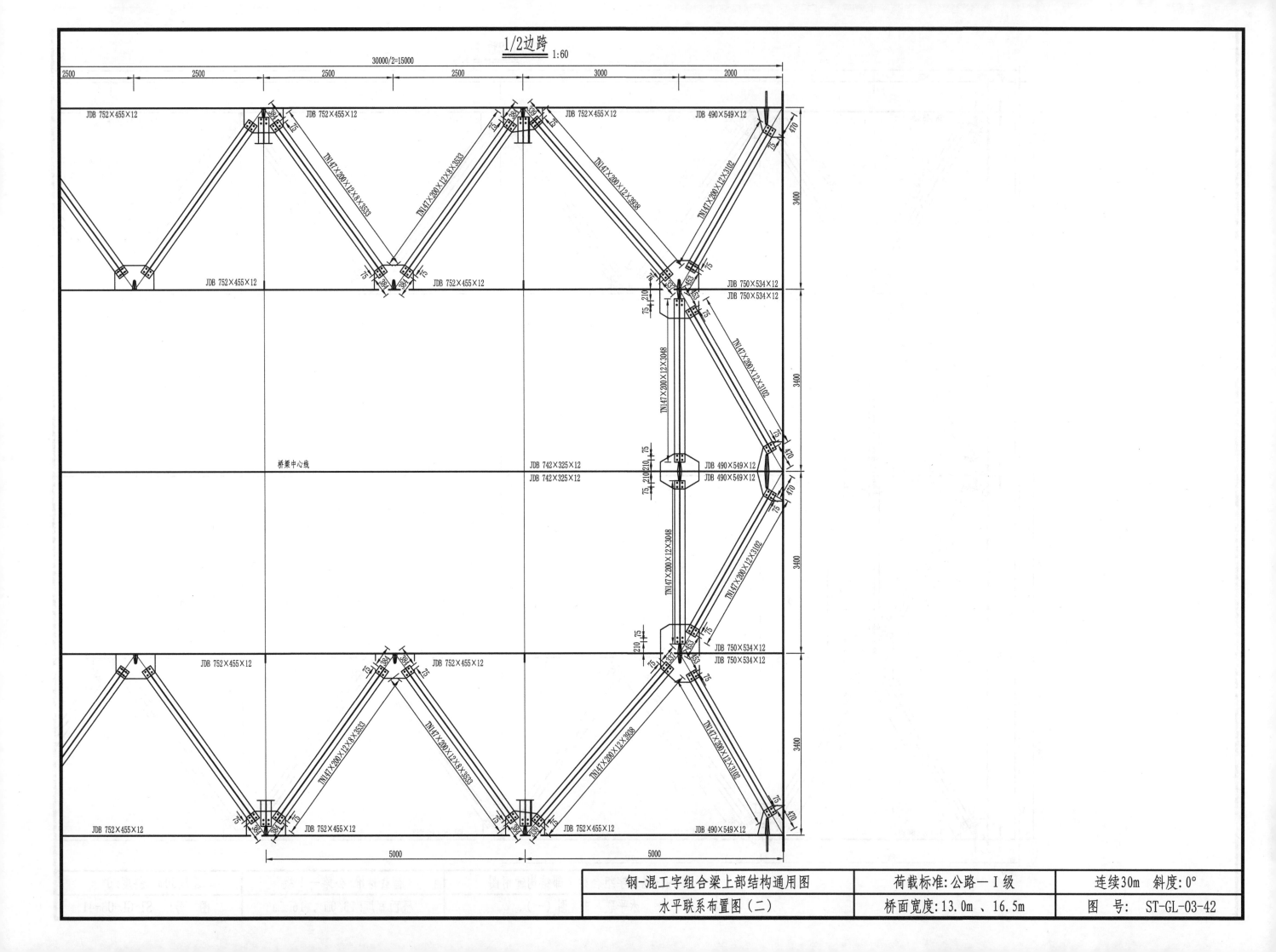

节点板开孔大样1 1:10
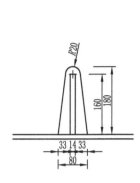

节点板开孔大样2 1:10
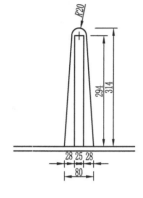

节点板开孔大样3 1:10
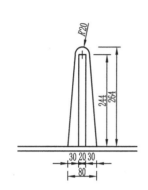

节点板大样 1:10
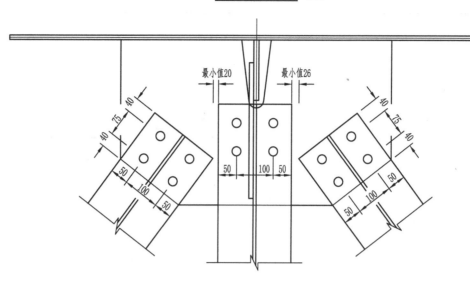

节点板开孔大样4 1:10
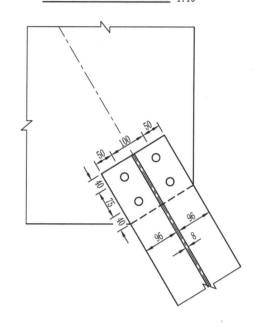

边跨平联材料表

名称	尺寸(mm)	数量	单件重(kg)	总重(kg)	防腐(m²)	备注
T型钢	TN147×200×12×8×3287	4	91.71	366.83	76.1	
	TN147×200×12×8×3313	2	92.43	184.87		
	TN147×200×12×8×3048	4	85.04	340.16		
	TN147×200×12×8×3533	16	98.57	1157.13		
	TN147×200×12×8×3938	2	109.87	219.74		
	TN147×200×12×8×3102	4	86.55	346.18		
节点板	506×380×12	4	18.11	72.45	24.4	
	752×489×12	2	34.64	69.28		
	735×530×12	4	36.70	146.78		
	742×325×12	4	22.72	90.87		
	752×455×12	16	32.23	515.70		
	490×549×12	4	25.34	101.36		
	750×534×12	4	37.73	150.91		
单幅一孔边跨合计	T型钢		3034.91		125.7	
	钢板		1147.35			
	M22高强度螺栓(套)		336			

中跨平联材料表

名称	尺寸(mm)	数量	单件重(kg)	总重(kg)	防腐(m²)	备注
T型钢	TN147×200×12×8×3048	4	85.04	340.16	76.5	
	TN147×200×12×8×3533	16	98.57	1577.13		
	TN147×200×12×8×3938	4	109.87	439.48		
	TN147×200×12×8×3102	8	86.55	692.37		
节点板	742×325×12	4	22.72	45.43	21.3	
	752×455×12	18	32.23	580.17		
	490×549×12	8	25.34	152.04		
	750×534×12	8	37.73	226.36		
单幅一孔中跨合计	T型钢		3049.14		113.1	
	钢板		1004.01			
	M22高强度螺栓(套)		336			

注：
1、图中单位除注明者外，余均以毫米计。
2、材料表中尺寸仅供计算钢重，不得作为结构尺寸。
3、螺栓采用M22摩擦型高强度螺栓。
3、图中所示均为Q345桥梁用钢。

钢-混工字组合梁上部结构通用图	荷载标准：公路—Ⅰ级	连续30m 斜度：0°
水平联系布置图（三）	桥面宽度：13.0m、16.5m	图 号：ST-GL-03-43

制作段A剪力钉布置图

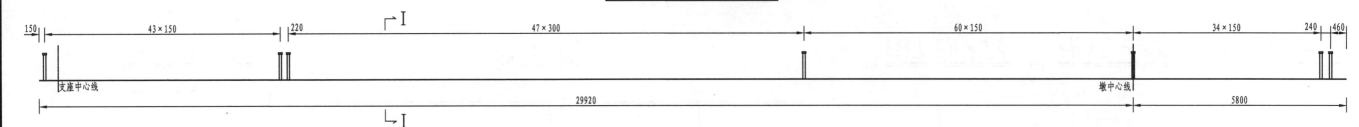

制作段B剪力钉布置图

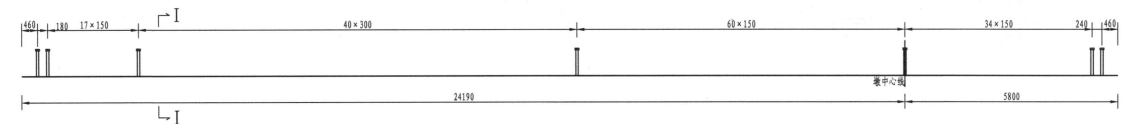

制作段C剪力钉布置图

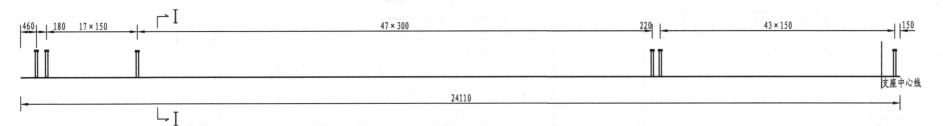

注
1、图中单位除注明者外,余均以毫米计。
2、剪力钉采用φ22×240圆柱头焊钉。

I—I

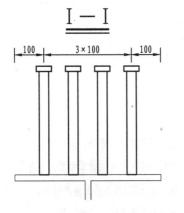

剪力钉构造细节布置

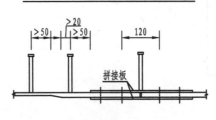

单幅一联主梁栓钉数量表

制作段	单个制作段栓钉个数(个)
制作段A	748
制作段B	616
制作段C	440
拼接段	4

钢-混工字组合梁上部结构通用图	荷载标准:公路—Ⅰ级	连续30m 斜度:0°
剪力钉布置图	桥面宽度:13.0m、16.5m	图 号: ST-GL-03-44

抗震挡块立面图(端横梁)

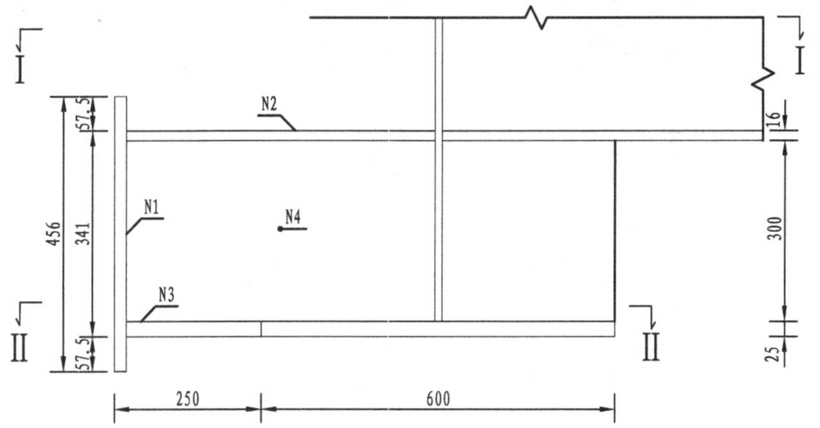

抗震挡块立面图(中横梁)

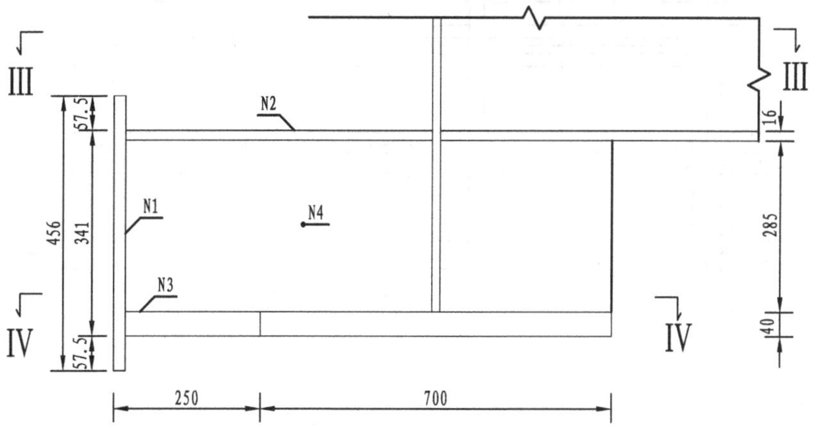

抗震挡块材料表(端横梁)

编号	名称	尺寸(mm×mm×mm)	数量	单位重(kg)	总重(kg)	防腐面积(m²)	备注
N1	抗震挡块	500×20×456	1	35.80	35.80	0.46	Q345桥梁用钢
N2	抗震挡块	450×16×524	1	29.62	29.62	0.47	
N3	抗震挡块	450×25×230	1	20.31	20.31	0.21	
N4	抗震挡块	300×25×524	1	30.85	30.85	0.31	
单个抗震块			1		116.58	1.45	

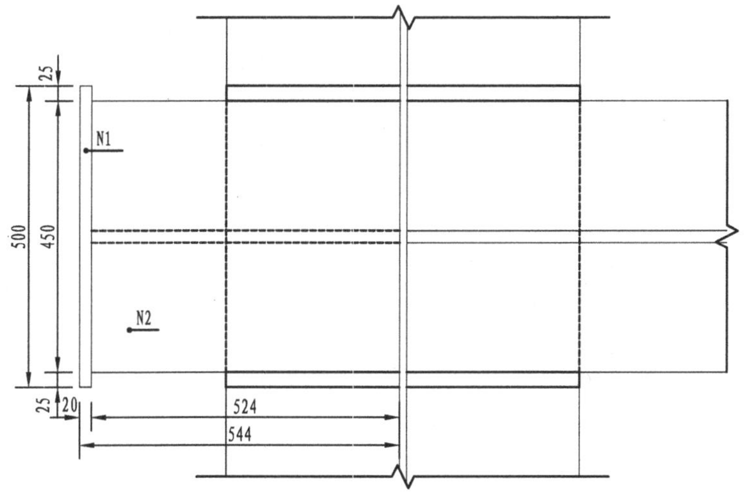

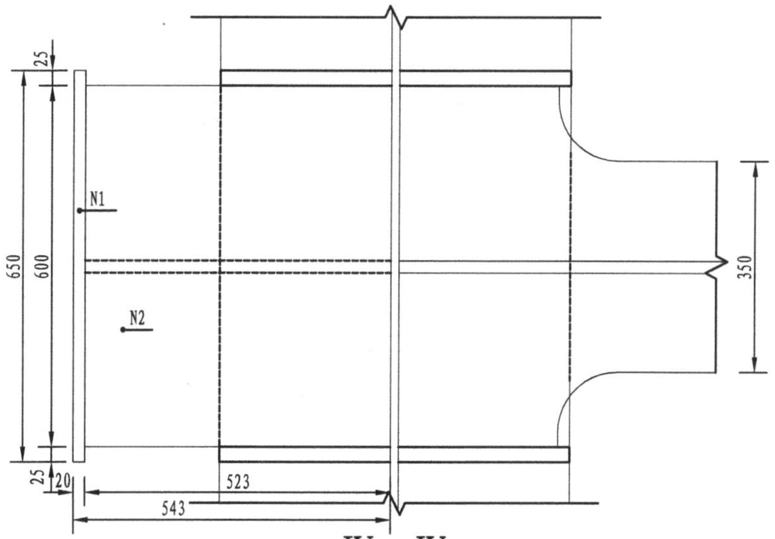

抗震挡块材料表(中横梁)

编号	名称	尺寸(mm×mm×mm)	数量	单位重(kg)	总重(kg)	防腐面积(m²)	备注
N1	抗震挡块	650×20×456	1	46.53	46.53	0.59	Q345桥梁用钢
N2	抗震挡块	600×16×523	1	39.41	39.41	0.63	
N3	抗震挡块	600×40×230	1	43.33	43.33	0.28	
N4	抗震挡块	285×25×523	1	29.25	29.25	0.30	
单个抗震块			1		158.52	1.80	

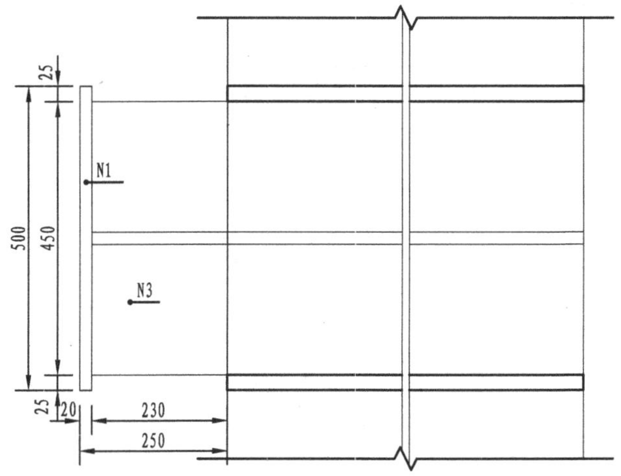

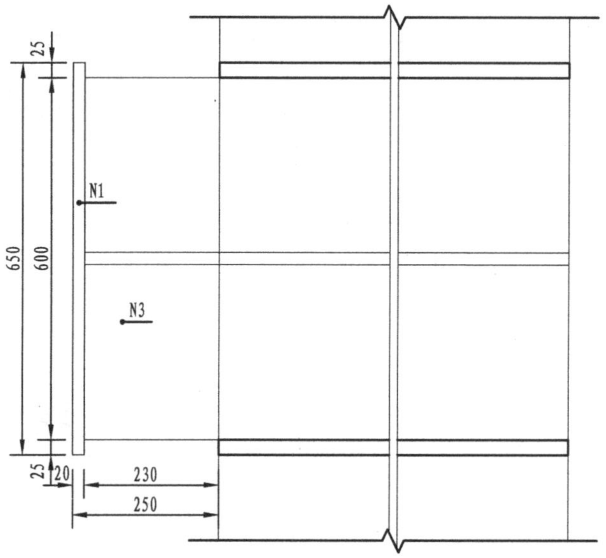

注
1、图中单位除注明者外,余均以毫米计。
2、材料表中尺寸仅供计算钢重,不得作为结构尺寸。

钢-混工字组合梁上部结构通用图	荷载标准:公路—Ⅰ级	连续30m 斜度:0°
抗震块构造图	桥面宽度:13.0m、16.5m	图号: ST-GL-03-45

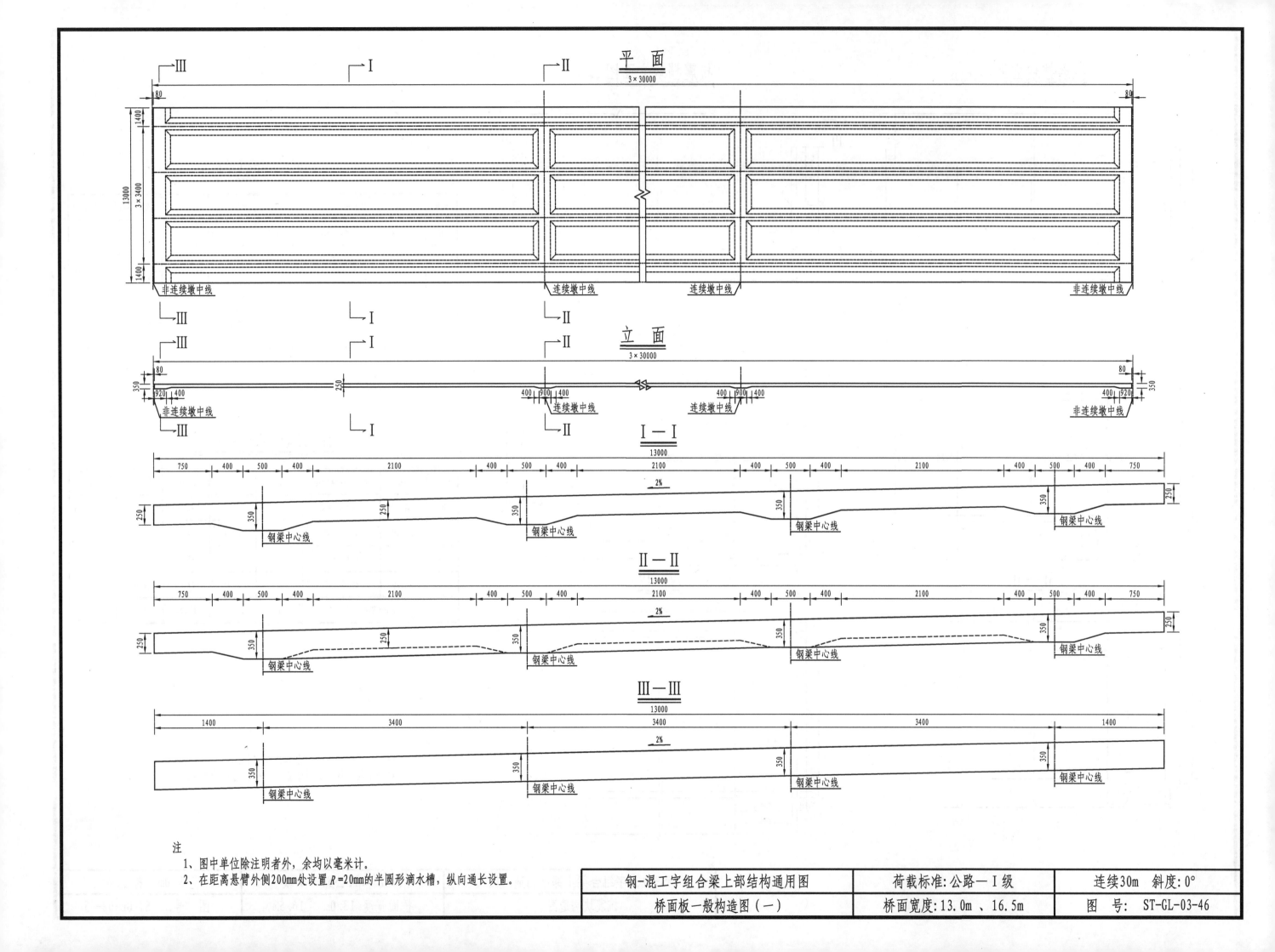

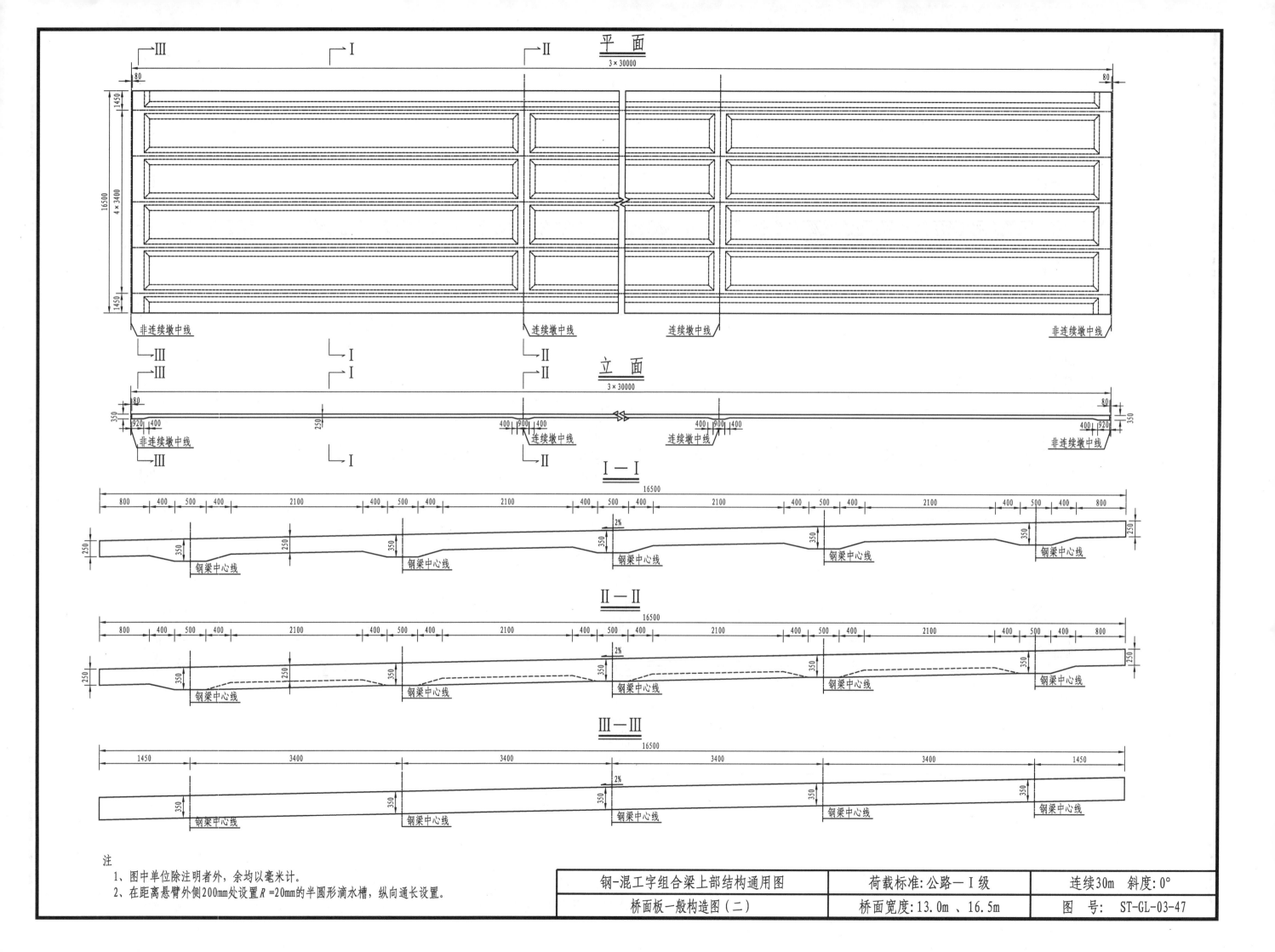

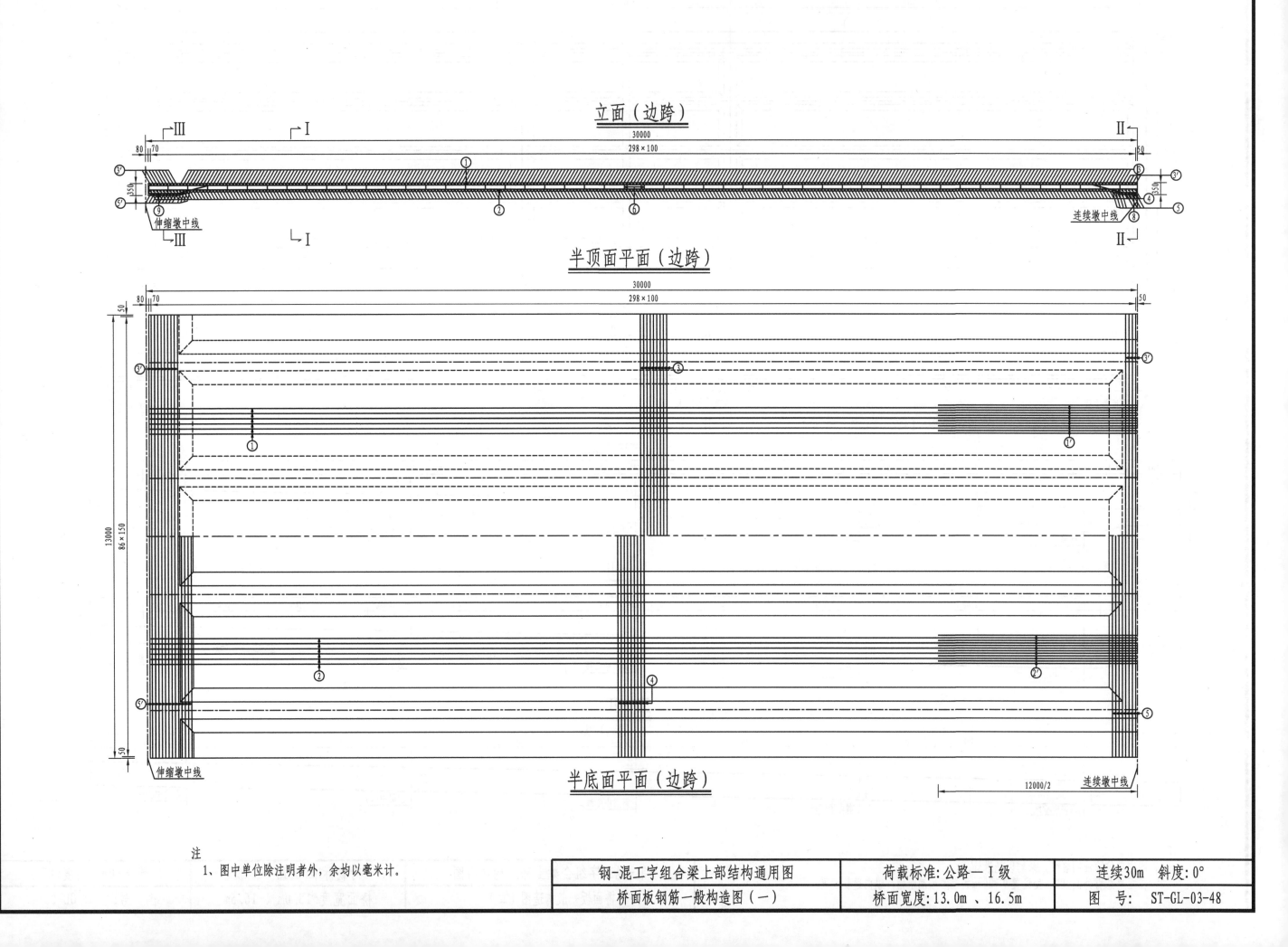

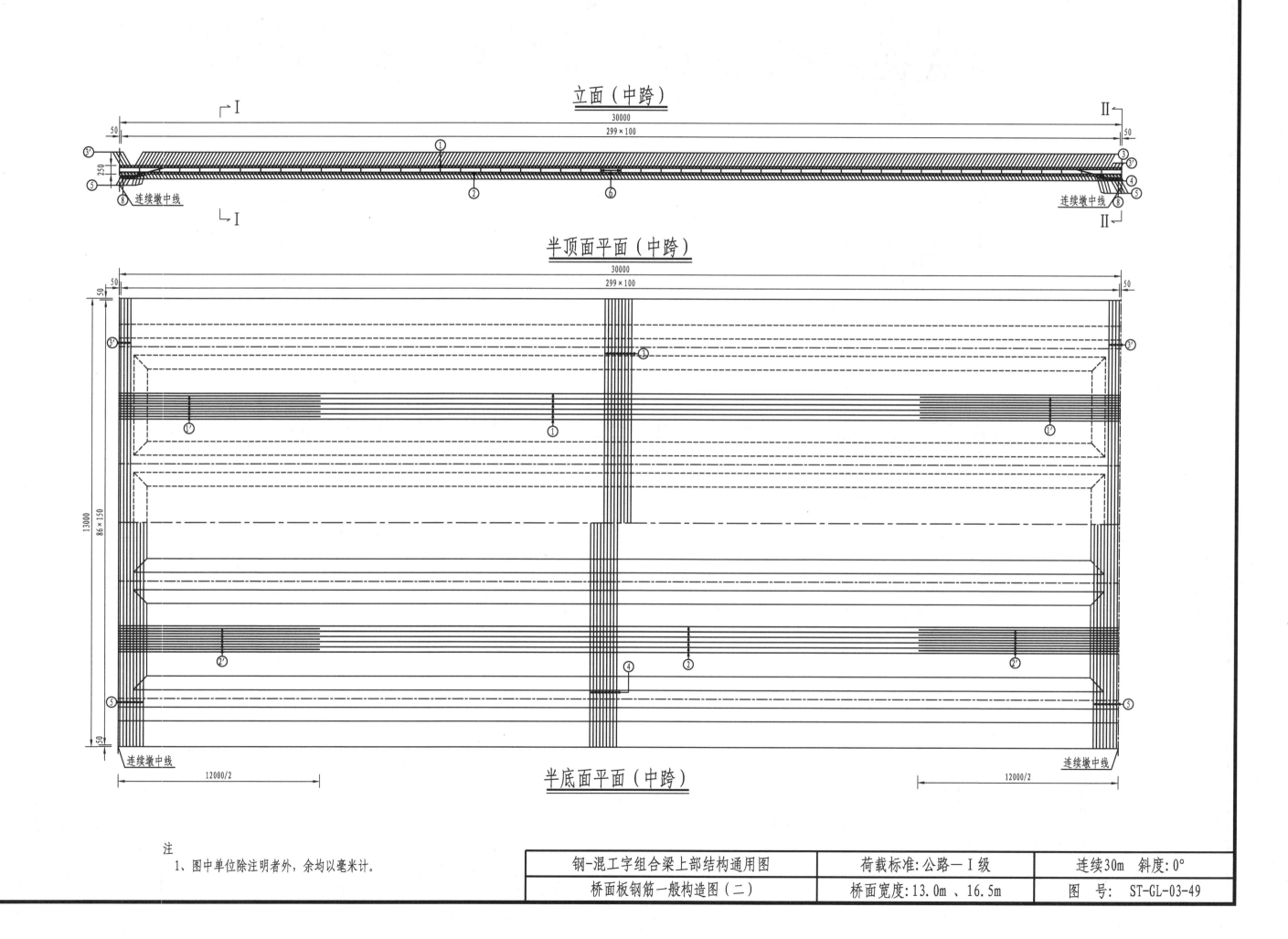

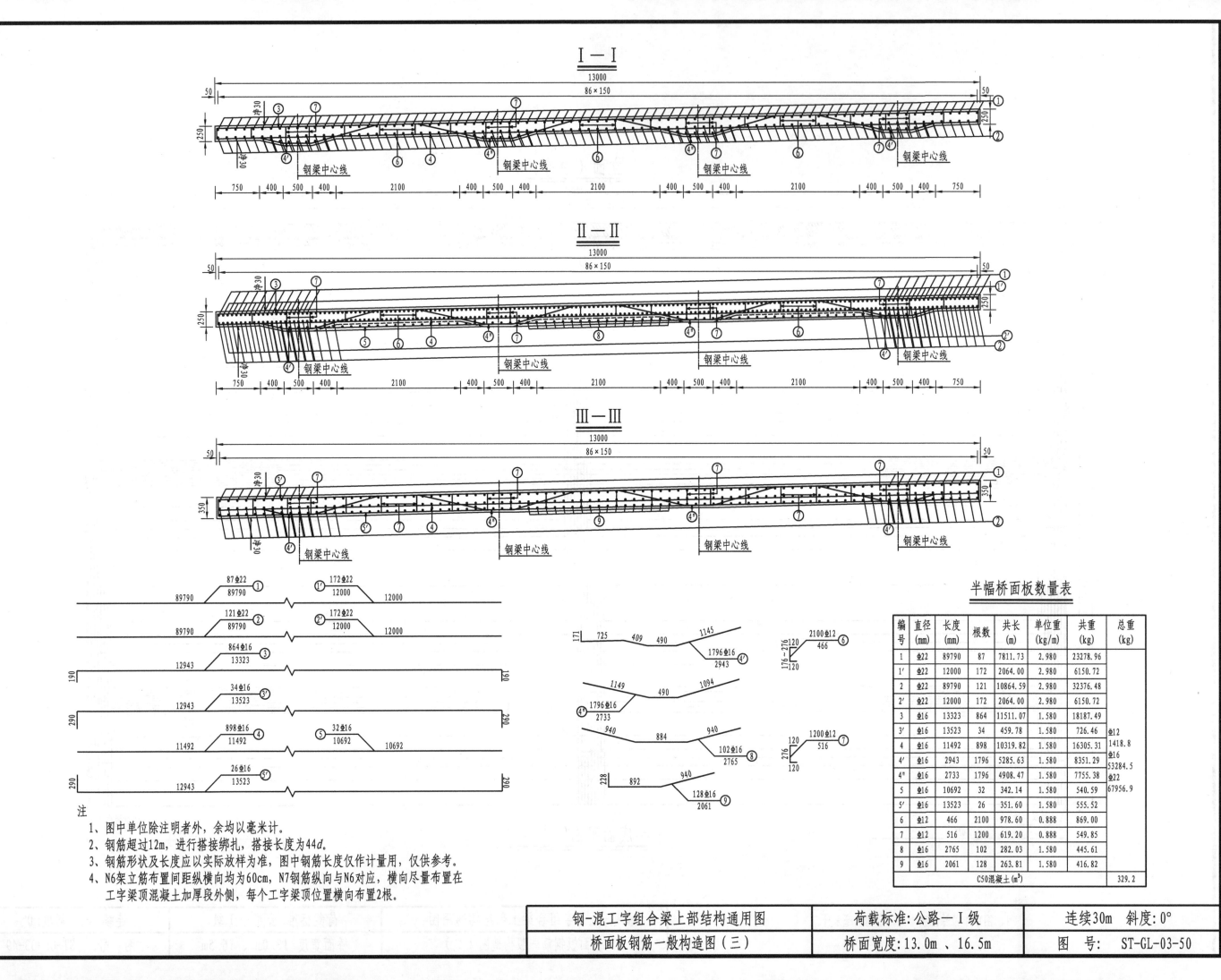

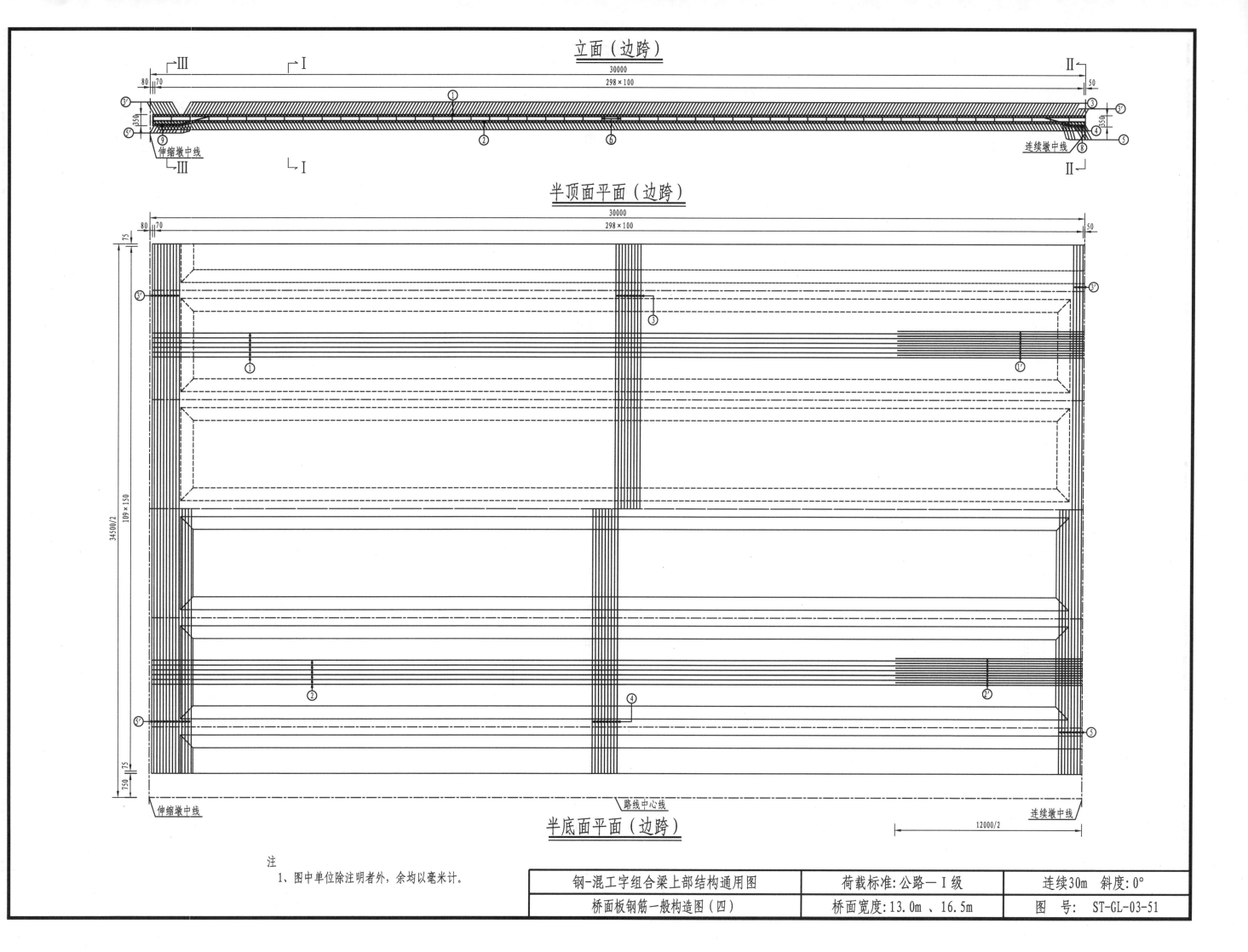

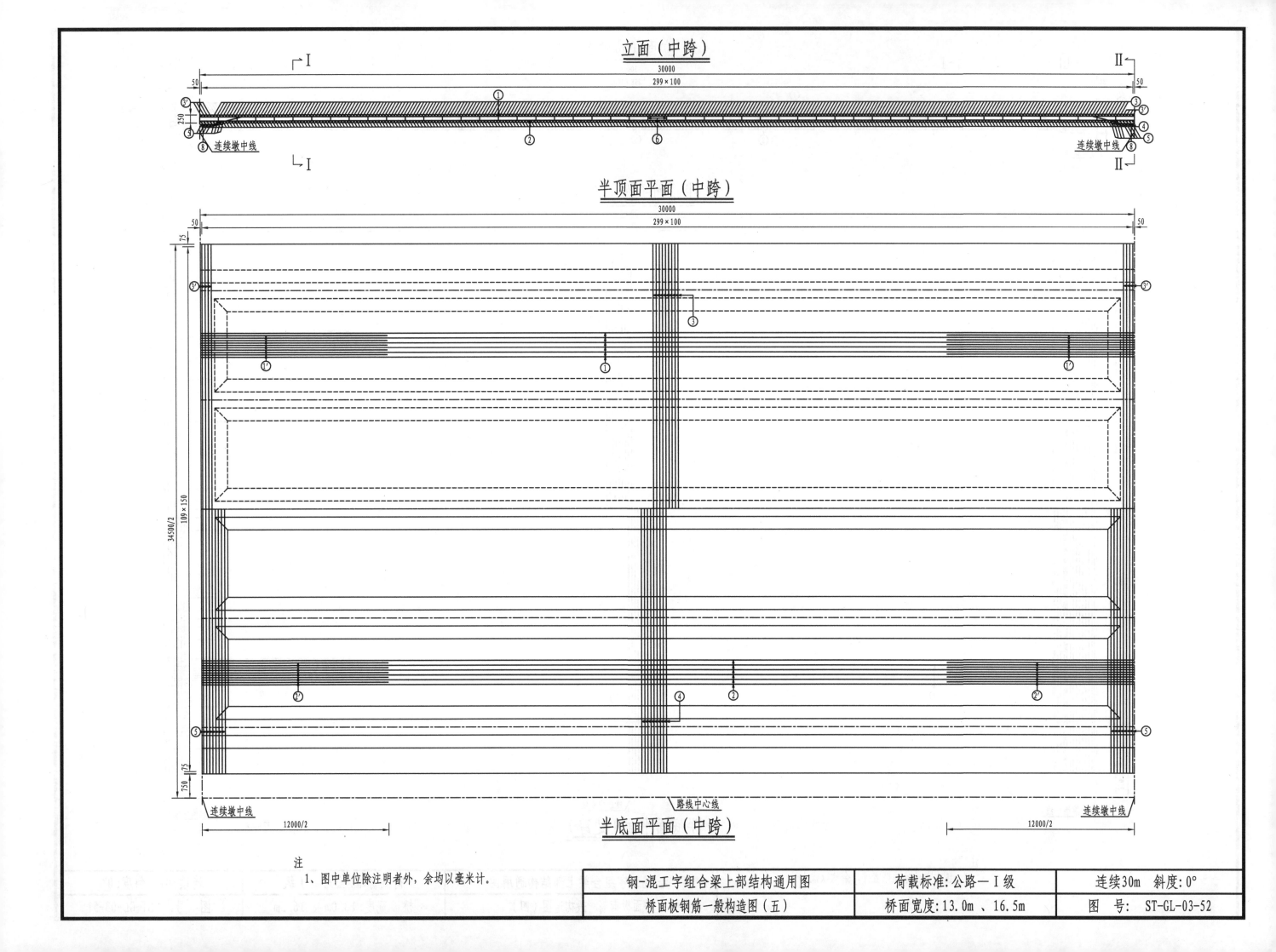

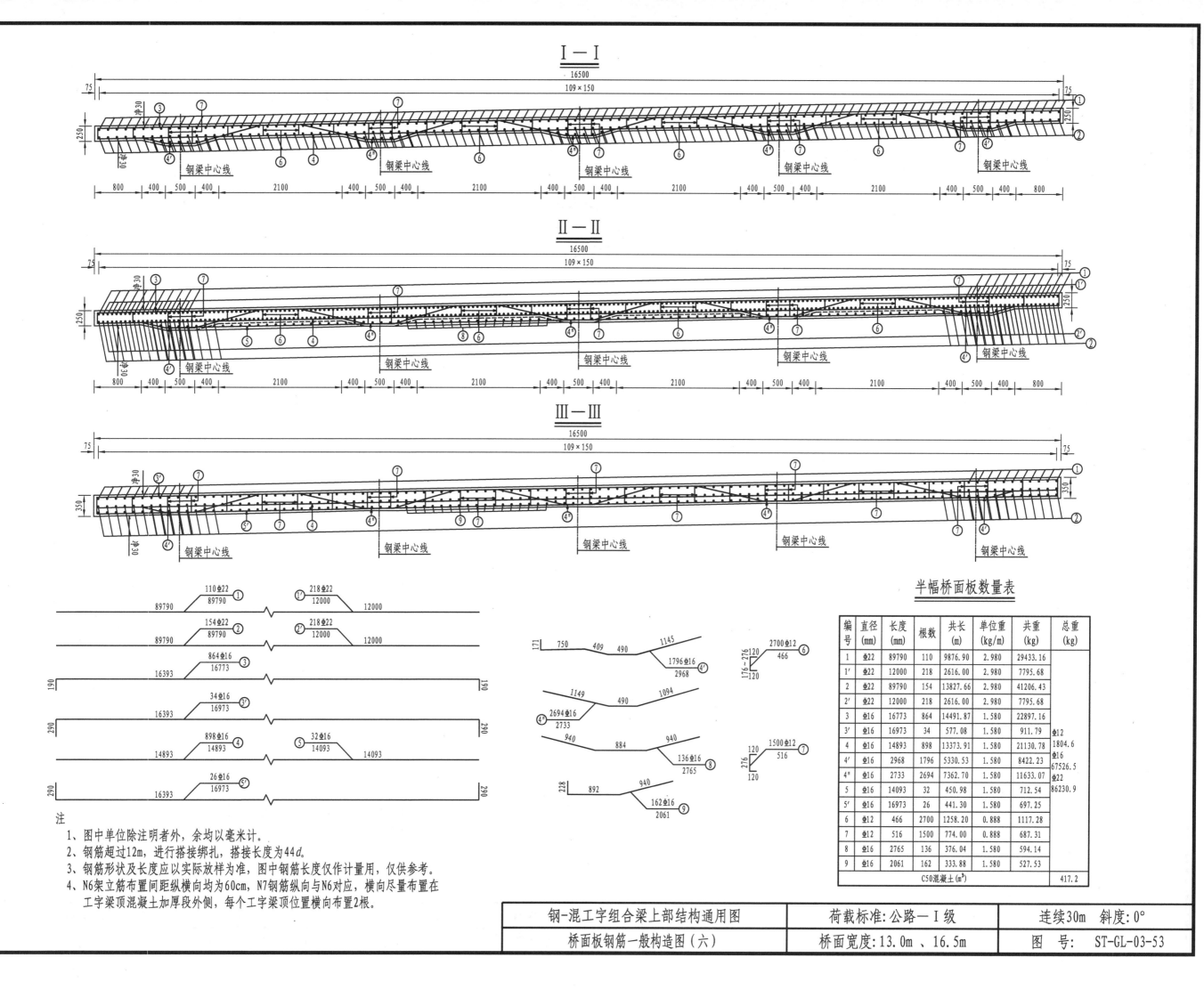

预拱度曲线

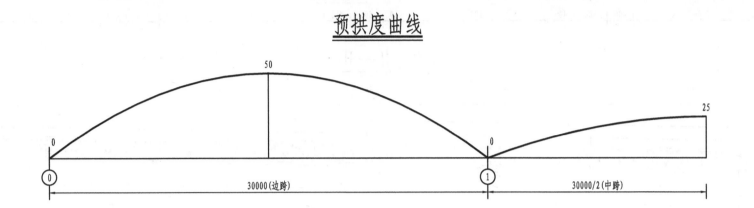

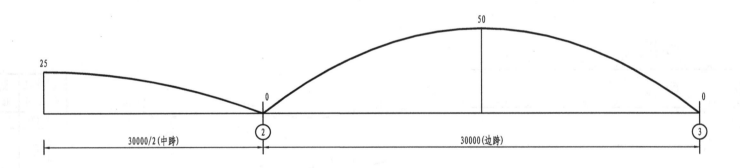

注
1、图中单位除注明者外，余均以毫米为计。
2、主梁预拱度按二次抛物线变化，应严格按坐标放样制作，不得以直代曲。
3、施工放样时的梁底标高=钢腹板中心线处桥面设计高-结构厚+荷载预拱度。

钢-混工字组合梁上部结构通用图	荷载标准:公路—Ⅰ级	连续30m 斜度:0°
预拱度设置示意图	桥面宽度:13.0m、16.5m	图 号: ST-GL-03-54

端横梁支座示意图

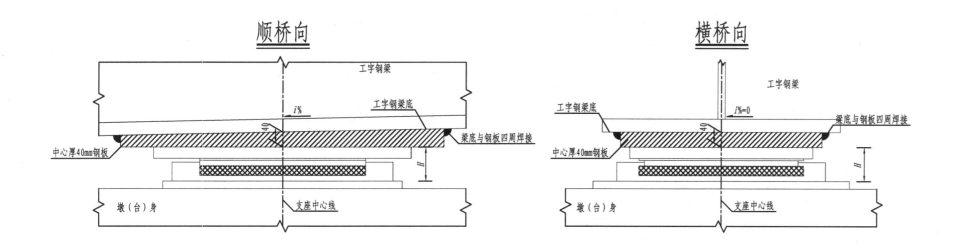

梁底楔形钢板平面

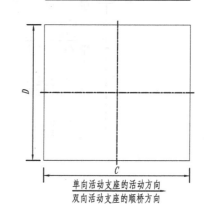

中横梁支座示意图

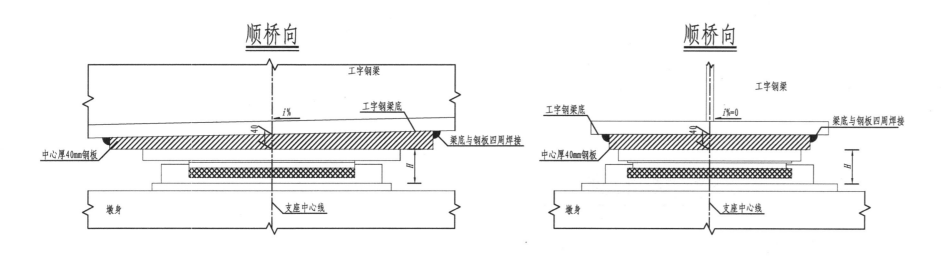

梁底楔形钢板构造图

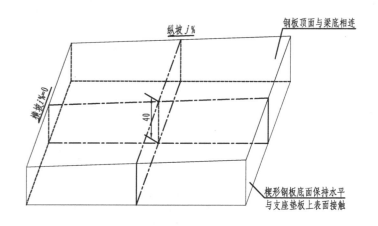

支座上钢板大样图

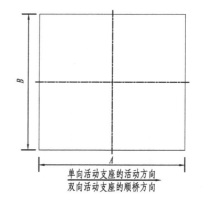

注
1、图中单位除注明者外，余均以毫米计。
2、支座布置平面示意详见"支座平面布置图（二）"。
3、梁底楔形钢板应根据其下支座的构造和位置，焊接在梁底部；钢板与梁采用四周焊；梁底楔形钢板与支座上钢板先用粘钢胶黏结，24h后周边再分段焊在一起，焊缝厚8mm，每段焊缝长度5cm。
4、要求活动支座成品在常温下摩擦系数 $\tau \leqslant 0.04$。耐寒型盆式支座应采用天然橡胶，聚四氟乙烯板应用5201-2硅脂润滑，支座各部件尺寸材料详见产品说明书。
5、梁底楔形钢板采用A3钢板，中心厚40mm。楔形钢板底部必须水平，钢板应进行热浸镀锌处理。
6、"支座平面布置图"共两张，配合使用。

钢-混工字组合梁上部结构通用图	荷载标准：公路-Ⅰ级	连续30m 斜度：0°
支座平面布置图（一）	桥面宽度：13.0m、16.5m	图 号：ST-GL-03-55

支座平面布置示意图 (桥宽13m)

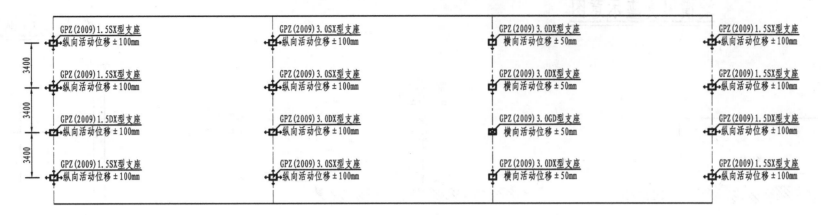

支座平面布置示意图 (桥宽16.5m)

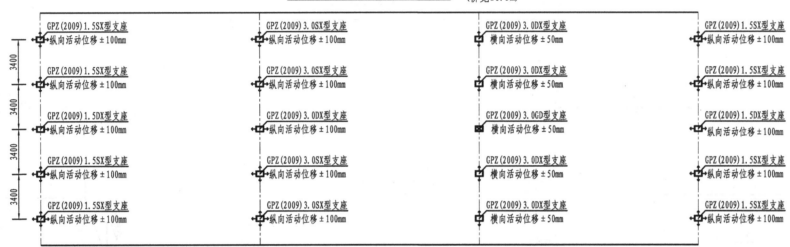

支座设计参数表(桥宽13m)

序号	支座型号	位移量(mm)	支座安装高度(mm)	支座垫板大小(mm) A	支座垫板大小(mm) B	数量
1	GPZ(2009)3.0GD	—	110	495	495	1
2	GPZ(2009)3.0DX	±50	130	575	550	3
3	GPZ(2009)3.0DX	±100	130	675	550	1
4	GPZ(2009)3.0SX	±100	120	660	500	3
5	GPZ(2009)1.5DX	±100	110	545	405	2
6	GPZ(2009)1.5SX	±100	100	535	390	6

梁底焊接钢板数量表(桥宽13m)

支座序号	钢板规格 C×D×Z (mm×mm×mm)	件数	单位重(kg)	共重(kg)	防腐面积(m²)
1	700×600×40	1	131.9	131.9	0.84
2	700×600×40	3	131.9	395.6	2.52
3	700×600×40	1	131.9	131.9	0.84
4	700×600×40	3	131.9	395.6	2.52
5	600×500×40	2	94.2	188.4	1.20
6	600×500×40	6	94.2	565.2	3.60
合计	A3钢板			1808.6	11.52

支座设计参数表(桥宽16.5m)

序号	支座型号	位移量(mm)	支座安装高度(mm)	支座垫板大小(mm) A	支座垫板大小(mm) B	数量
1	GPZ(2009)3.0GD	—	110	495	495	1
2	GPZ(2009)3.0DX	±50	130	575	550	4
3	GPZ(2009)3.0DX	±100	130	675	550	1
4	GPZ(2009)3.0SX	±100	120	660	500	4
5	GPZ(2009)1.5DX	±100	110	545	405	2
6	GPZ(2009)1.5SX	±100	100	535	390	8

梁底焊接钢板数量表(桥宽16.5m)

支座序号	钢板规格 C×D×Z (mm×mm×mm)	件数	单位重(kg)	共重(kg)	防腐面积(m²)
1	700×600×52	1	171.4	171.4	0.84
2	700×600×52	4	171.4	685.8	3.36
3	700×600×52	1	171.4	171.4	0.84
4	700×600×52	4	171.4	685.8	3.36
5	600×500×52	2	122.5	244.9	1.20
6	600×500×52	8	122.5	979.7	4.80
合计	A3钢板			2939.0	14.40

注
1、图中单位除注明者外，余均以毫米计。
2、支座垫石应预留螺栓孔，螺栓孔位置应由厂方提供，螺栓直径及长度应计算后确定。
3、支座上钢板与梁底预埋钢板采用断焊连接。
4、施工时，注意预埋相关构件，并确保预埋钢板底面水平。
5、墩顶支座安装时应使其一条支座中心线垂直于设计线放置；对单向活动支座，安装时应注意其可移动方向。
6、本图适用于地震动峰值加速度小于0.2g地区的桥梁。

钢-混工字组合梁上部结构通用图	荷载标准：公路—Ⅰ级	连续30m 斜度：0°
支座平面布置图（二）	桥面宽度：13.0m、16.5m	图 号：ST-GL-03-56

部位	序号	图示	说明
顶底板系列	1	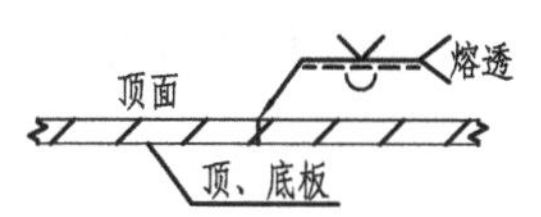	顶、底板等厚连接
	2		顶、底板不等厚连接
腹板系列	1		纵向腹板与顶底板的连接 实腹式横梁腹板与顶底板的连接
	2		腹板与横隔板的连接
	3		腹板等厚不等厚连接
	4		纵向腹板与腹板加劲肋连接
横隔板系列	1		实腹式横梁与腹板、顶、底板连接
	2	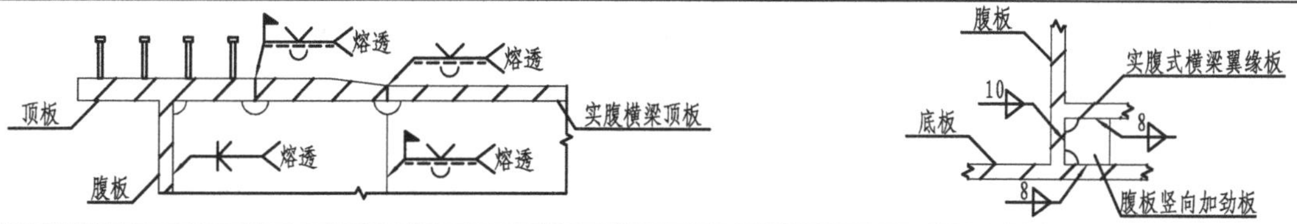	实腹横隔板翼缘板与主梁的连接

注：
1、图中单位除注明者外，余均以毫米计。
2、未特殊注明坡口的焊缝均为全熔透焊缝。
3、焊缝要求：
　Ⅰ级焊缝：所有熔透的焊缝均要求Ⅰ级焊缝；Ⅱ级焊缝：未特殊注明的不熔透的焊缝均要求Ⅱ级焊缝。

钢-混工字组合梁上部结构通用图	荷载标准：公路—Ⅰ级	连续30m 斜度：0°
钢-混工字组合梁焊缝通用图（一）	桥面宽度：13.0m、16.5m	图号：ST-GL-03-57

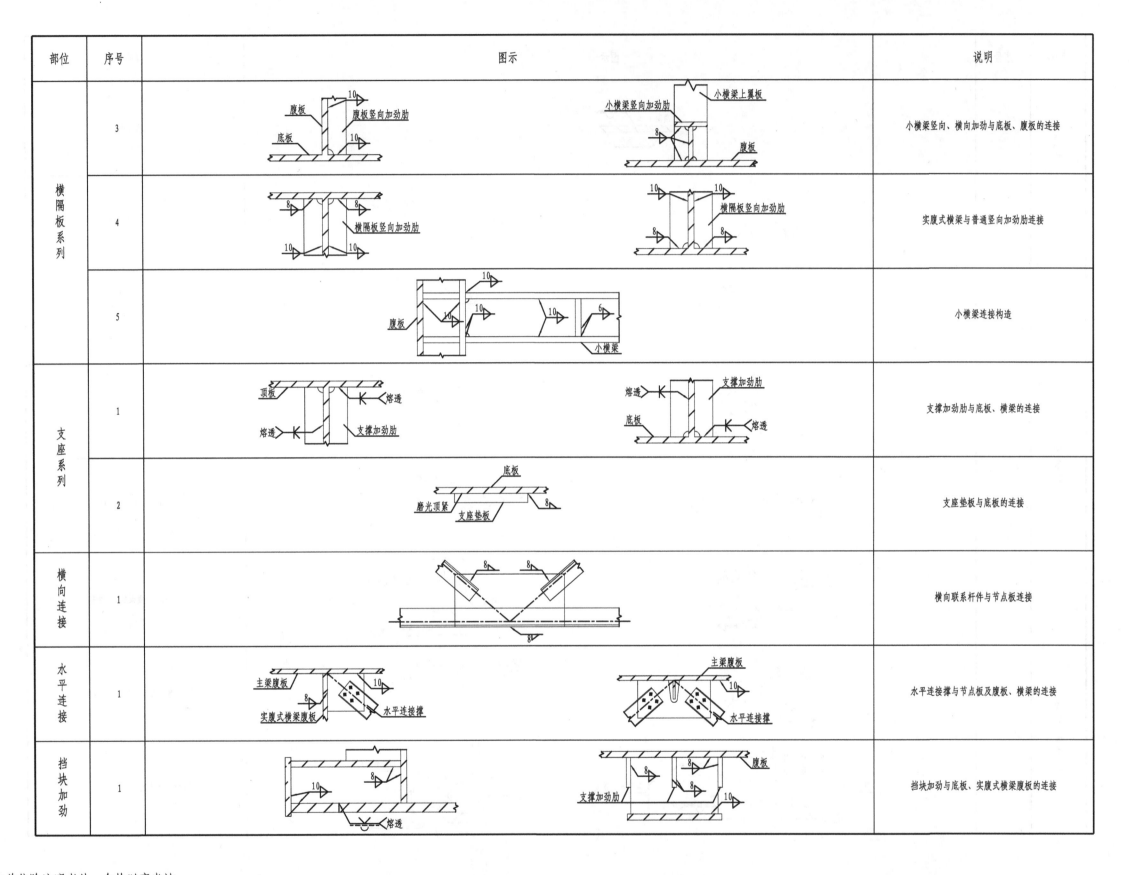

注
1、图中单位除注明者外，余均以毫米计。
2、未特殊注明坡口的焊缝均为全熔透焊缝。
3、焊缝要求：
　Ⅰ级焊缝：所有熔透的焊缝均要求Ⅰ级焊缝；Ⅱ级焊缝：未特殊注明的不熔透的焊缝均要求Ⅱ级焊缝。

二、40m连续梁上部结构通用图

单幅一联上部结构主要工程材料数量表(桥宽：13m)

项目		材料及规格	单位	主梁制作段	端横梁	中横梁	横向联系	水平联系	主梁连接	抗震挡块	支座	现浇桥面板	桥面铺装	总计
Q345桥梁用钢板		$\delta=10mm$	kg			439.9								439.9
		$\delta=12mm$	kg	6944.5	566.1		3423.1	3945.2	1388.9					16267.7
		$\delta=14mm$	kg	100028.8										100028.8
		$\delta=16mm$	kg	23367.0	4132.1	1213.3			791.0	275.6				29779.0
		$\delta=20mm$	kg	6241.8		3983.9			1708.2	424.6				12358.5
		$\delta=22mm$	kg			2296.5								2296.5
		$\delta=25mm$	kg	42368.4						112.7				42481.1
		$\delta=35mm$	kg	87686.5						89.0				87775.5
		$\delta=50mm$	kg	25936.4						127.2				26063.6
		小计	kg	292573.3	4698.2	7933.6	3423.1	3945.2	3888.1	1029.1				317490.5
		焊缝（1.5%)	kg	4388.6	70.5	119.0	51.3	59.2	58.3	15.4				4762.4
钢板	Q235D	$\delta=40mm$	kg								2653.3			2653.3
型钢	Q345D	TN147×200×12×8	kg				10717.1	10788.0						21505.1
		角钢100×100×12	kg				3942.3							3942.3
高强度螺栓		M22×125	套				2268	1032	2304					5604.0
剪力钉			个	8856	228	228								9312
			个			2592								2592
支座		GPZ（2009）3.5GD	个								1			1
		GPZ（2009）3.5DX	个								4			4
		GPZ（2009）3.5SX	个								3			3
		GPZ（2009）2.0DX	个								2			2
		GPZ（2009）2.0SX	个								6			6
		防腐面积	m²	3621.6	77.8	106.4	427.4	354.5	63.8	12.3	13.0			4676.8
		防水层	m²										1438.0	1438.0
		1cm精铣刨	m²										1438.0	1438.0
		聚丙纤维	kg										129.4	129.4
		D11冷轧带肋钢筋网(间距10cm×10cm)	m²										1510.0	1510.0
混凝土		C50防水混凝土	m³										129.4	129.4
		C50混凝土	m³			15.0						437.5		452.5
钢筋		Φ12	kg			136.4						1891.8	3916.0	5944.2
		Φ16	kg			1908.6						70427.6		72336.2
		Φ22	kg									90652.6		90652.6

钢-混工字组合梁上部结构通用图
单幅一联上部结构主要工程材料数量表(一)

荷载标准：公路—Ⅰ级　　连续40m　斜度：0°
桥面宽度：13.0m、16.5m　　图号：ST-GL-04-01

单幅一联上部结构主要工程材料数量表(桥宽：16.5m)

项目		材料及规格	单位	主梁制作段	端横梁	中横梁	横向联系	水平联系	主梁连接	抗震挡块	支座	现浇桥面板	桥面铺装	总计
Q345桥梁用钢板		$\delta=10mm$	kg			586.5								586.5
		$\delta=12mm$	kg	8680.6	754.8		4564.1	4072.3	1736.1					19807.9
		$\delta=14mm$	kg	125485.9										125485.9
		$\delta=16mm$	kg	29280.2	5509.5	1617.7			988.8	275.6				37671.8
		$\delta=20mm$	kg	8032.7		5311.9			2135.3	424.6				15904.4
		$\delta=22mm$	kg			3062.0								3062.0
		$\delta=25mm$	kg	52915.6						112.7				53028.3
		$\delta=35mm$	kg	109665.8						89.0				109754.8
		$\delta=50mm$	kg	32420.5						127.2				32547.7
		小计	kg	366481.4	6264.3	10578.1	4564.1	4072.3	4860.1	1029.1				397849.4
		焊缝（1.5%）	kg	5497.2	94.0	158.7	68.5	61.1	72.9	15.4				5967.7
钢板	Q235D	$\delta=40mm$	kg								3316.6			3316.6
型钢	Q345D	TN147×200×12×8	kg				14289.4	11484.6						25774.0
		角钢100×100×12	kg				5256.5							5256.5
高强度螺栓		M22×125	套				3024	1128	2880					7032.0
剪力钉		$\phi22×240$	个	11070	304	304								11678
		$\phi22×180$	个			3456								3456
支座		GPZ（2009）3.5GD	个								1			1
		GPZ（2009）3.5DX	个								5			5
		GPZ（2009）3.5SX	个								4			4
		GPZ（2009）2.0DX	个								2			2
		GPZ（2009）2.0SX	个								8			8
		防腐面积	m²	4539.3	103.8	141.9	513.0	374.61	79.8	12.3	16.3			5780.9
		防水层	m²										1857.6	1857.6
		1cm精铣刨	m²										1857.6	1857.6
		聚丙纤维	kg										167.2	167.2
		D11冷轧带肋钢筋网(间距10cm×10cm)	m²										1929.4	1929.4
混凝土		C50防水混凝土	m³										167.2	167.2
		C50无收缩钢纤维混凝土	m³		20.0							554.4		574.4
钢筋		⌀12	kg		181.8							2406.1	4972.9	7560.8
		⌀16	kg		2544.8							89236.2		91781.0
		⌀22	kg									115029.7		115029.7

钢-混工字组合梁上部结构通用图	荷载标准：公路—Ⅰ级	连续40m	斜度：0°
单幅一联上部结构主要工程材料数量表(二)	桥面宽度：13.0m、16.5m	图号：	ST-GL-04-02

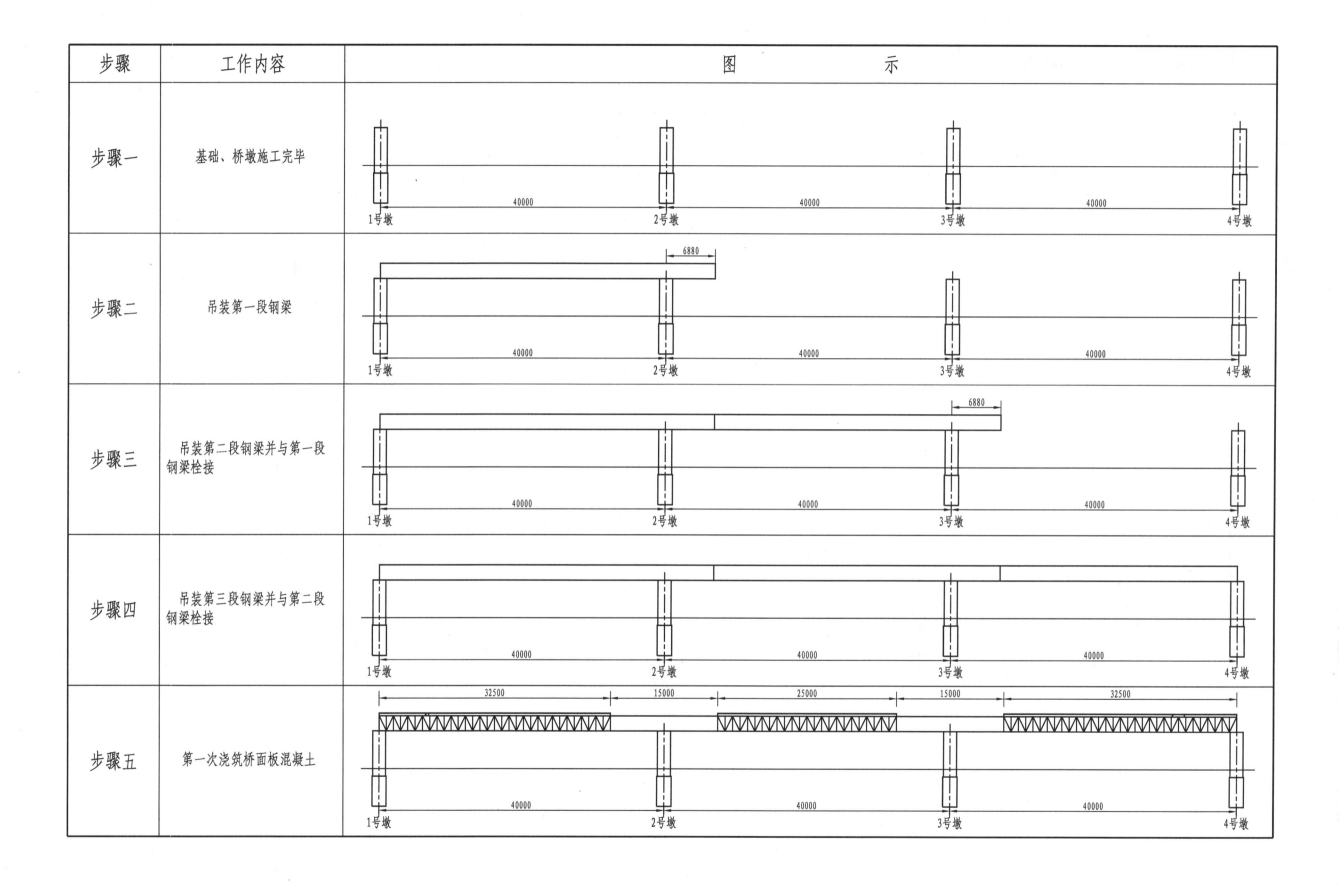

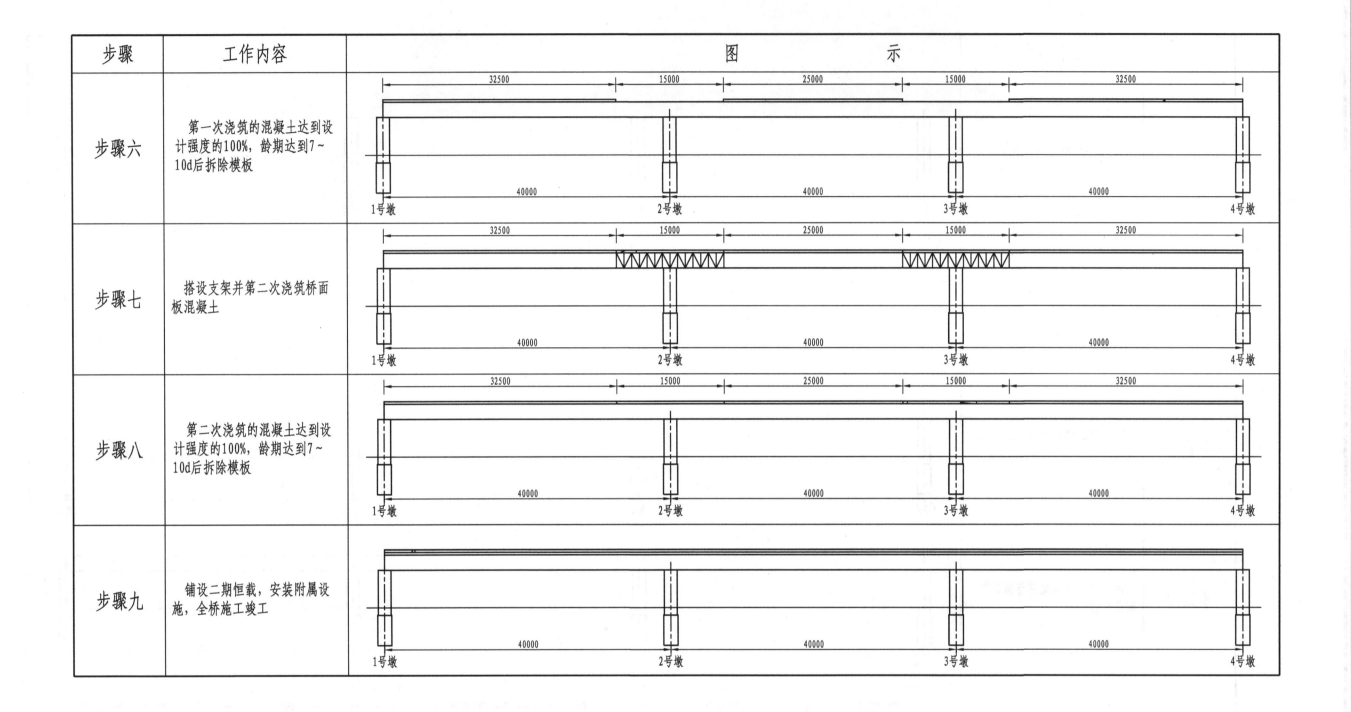

步骤	工作内容	图示
步骤六	第一次浇筑的混凝土达到设计强度的100%，龄期达到7～10d后拆除模板	
步骤七	搭设支架并第二次浇筑桥面板混凝土	
步骤八	第二次浇筑的混凝土达到设计强度的100%，龄期达到7～10d后拆除模板	
步骤九	铺设二期恒载，安装附属设施，全桥施工竣工	

注
1、图中单位除注明者外，余均以毫米计。

钢-混工字组合梁上部结构通用图	荷载标准：公路─Ⅰ级	连续40m 斜度：0°
施工阶段划分图（二）	桥面宽度：13.0m、16.5m	图 号：ST-GL-04-04

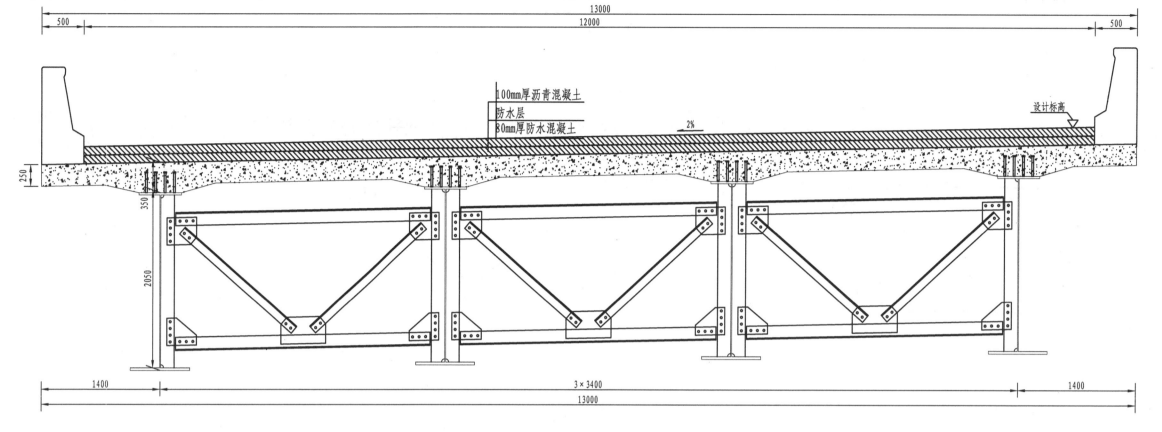

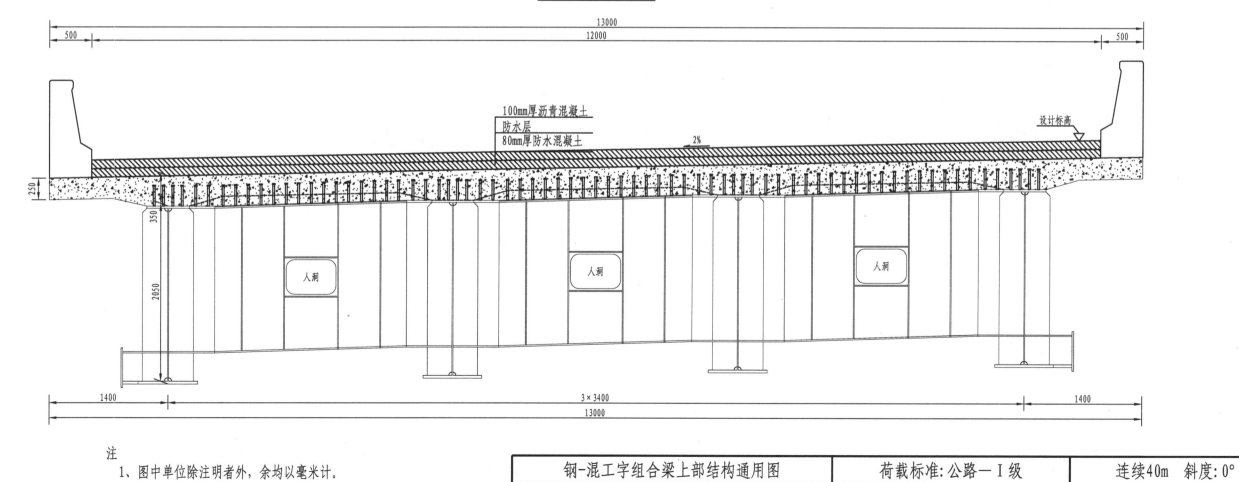

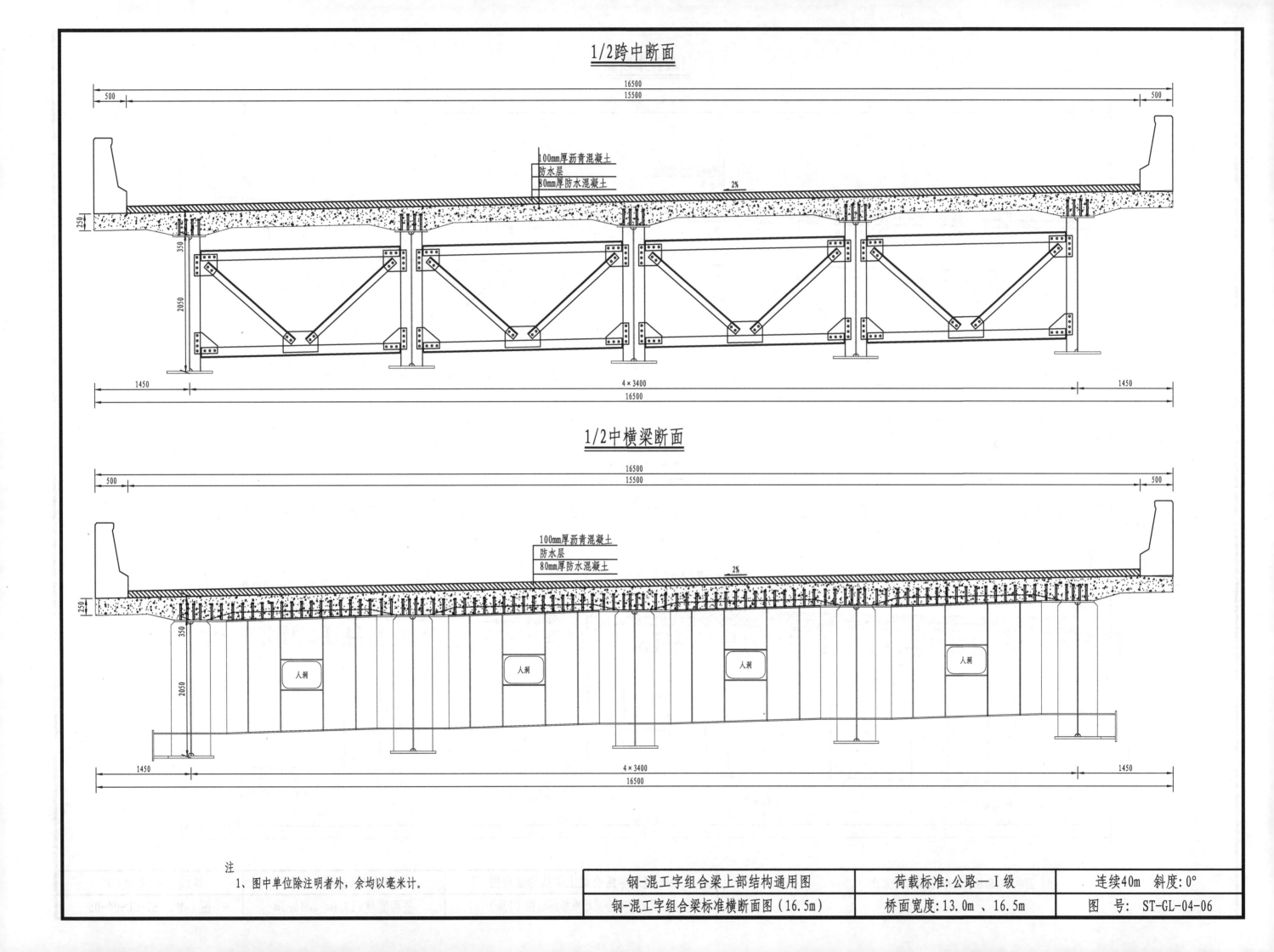

立面

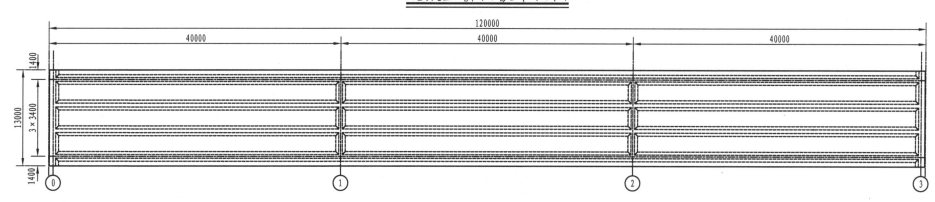

混凝土桥面板平面图

钢梁平面图

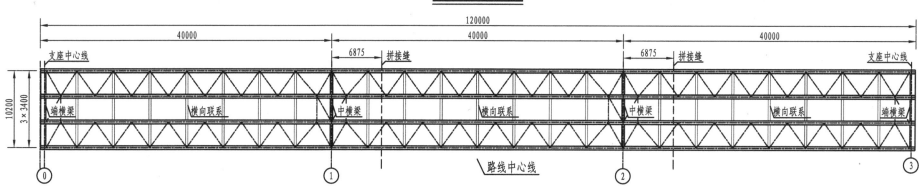

注
1、图中单位除注明者外，余均以毫米计。

钢-混工字组合梁上部结构通用图	荷载标准:公路—Ⅰ级	连续40m 斜度:0°
钢-混工字组合梁总体布置图(一)	桥面宽度:13.0m、16.5m	图 号: ST-GL-04-07

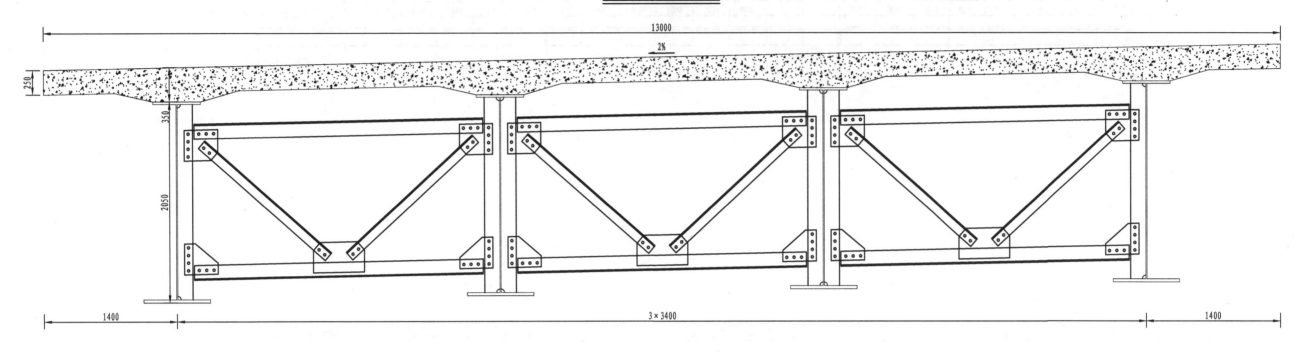

1/2跨中横断面

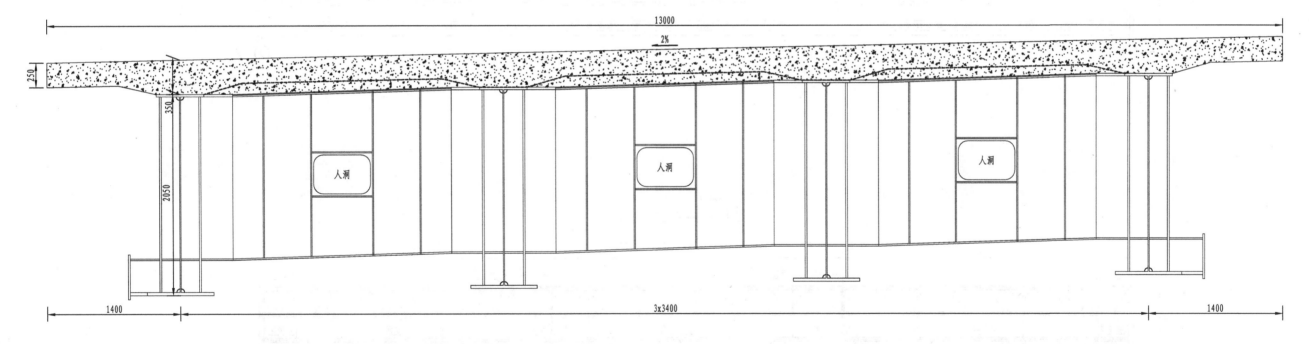

1/2支点横断面

注
1、图中单位除注明者外，余均以毫米计。

钢-混工字组合梁上部结构通用图	荷载标准：公路—Ⅰ级	连续40m 斜度：0°
钢-混工字组合梁总体布置图(二)	桥面宽度：13.0m、16.5m	图 号：ST-GL-04-08

立面

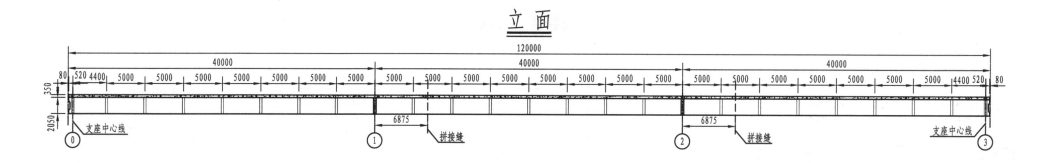

混凝土桥面板平面图

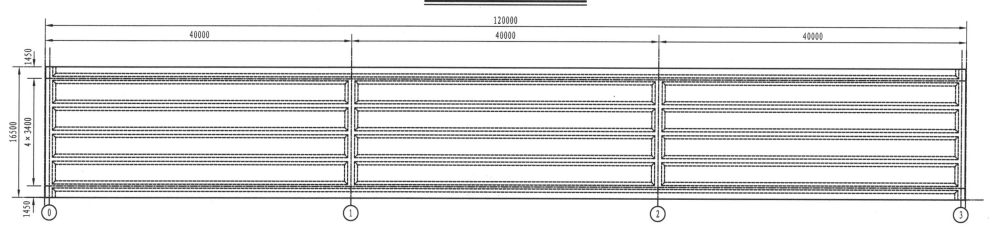

钢梁平面图

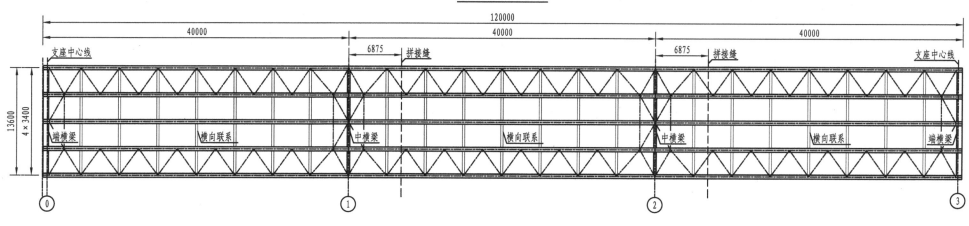

注:
1、图中单位除注明者外,余均以毫米计。

钢-混工字组合梁上部结构通用图	荷载标准:公路—Ⅰ级	连续40m 斜度:0°
钢-混工字组合梁总体布置图（三）	桥面宽度:13.0m、16.5m	图 号:ST-GL-04-09

1/2跨中横断面

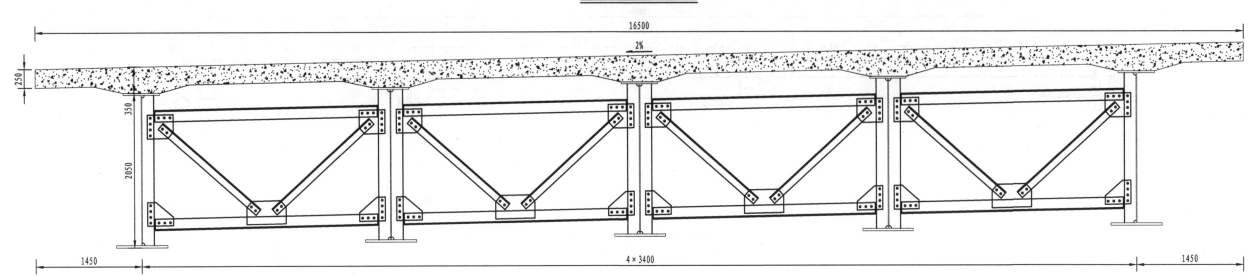

1/2支点横断面

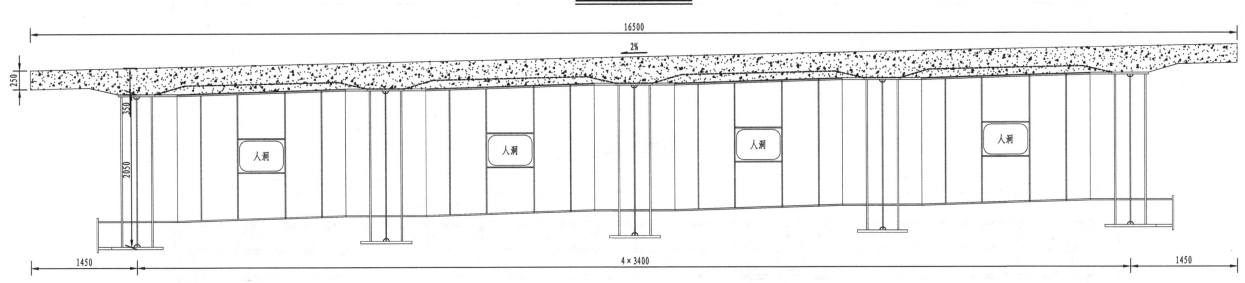

注
1、图中单位除注明者外，余均以毫米计。

钢-混工字组合梁上部结构通用图	荷载标准：公路—Ⅰ级	连续40m 斜度：0°
钢-混工字组合梁总体布置图（四）	桥面宽度：13.0m、16.5m	图 号：ST-GL-04-10

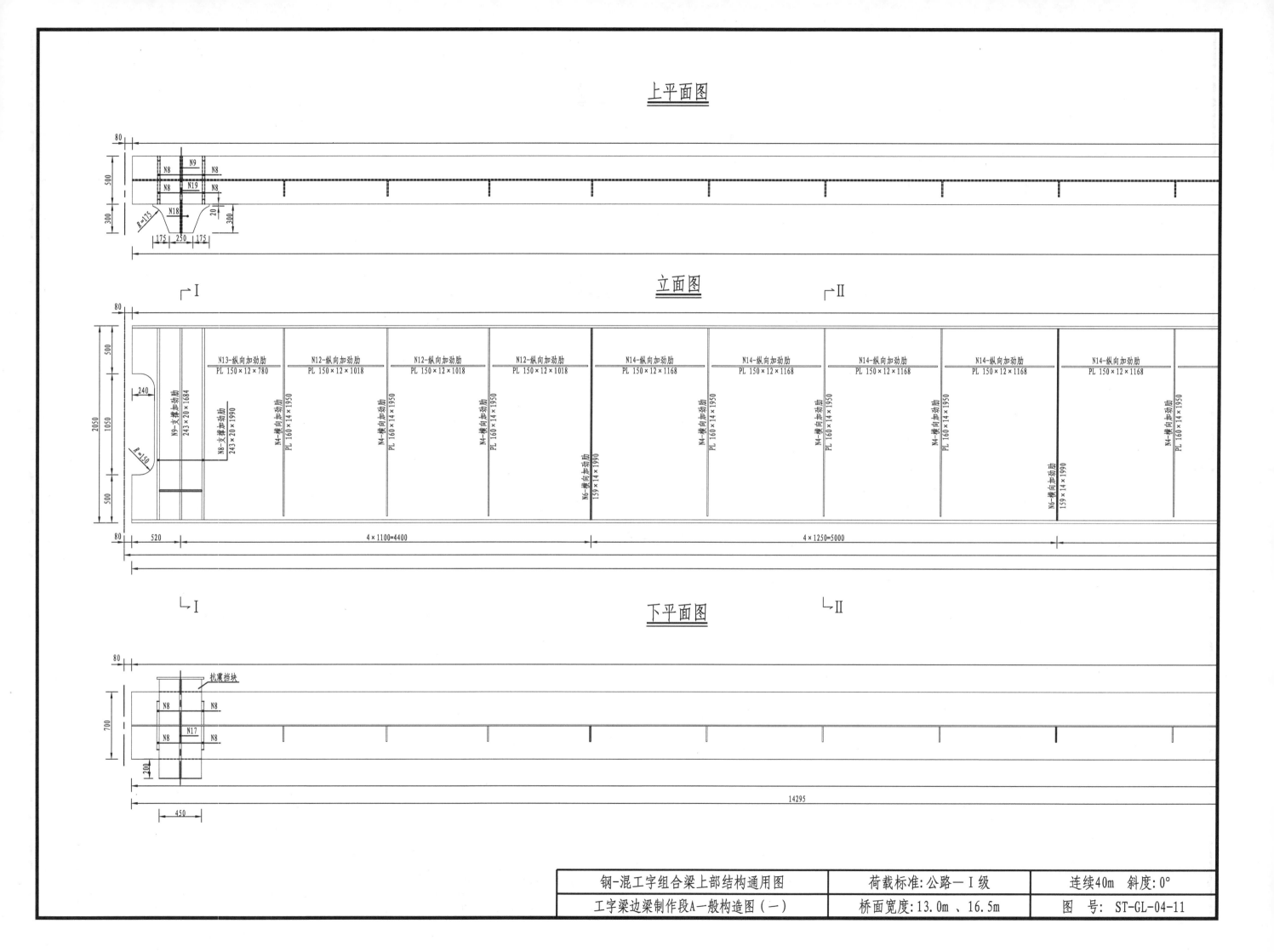

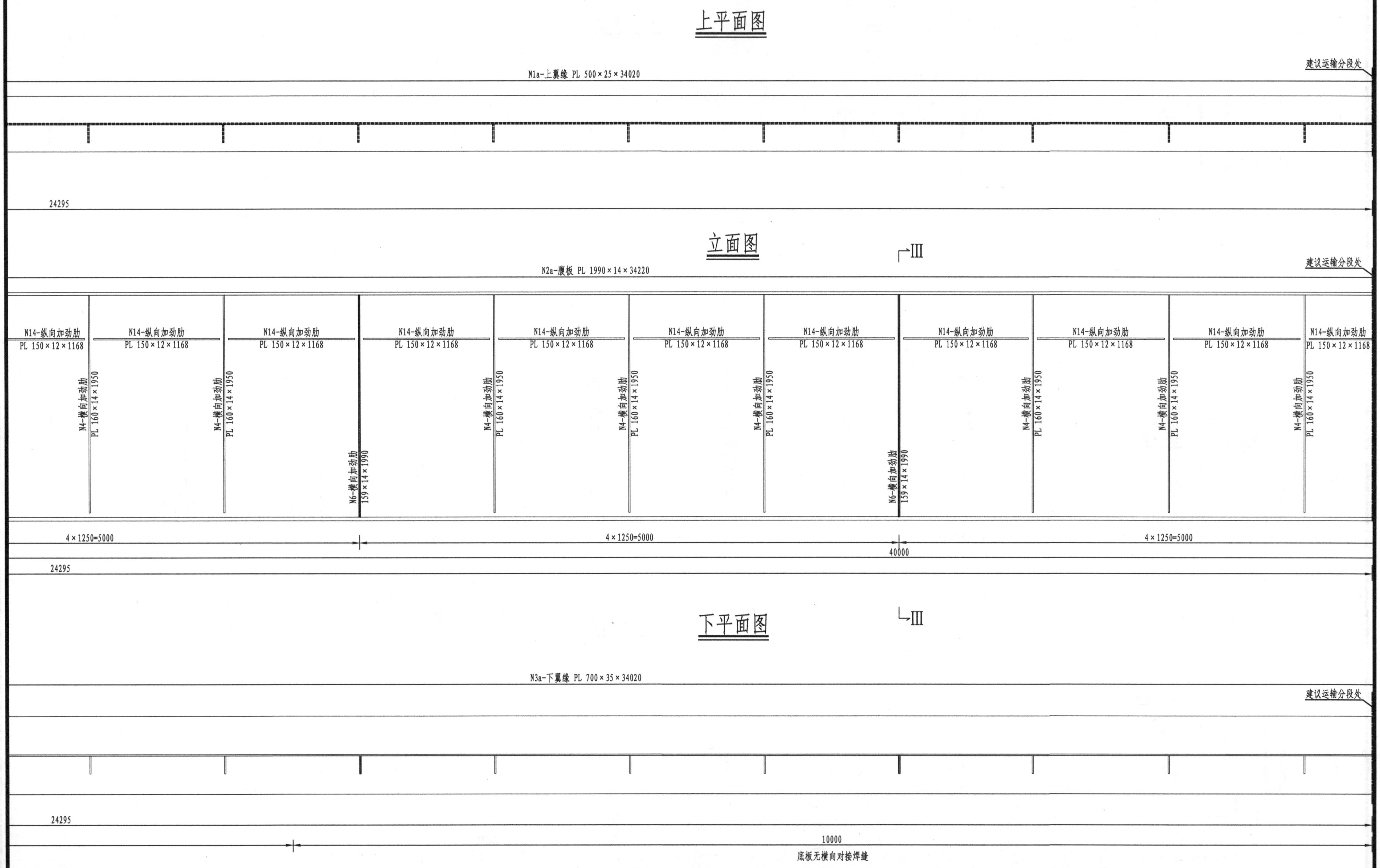

上平面图

N1a-上翼缘 PL 500×25×34020

建议运输分段处

24295

立面图

N2a-腹板 PL 1990×14×34220

建议运输分段处

| N14-纵向加劲肋 PL 150×12×1168 | N14-纵向加劲肋 PL 150×12×1168 | N14-纵向加劲肋 PL 150×12×1168 | N14-纵向加劲肋 PL 150×12×1168 | N14-纵向加劲肋 PL 150×12×1168 | N14-纵向加劲肋 PL 150×12×1168 | N14-纵向加劲肋 PL 150×12×1168 | N14-纵向加劲肋 PL 150×12×1168 | N14-纵向加劲肋 PL 150×12×1168 | N14-纵向加劲肋 PL 150×12×1168 |

N4-横向加劲肋 PL 160×14×1950

N6-横向加劲肋 159×14×1990

4×1250=5000   4×1250=5000   4×1250=5000

40000

24295

下平面图

N3a-下翼缘 PL 700×35×34020

建议运输分段处

24295

10000

底板无横向对接焊缝

钢-混工字组合梁上部结构通用图	荷载标准:公路—Ⅰ级	连续40m 斜度:0°
工字梁边梁制作段A一般构造图(二)	桥面宽度:13.0m、16.5m	图 号: ST-GL-04-12

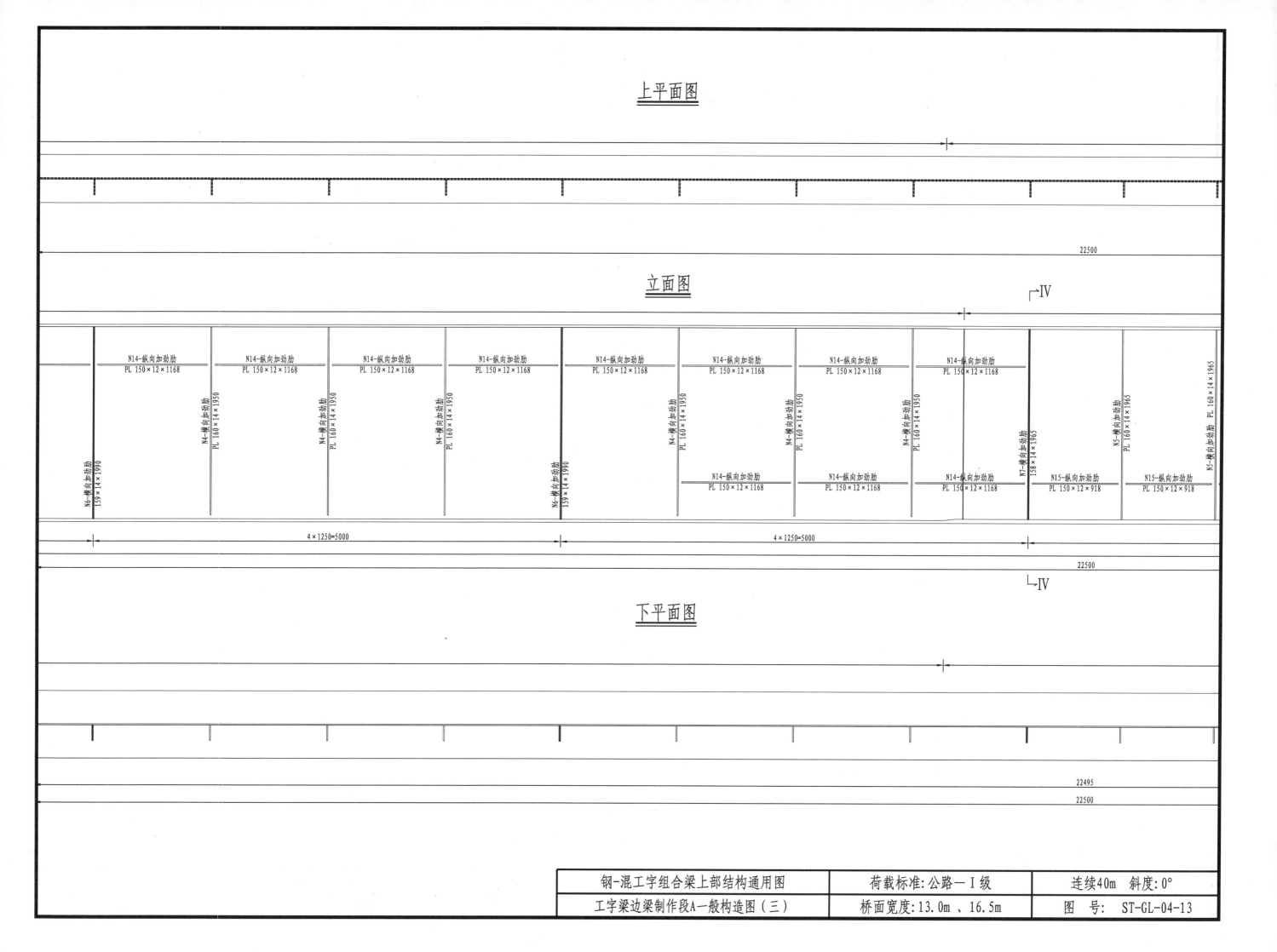

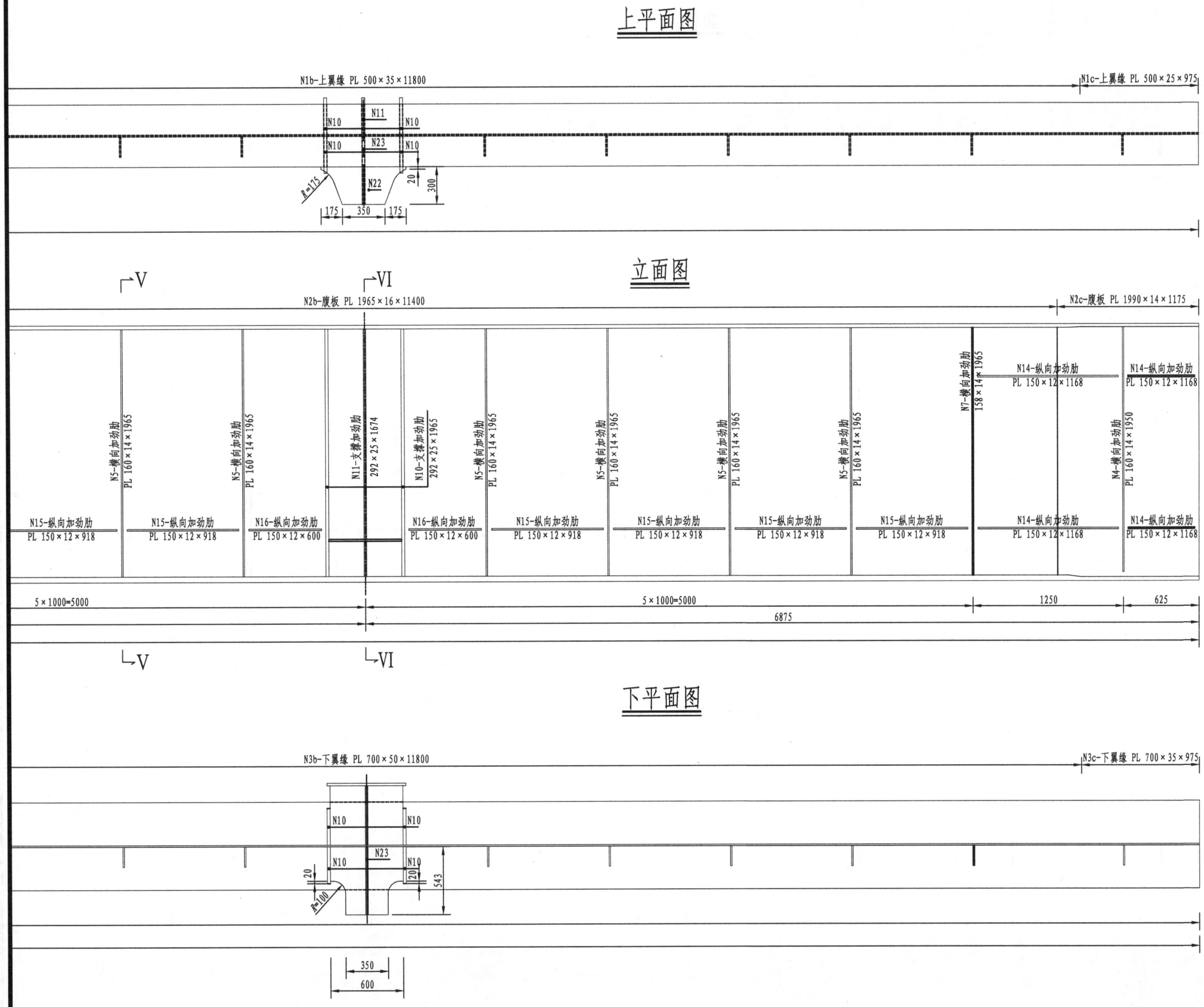

上平面图

N1b-上翼缘 PL 500×35×11800   N1c-上翼缘 PL 500×25×975

立面图

N2b-腹板 PL 1965×16×11400   N2c-腹板 PL 1990×14×1175

N5-横向加劲肋 PL 160×14×1965
N5-横向加劲肋 PL 160×14×1965
N1-支撑加劲肋 292×25×1674
N10-支撑加劲肋 292×25×1965
N5-横向加劲肋 PL 160×14×1965
N5-横向加劲肋 PL 160×14×1965
N5-横向加劲肋 PL 160×14×1965
N5-横向加劲肋 PL 160×14×1965
N7-横向加劲肋 158×14×1965
N4-横向加劲肋 PL 160×14×1950
N14-纵向加劲肋 PL 150×12×1168
N14-纵向加劲肋 PL 150×12×1168

N15-纵向加劲肋 PL 150×12×918
N15-纵向加劲肋 PL 150×12×918
N16-纵向加劲肋 PL 150×12×600
N16-纵向加劲肋 PL 150×12×600
N15-纵向加劲肋 PL 150×12×918
N15-纵向加劲肋 PL 150×12×918
N15-纵向加劲肋 PL 150×12×918
N15-纵向加劲肋 PL 150×12×918
N14-纵向加劲肋 PL 150×12×1168
N14-纵向加劲肋 PL 150×12×1168

5×1000=5000   5×1000=5000   1250   625
6875

下平面图

N3b-下翼缘 PL 700×50×11800   N3c-下翼缘 PL 700×35×975

钢-混工字组合梁上部结构通用图	荷载标准：公路—Ⅰ级	连续40m 斜度：0°
工字梁边梁制作段A一般构造图（四）	桥面宽度：13.0m、16.5m	图 号：ST-GL-04-14

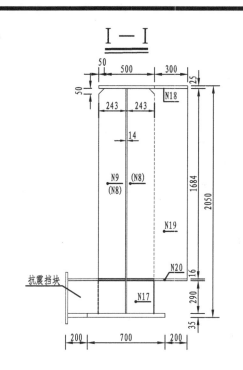
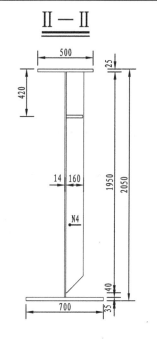
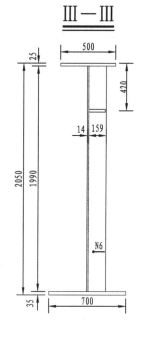
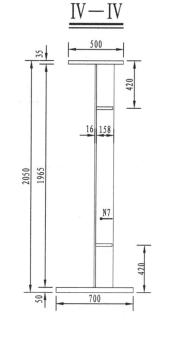
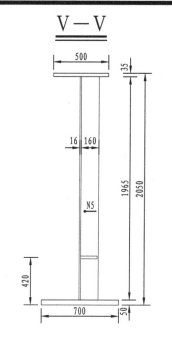
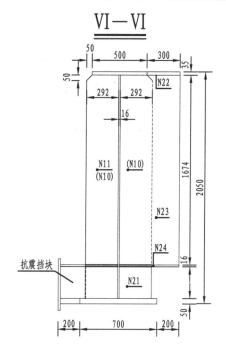

边梁A制作段顶底板、加劲板材料表

编号	名称	尺寸(mm×mm×mm)	数量	单重(kg)	总重(kg)	防腐面积(m²)	备注
N1a	上翼缘板	500×25×34020	1	3338.21	3338.2	34.02	
N1b	上翼缘板	500×35×11800	1	1621.0300	1621.0	11.80	
N1c	上翼缘板	500×25×975	1	95.67	95.7	0.98	
N2a	腹板	1990×14×34220	1	7483.95	7484.0	136.2	
N2b	腹板	1965×16×11400	1	2813.57	2813.6	44.80	
N2c	腹板	1990×14×1175	1	256.97	257.0	4.68	
N3a	下翼缘板	700×35×34020	1	6542.90	6542.9	47.63	
N3b	下翼缘板	700×50×11800	1	3242.05	3242.1	16.52	
N3c	下翼缘板	700×35×975	1	187.52	187.5	1.37	
N4	横向加劲肋	160×14×1950	22	34.29	754.4	13.73	
N5	横向加劲肋	160×14×1965	8	34.55	276.4	5.03	
N6	横向加劲肋	159×14×1990	6	34.77	208.6	3.80	
N7	横向加劲肋	158×14×1965	2	34.12	68.2	1.24	
N8	支撑加劲肋	243×20×1990	4	75.92	303.7	3.87	
N9	支撑加劲肋	243×20×1684	1	64.25	64.3	0.82	
N10	支撑加劲肋	292×25×1965	4	112.60	450.4	4.59	
N11	支撑加劲肋	292×25×1674	1	95.93	95.9	0.98	
N12	纵向加劲肋	150×12×1018	3	14.38	43.1	0.92	
N13	纵向加劲肋	150×12×780	1	11.02	11.0	0.23	
N14	纵向加劲肋	150×12×1168	30	16.50	495.0	10.51	
N15	纵向加劲肋	150×12×918	8	12.97	103.8	2.20	
N16	纵向加劲肋	150×12×600	2	8.48	17.0	0.36	
	合计				28473.65	346.28	

横向接头材料表

编号	名称	尺寸(mm×mm×mm)	数量	单重(kg)	总重(kg)	防腐面积(m²)	备注
N17	端横梁处加劲板	243×20×290	1	11.06	11.1	0.14	
N18	端横梁上翼缘接头	600×25×300	1	35.33	35.3	0.36	
N19	端横梁腹板接头	543×20×1684	1	143.56	143.6	1.83	
N20	端横梁下翼缘接头	450×16×543	1	30.69	30.7	0.49	
N21	墩顶横梁处加劲板	292×25×275	1	15.76	15.8	0.16	
N22	墩顶横梁上翼缘接头	700×35×300	1	57.70	57.7	0.42	
N23	墩顶横梁腹板接头	542×20×1674	1	142.45	142.5	1.81	
N24	墩顶横梁下翼缘接头	600×16×542	1	40.85	40.9	0.65	
	合计				477.40	5.86	

纵向加劲肋附加详图

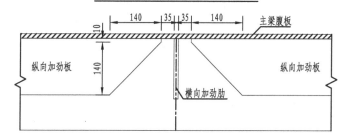

横向加劲肋附加详图

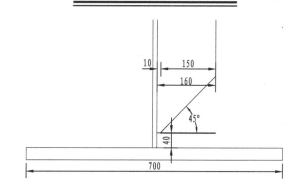

材料汇总表

一个制作段合计（kg）	28951.2

注
1、图中单位除注明者外，余均以毫米计。
2、材料表中尺寸仅供计算钢重，不得作为结构尺寸。
3、除明确注明之外，钢材为Q345桥梁用钢。
4、本图适用于边梁A制作段，吊装重量26.4t。
5、抗震挡块见抗震挡块构造图。
6、支垫板见支垫板详图。

钢-混工字组合梁上部结构通用图	荷载标准:公路—I级	连续40m 斜度:0°
工字梁边梁制作段A一般构造图（五）	桥面宽度:13.0m、16.5m	图 号: ST-GL-04-15

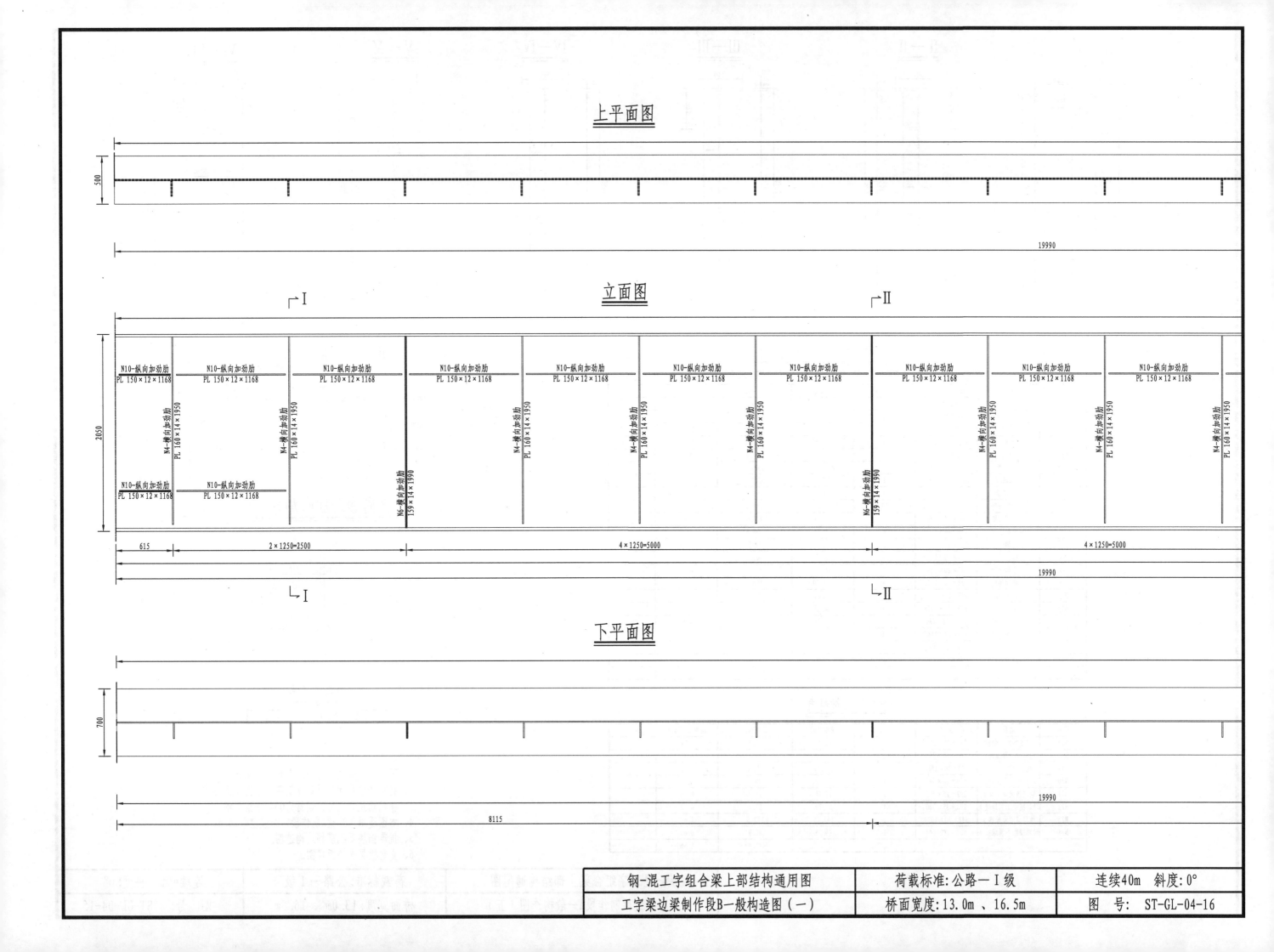

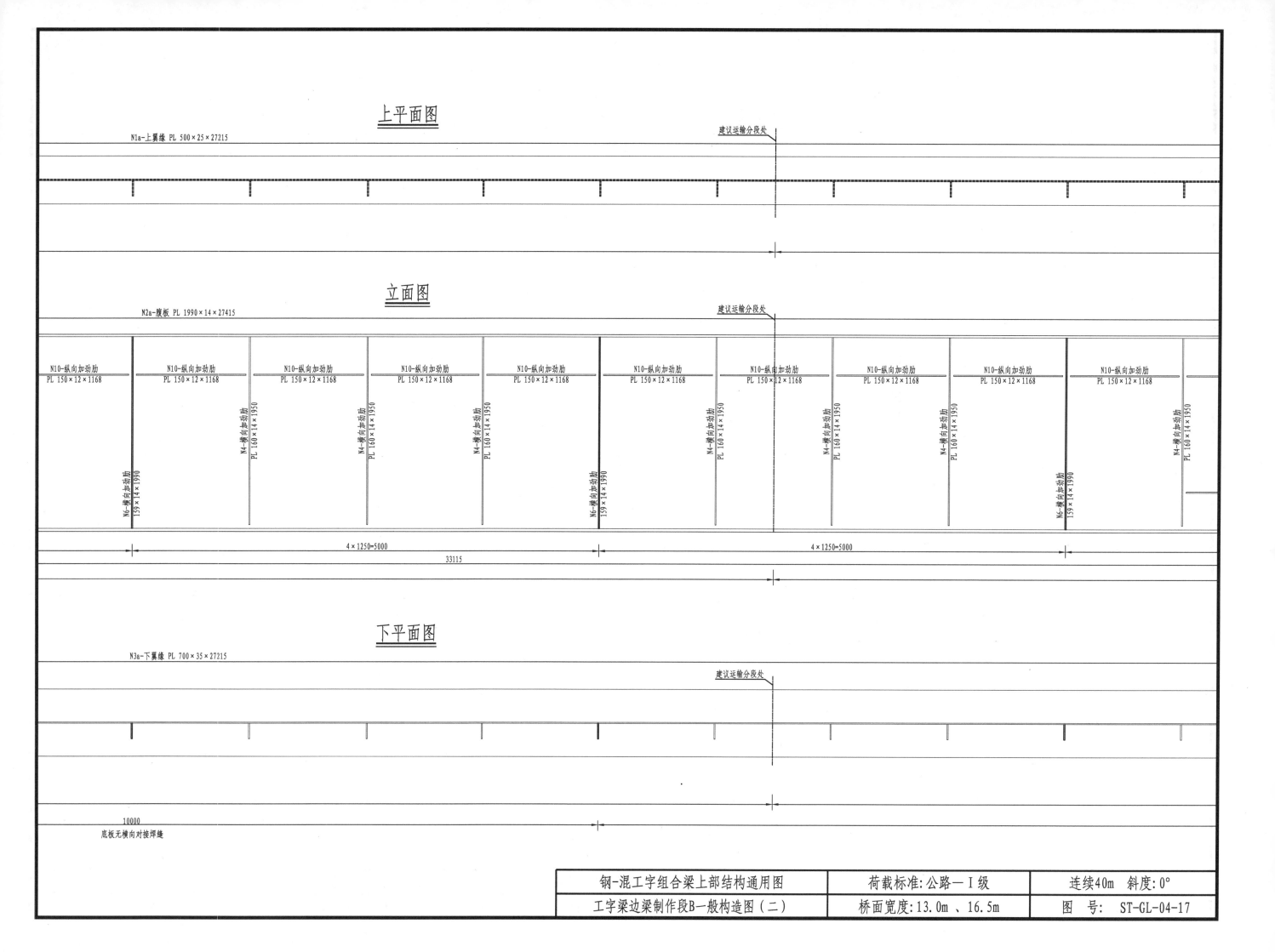

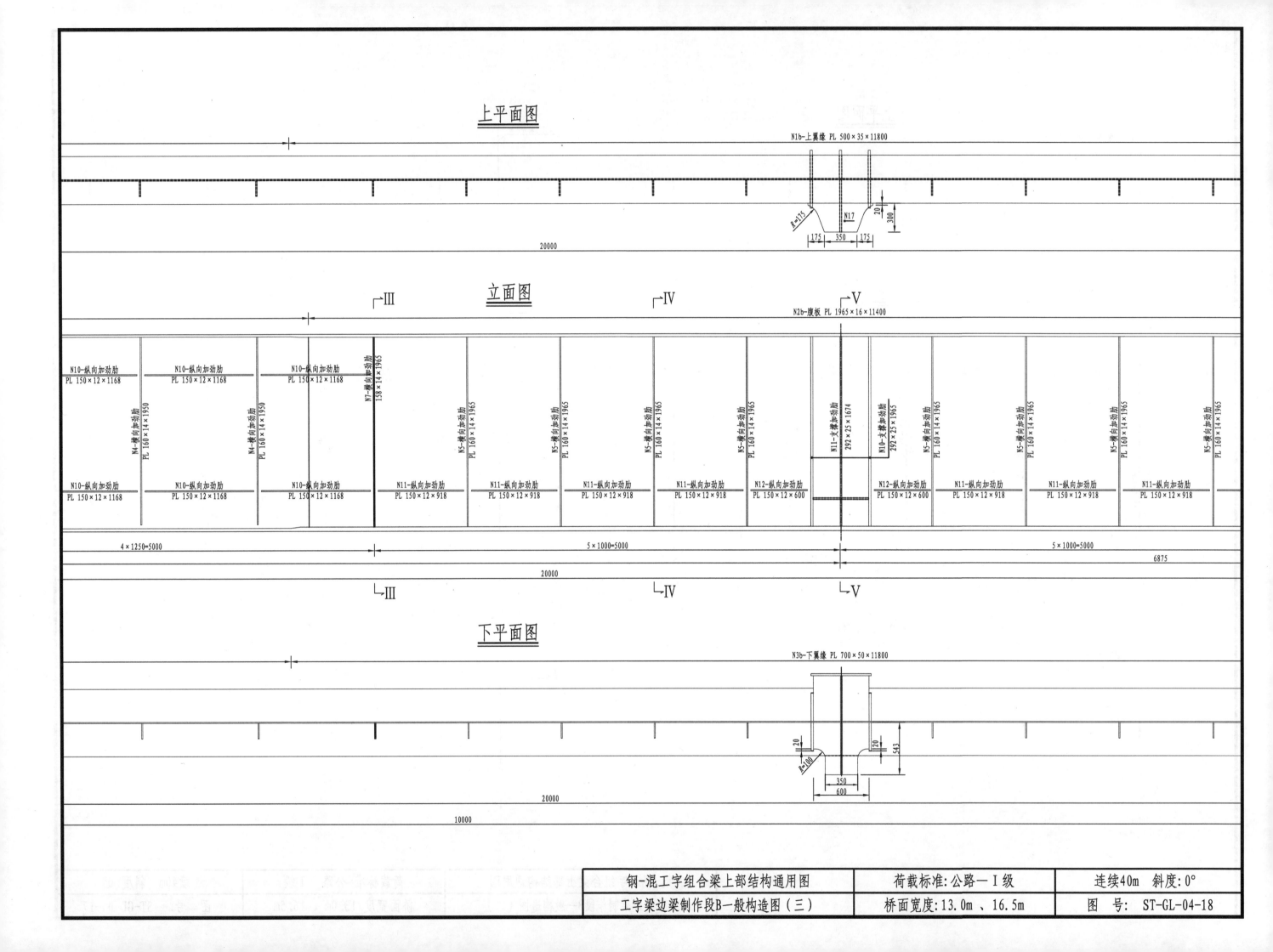

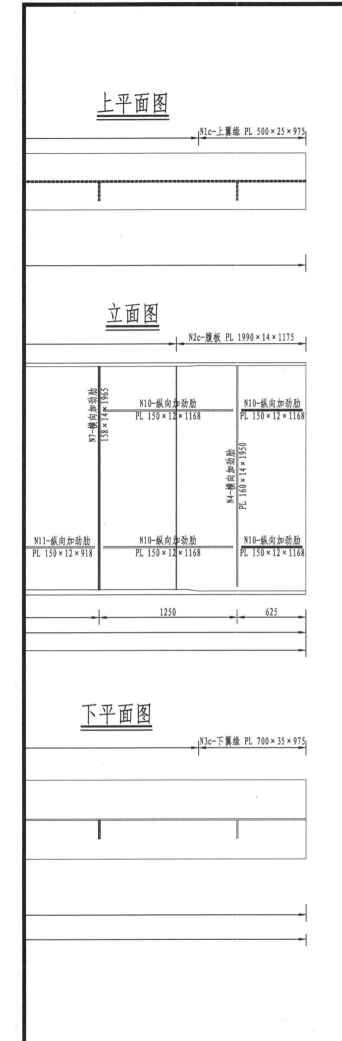
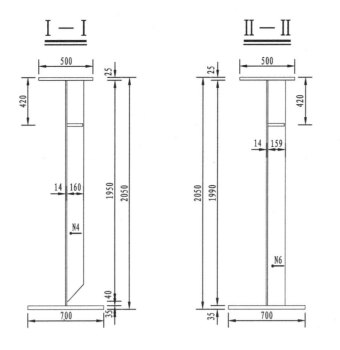
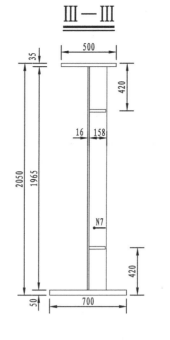
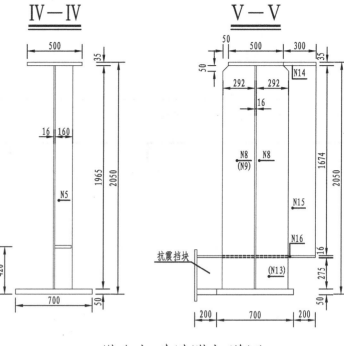
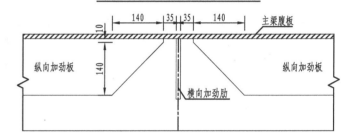
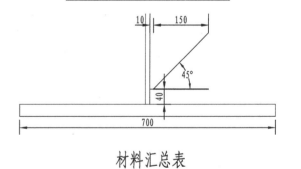

边梁B制作段顶底板、加劲板材料表

编号	名称	尺寸(mm×mm×mm)	数量	单重(kg)	总重(kg)	防腐面积(m²)	备注
N1a	上翼缘板	500×25×27215	1	2670.47	2670.5	27.22	
N1b	上翼缘板	500×35×11800	1	1621.03	1621.0	11.80	
N1c	上翼缘板	500×25×975	1	95.67	95.7	0.98	
N2a	腹板	1990×14×27415	1	5995.69	5995.7	109.11	
N2b	腹板	1965×16×11400	1	2813.57	2813.6	44.80	
N2c	腹板	1990×14×1175	1	256.97	257.0	4.68	
N3a	下翼缘板	700×35×27215	1	5234.12	5234.1	38.10	
N3b	下翼缘板	700×50×11800	1	3242.05	3242.1	16.52	
N3c	下翼缘板	700×35×975	1	187.52	187.5	1.37	
N4	横向加劲肋	160×14×1950	18	34.29	617.2	11.23	
N5	横向加劲肋	160×14×1965	8	34.55	276.4	5.03	
N6	横向加劲肋	159×14×1990	5	34.77	173.9	3.16	
N7	横向加劲肋	158×14×1965	2	34.12	68.2	1.24	
N8	支撑加劲肋	292×25×1965	4	112.60	450.4	4.59	
N9	支撑加劲肋	292×25×1674	1	95.93	95.9	0.98	
N10	纵向加劲肋	150×12×1168	30	16.50	495.0	10.51	
N11	纵向加劲肋	150×12×918	8	12.97	103.8	2.20	
N12	纵向加劲肋	150×12×600	2	8.48	17.0	0.36	
	合计				24414.9	293.88	

横向接头材料表

编号	名称	尺寸(mm×mm×mm)	数量	单重(kg)	总重(kg)	防腐面积(m²)	备注
N13	墩顶横梁处加劲板	292×25×275	1	15.76	15.8	0.16	
N14	墩顶横梁上翼缘接头	700×35×300	1	57.70	57.7	0.42	
N15	墩顶横梁腹板接头	542×20×1674	1	142.45	142.5	1.81	
N16	墩顶横梁下翼缘接头	600×16×542	1	40.85	40.9	0.65	
	合计				256.8	3.04	

材料汇总表

一个制作段合计(kg)
24671.8

注：
1、图中单位除注明者外，余均以毫米计。
2、材料表中尺寸仅供计算钢重，不得作为结构尺寸。
3、除明确注明之外，钢材为Q345桥梁用钢。
4、本图适用于边梁B制作段，吊装重量22.4t。
5、抗震挡块见抗震挡块构造图。
6、支垫板见支垫板详图。

钢-混工字组合梁上部结构通用图	荷载标准：公路-Ⅰ级	连续40m 斜度：0°
工字梁边梁制作段B一般构造图（四）	桥面宽度：13.0m、16.5m	图号：ST-GL-04-19

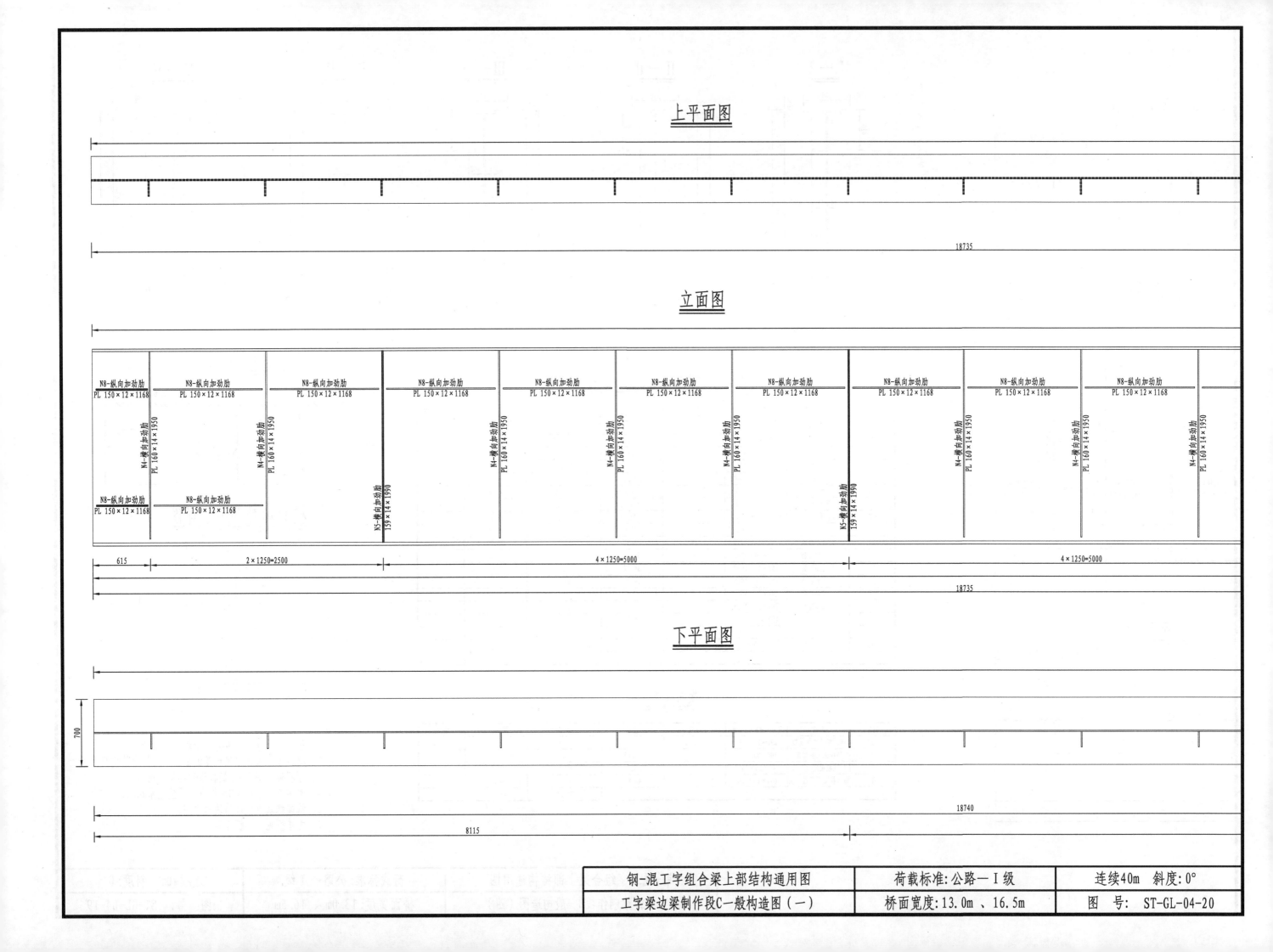

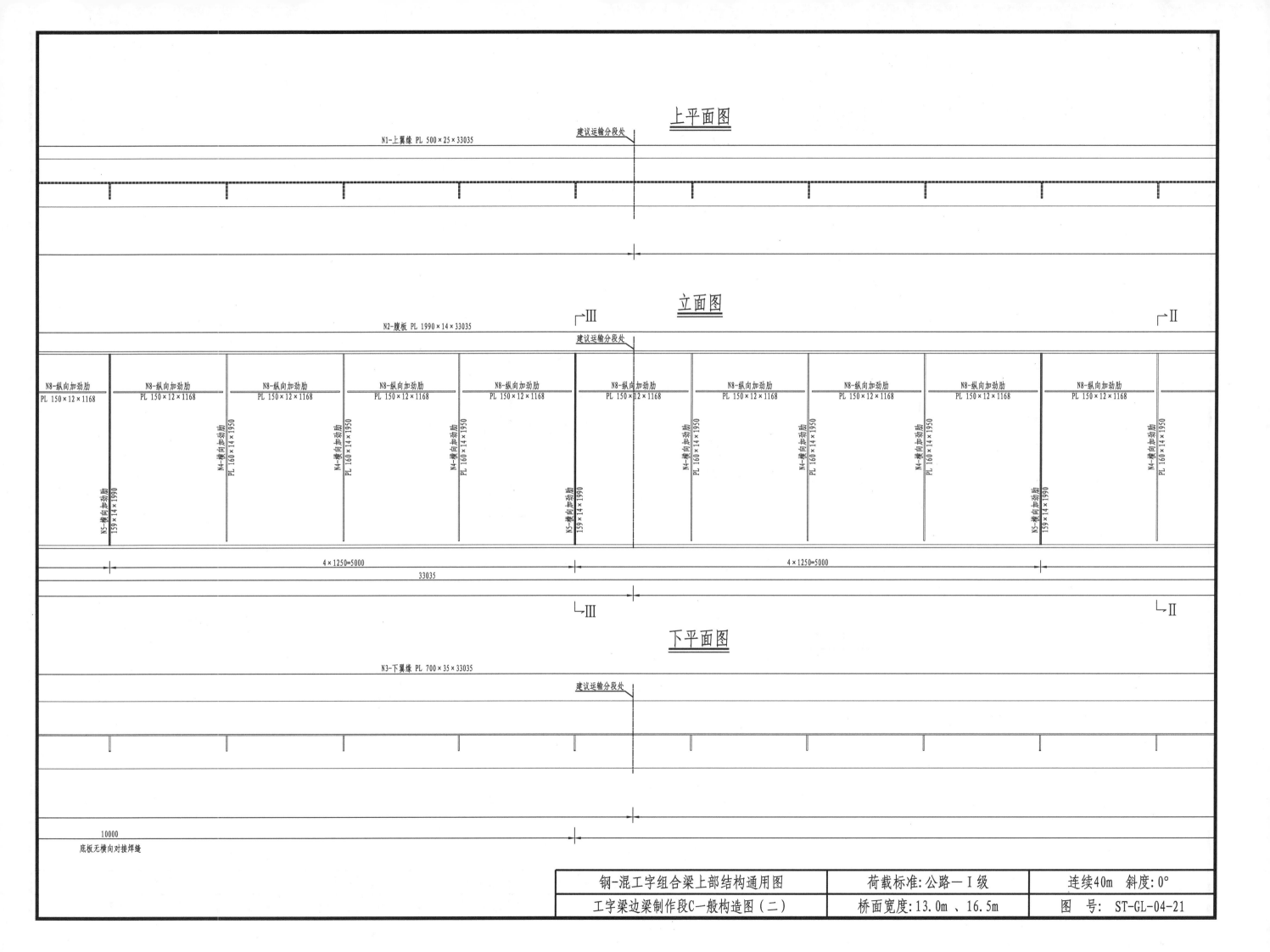

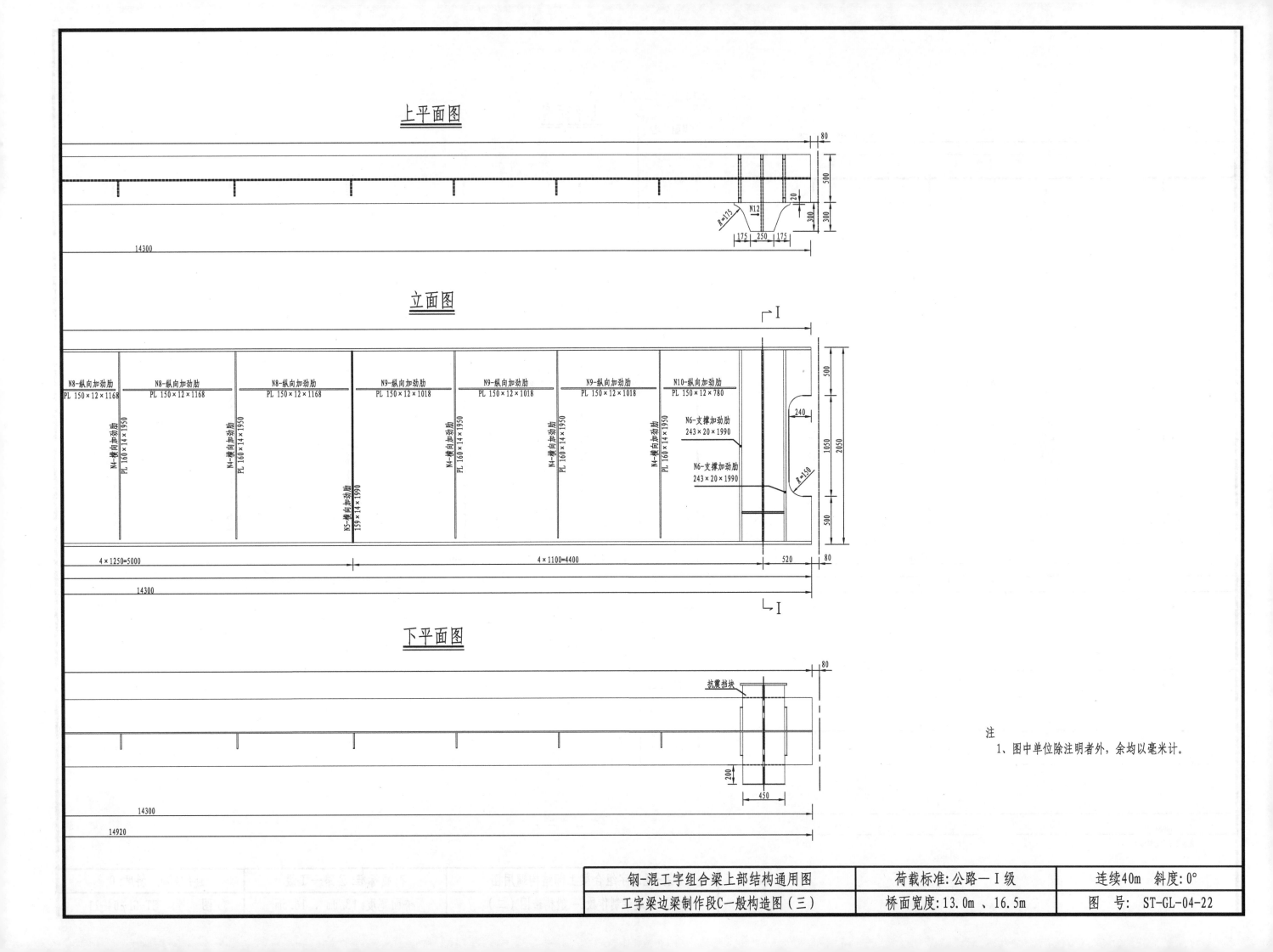

Ⅰ—Ⅰ

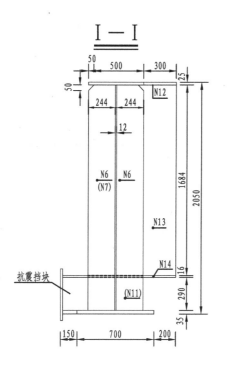

Ⅱ—Ⅱ

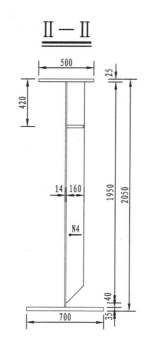

Ⅲ—Ⅲ

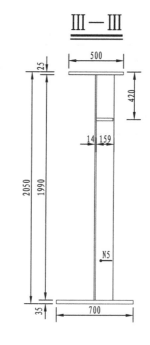

纵向加劲肋附加详图

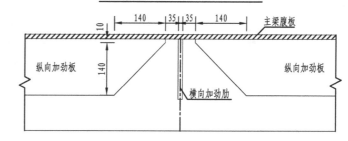

横向加劲肋附加详图

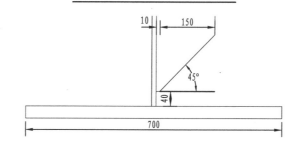

边梁C制作段顶底板、加劲板材料表

编号	名称	尺寸(mm×mm×mm)	数量	单重(kg)	总重(kg)	防腐面积(m²)	备注
N1	上翼缘板	500×25×33035	1	3242.05	3242.1	33.04	
N2	腹板	1990×14×33035	1	7225.88	7225.9	131.50	
N3	下翼缘板	700×35×33035	1	6354.42	6354.4	46.26	
N4	横向加劲肋	160×14×1950	20	34.29	685.8	12.48	
N5	横向加劲肋	159×14×1990	6	34.77	208.6	3.80	
N6	支撑加劲肋	243×20×1990	4	75.92	303.7	3.87	
N7	支撑加劲肋	243×20×1684	1	64.25	64.3	0.82	
N8	纵向加劲肋	150×12×1168	24	16.50	396.0	8.41	
N9	纵向加劲肋	150×12×1018	3	14.38	43.1	0.92	
N10	纵向加劲肋	150×12×780	1	11.02	11.0	0.23	
	合计				18534.9	241.3	

横向接头材料表

编号	名称	尺寸(mm×mm×mm)	数量	单重(kg)	总重(kg)	防腐面积(m²)	备注
N11	端横梁处加劲板	243×20×290	1	11.22	11.2	0.14	
N12	端横梁上翼缘接头	600×25×300	1	35.33	35.3	0.36	
N13	端横梁腹板接头	543×20×1684	1	143.83	143.8	1.83	
N14	端横梁下翼缘接头	450×16×543	1	30.75	30.8	0.49	
	合计				221.1	2.8	

材料汇总表

一个制作段合计(kg)
18755.6

注:
1、图中单位除注明者外,余均以毫米计。
2、材料表中尺寸仅供计算钢重,不得作为结构尺寸。
3、除明确注明之外,钢材为Q345桥梁用钢。
4、本图适用于边梁C制作段,吊装重量17.2t。
5、抗震挡块见抗震挡块构造图。
6、支垫板见支垫板详图。

钢-混工字组合梁上部结构通用图	荷载标准:公路—Ⅰ级	连续40m 斜度:0°
工字梁边梁制作段C一般构造图(四)	桥面宽度:13.0m、16.5m	图 号:ST-GL-04-23

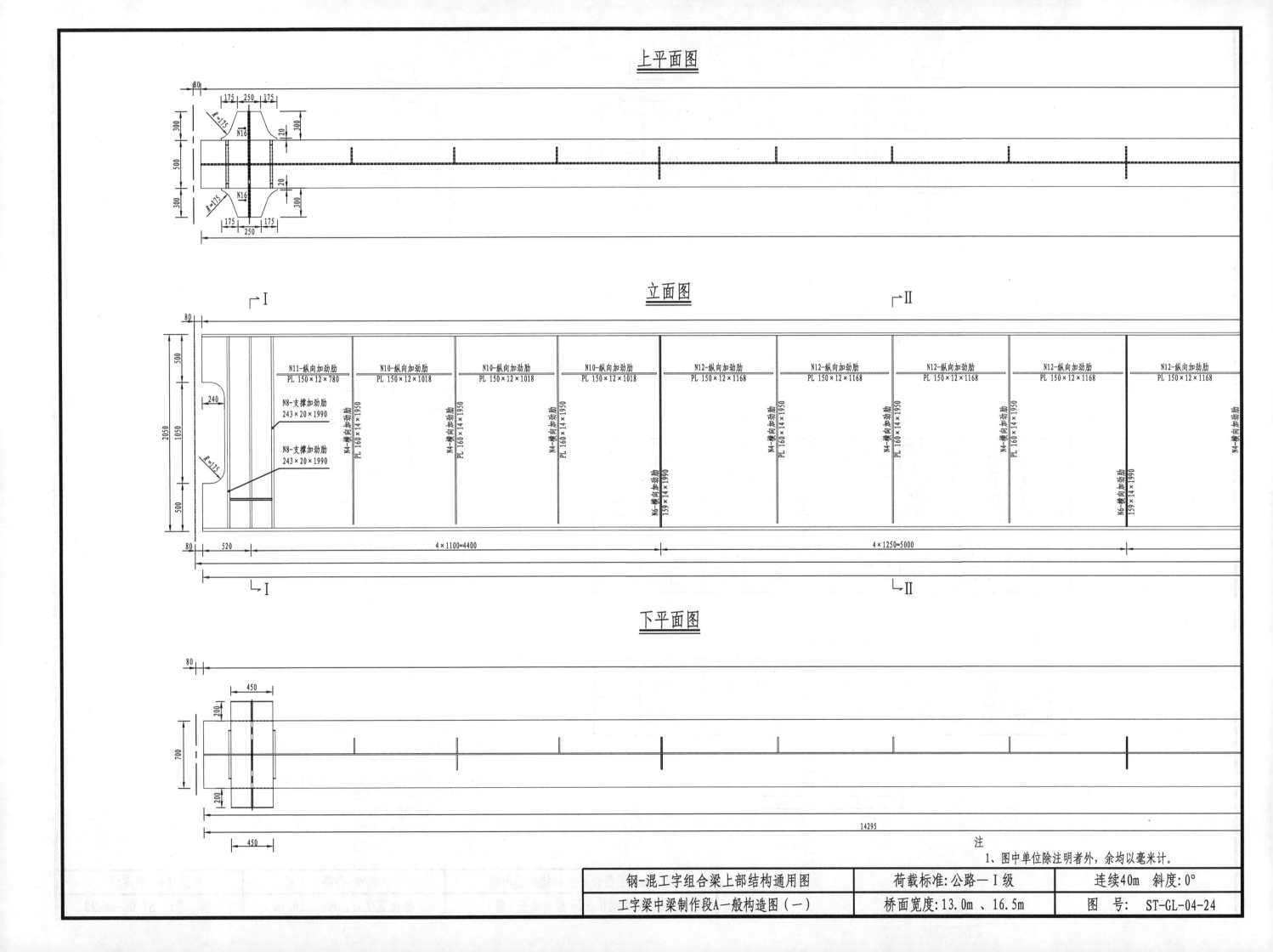

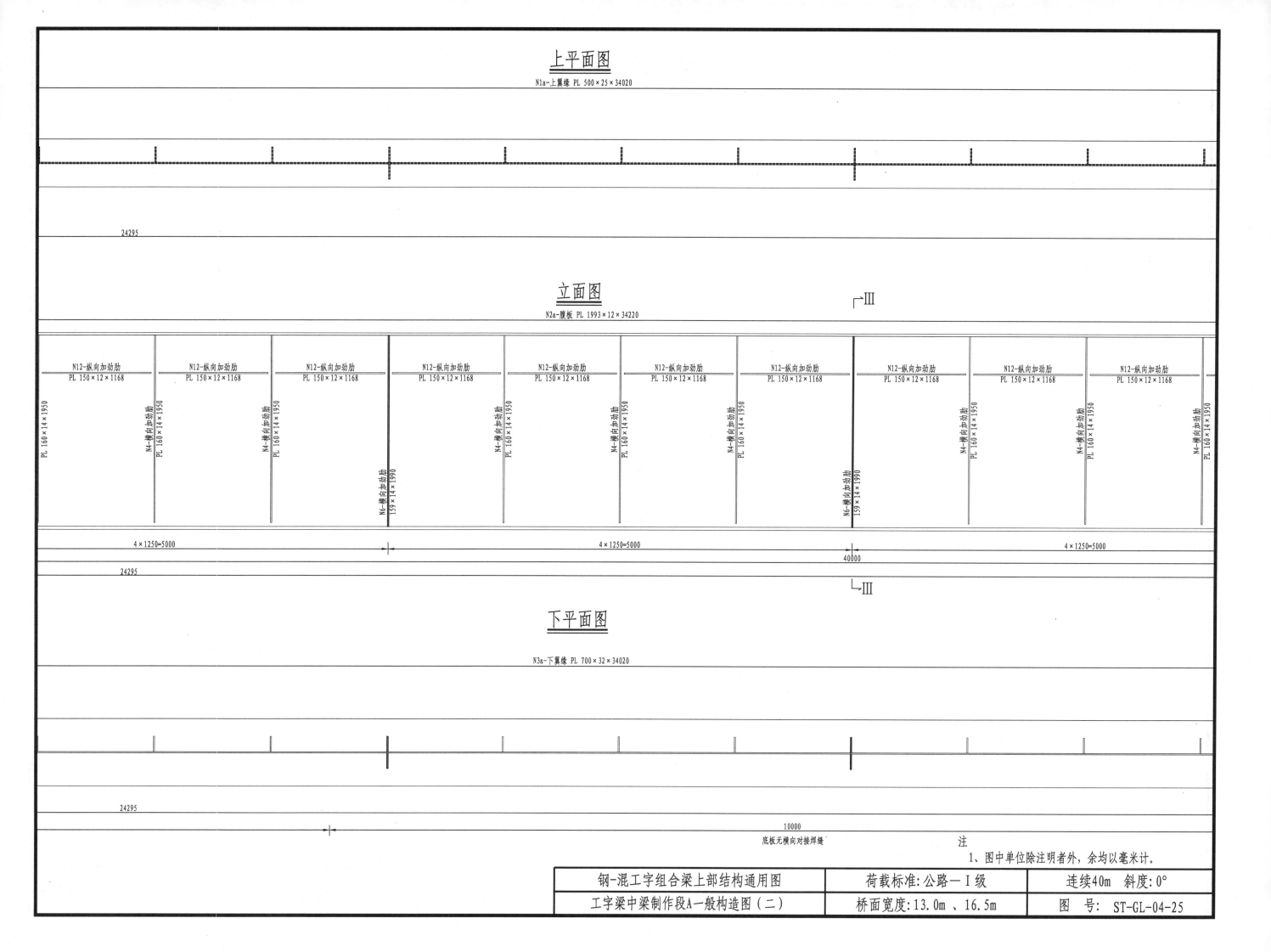

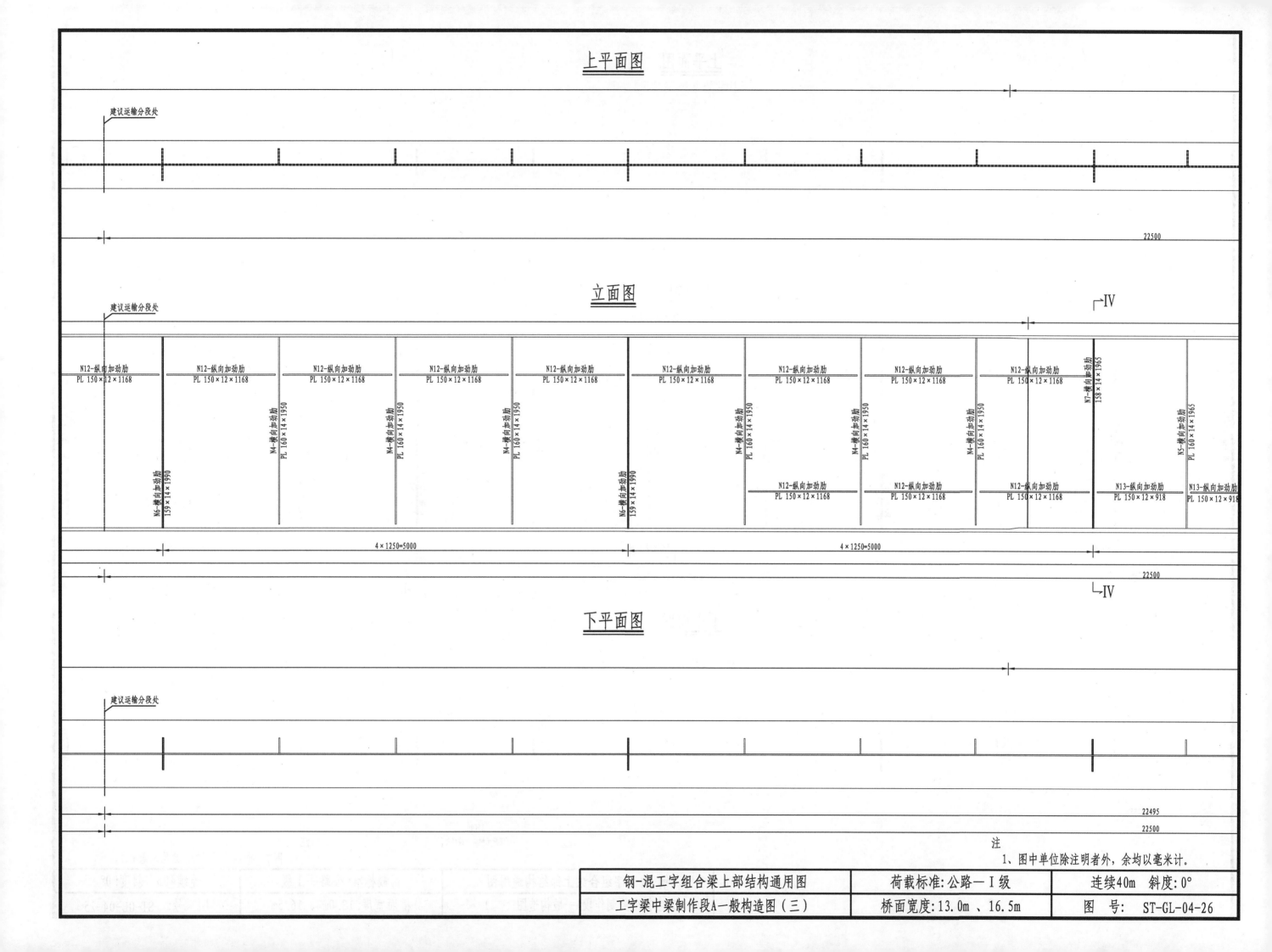

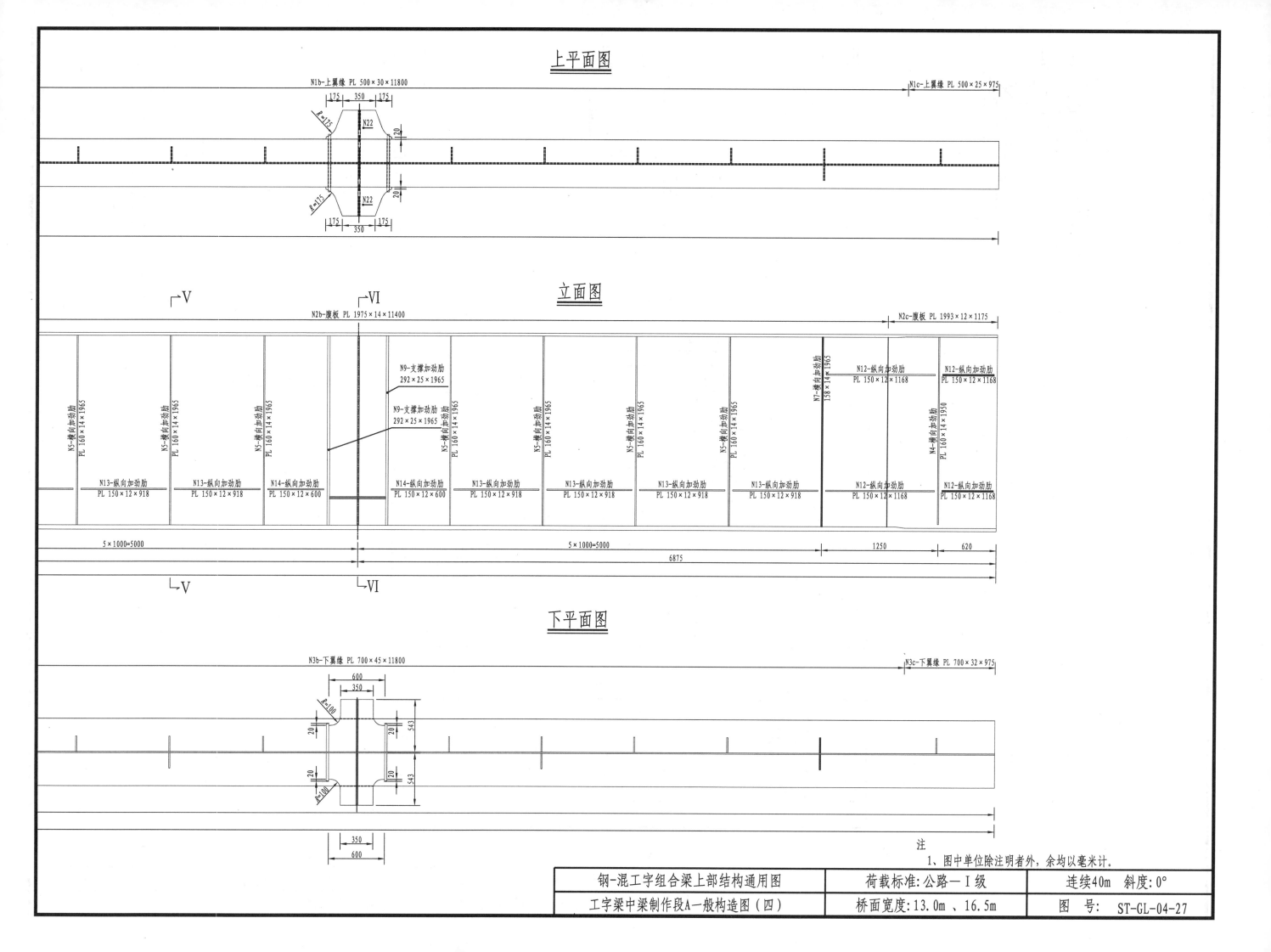

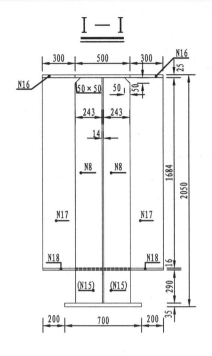
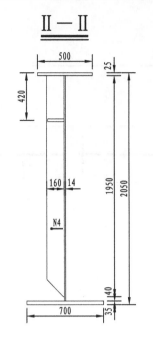
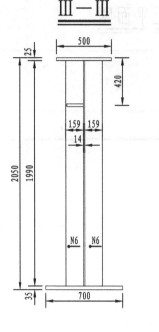
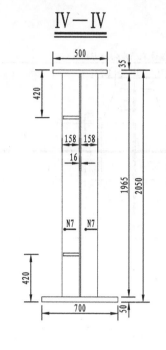
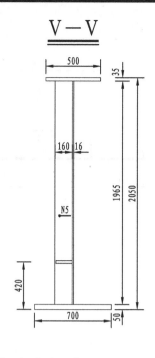

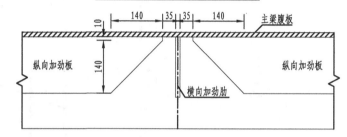

纵向加劲肋附加详图

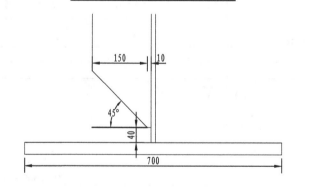

横向加劲肋附加详图

中梁A制作段顶底板、加劲板材料表

编号	名称	尺寸(mm×mm×mm)	数量	单重(kg)	总重(kg)	防腐面积(m²)	备注
N1a	上翼缘板	500×25×34020	1	3338.21	3338.2	34.02	
N1b	上翼缘板	500×35×11800	1	1621.03	1621.0	11.80	
N1c	上翼缘板	500×25×975	1	95.67	95.7	0.98	
N2a	腹板	1990×14×34220	1	7483.95	7484.0	136.20	
N2b	腹板	1965×16×11400	1	2813.57	2813.6	44.80	
N2c	腹板	1990×14×1175	1	256.97	257.0	4.68	
N3a	下翼缘板	700×35×34020	1	6542.90	6542.9	47.63	
N3b	下翼缘板	700×50×11800	1	3242.05	3242.1	16.52	
N3c	下翼缘板	700×35×975	1	187.52	187.5	1.37	
N4	横向加劲肋	160×14×1950	23	34.29	788.7	13.73	
N5	横向加劲肋	160×14×1965	8	34.55	276.4	5.03	
N6	横向加劲肋	159×14×1990	12	34.77	417.2	7.59	
N7	横向加劲肋	158×14×1965	4	34.12	136.5	2.48	
N8	支撑加劲肋	243×20×1990	4	75.92	303.7	3.87	
N9	支撑加劲肋	292×25×1965	4	112.60	450.4	4.59	
N10	纵向加劲肋	150×12×1018	3	14.38	43.1	0.92	
N11	纵向加劲肋	150×12×780	1	11.02	11.0	0.23	
N12	纵向加劲肋	150×12×1168	30	16.50	495.0	10.51	
N13	纵向加劲肋	150×12×918	8	12.97	103.8	2.20	
N14	纵向加劲肋	150×12×600	2	8.48	17.0	0.36	
			合计		28624.6	349.51	

横向接头材料表

编号	名称	尺寸(mm×mm×mm)	数量	单重(kg)	总重(kg)	防腐面积(m²)	备注
N15	端横梁处加劲板	243×20×290	2	11.06	22.1	0.28	
N16	端横梁上翼缘接头	600×25×300	2	35.33	70.7	0.72	
N17	端横梁腹板接头	543×20×1684	2	143.56	287.1	3.66	
N18	端横梁下翼缘接头	450×16×543	2	30.69	61.4	0.98	
N19	墩顶横梁处加劲板	292×25×275	2	15.76	31.5	0.32	
N20	墩顶横梁上翼缘接头	700×35×300	2	57.70	115.4	0.84	
N21	墩顶横梁腹板接头	542×20×1674	2	142.45	284.9	3.63	
N22	墩顶横梁下翼缘接头	600×16×542	2	40.85	81.7	1.30	
			合计		954.8	11.73	

材料汇总表

一个制作段合计(kg)	29545.3

注:
1、图中单位除注明者外,余均以毫米计。
2、材料表中尺寸仅供计算钢重,不得作为结构尺寸。
3、除明确注明之外,钢材为Q345桥梁用钢。
4、本图适用于中梁A制作段,吊装重量27.1t。
5、抗震挡块见抗震挡块构造图。
6、支垫板见支垫板详图。

钢-混工字组合梁上部结构通用图	荷载标准:公路—Ⅰ级	连续40m 斜度:0°
工字梁中梁制作段A一般构造图(五)	桥面宽度:13.0m、16.5m	图号:ST-GL-04-28

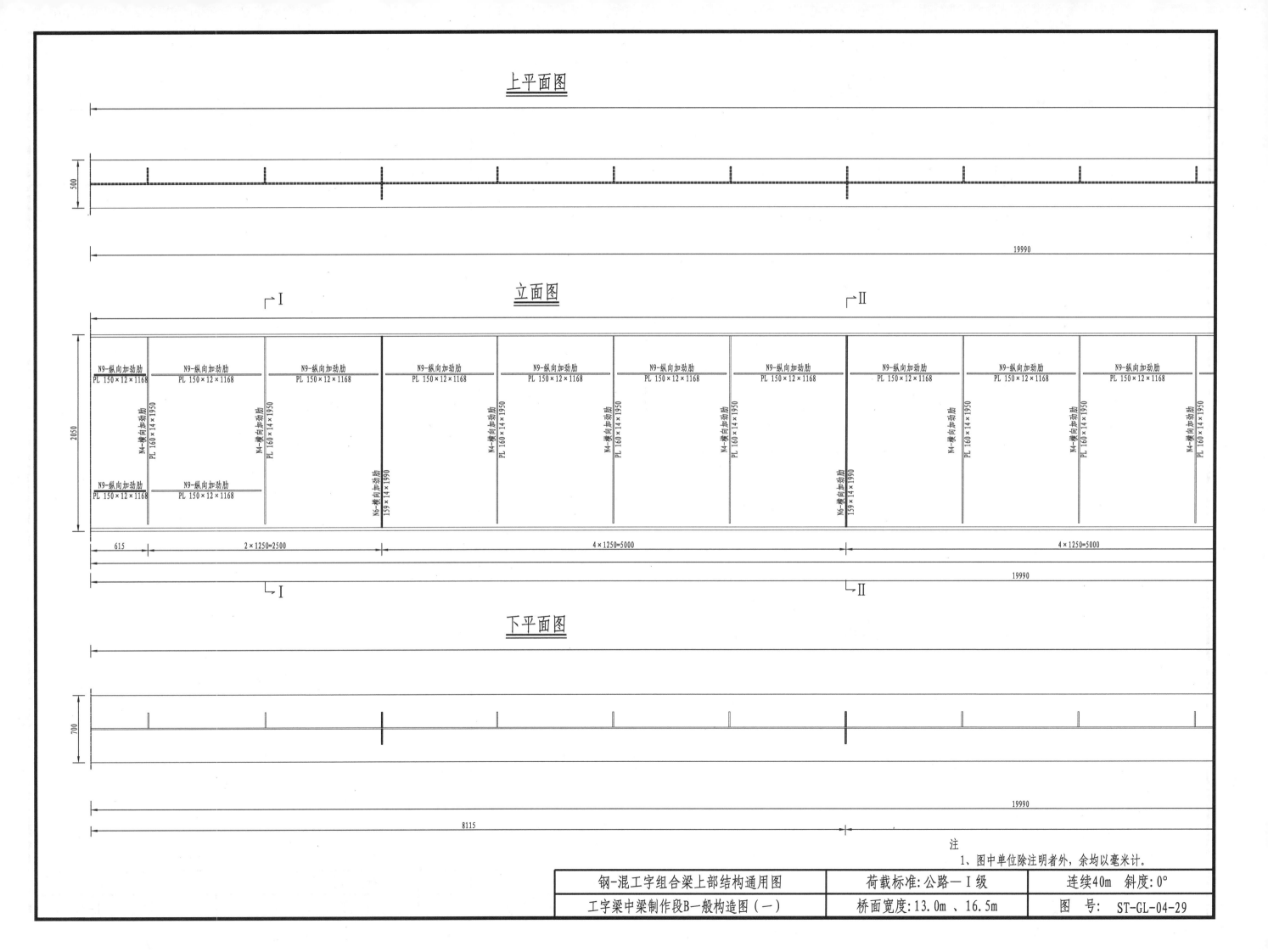

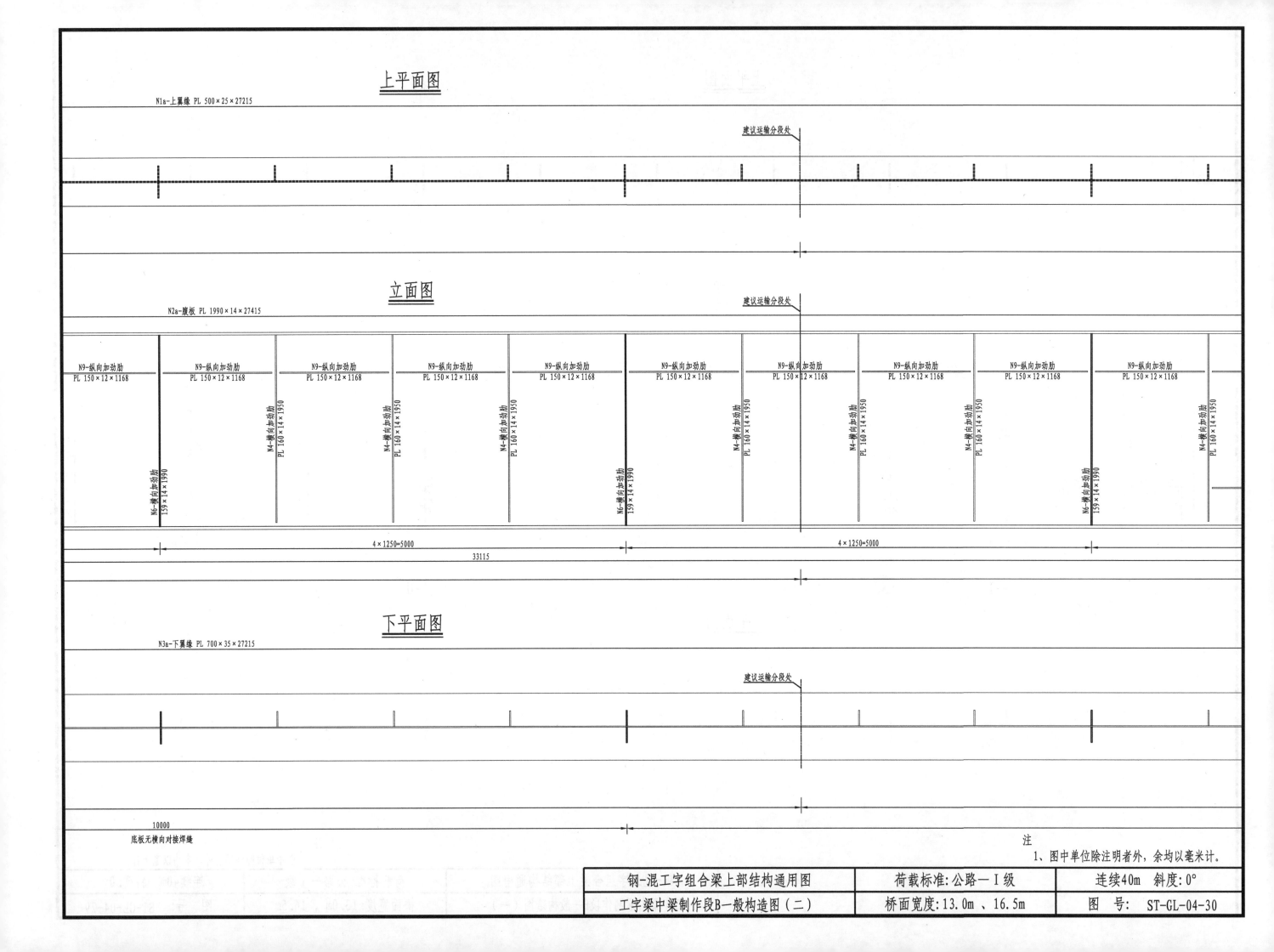

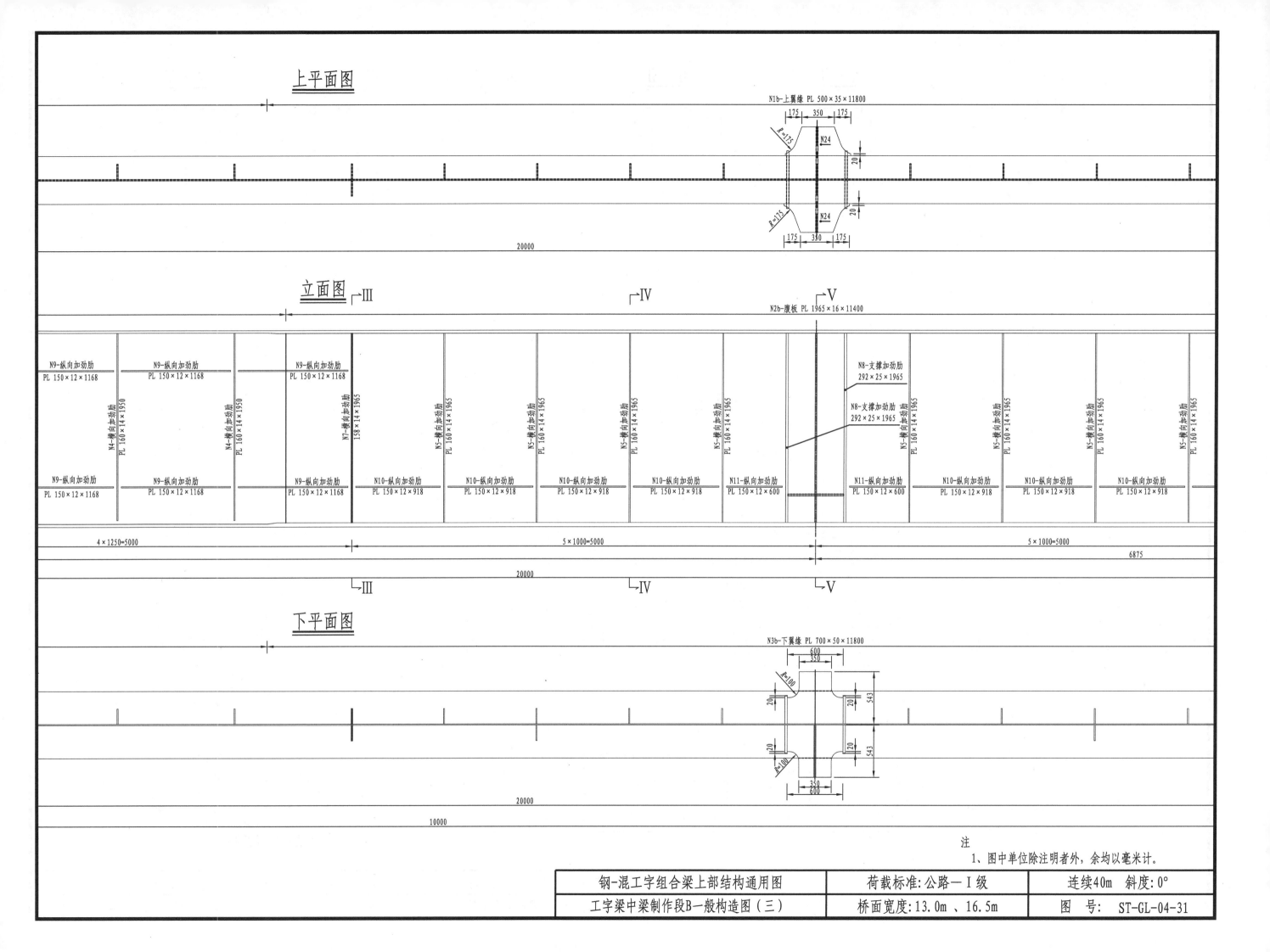

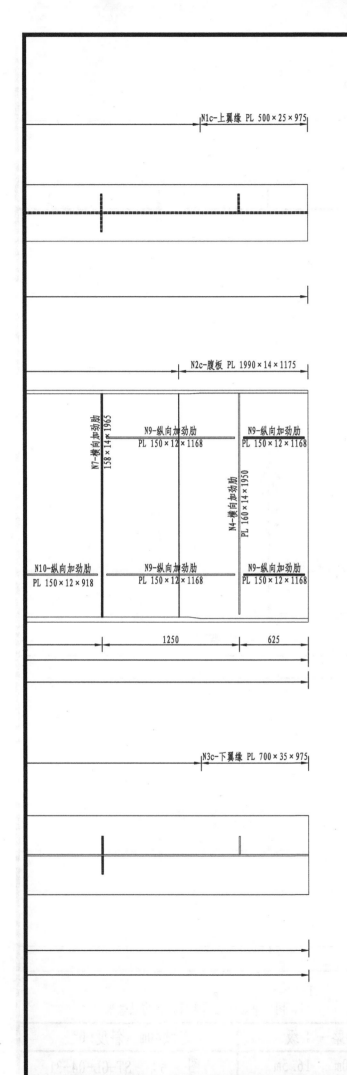
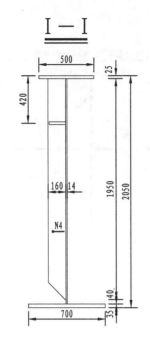
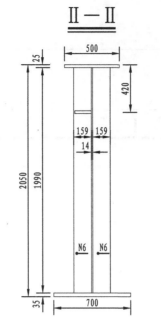
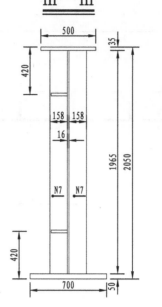
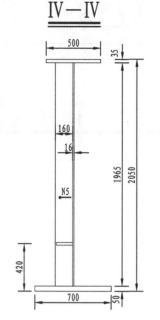
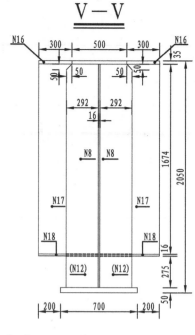

纵向加劲肋附加详图

横向加劲肋附加详图

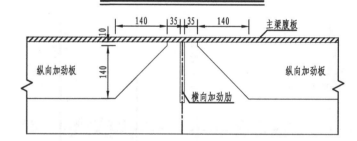

中梁B制作段顶底板、加劲板材料表

编号	名称	尺寸(mm×mm×mm)	数量	单重(kg)	总重(kg)	防腐面积(m²)	备注
N1a	上翼缘板	500×25×27215	1	2670.47	2670.5	27.22	
N1b	上翼缘板	500×35×11800	1	1621.03	1621.0	11.80	
N1c	上翼缘板	500×25×975	1	95.67	95.7	0.98	
N2a	腹板	1990×14×27415	1	5995.69	5995.7	109.11	
N2b	腹板	1965×16×11400	1	2813.57	2813.6	44.80	
N2c	腹板	1990×14×1175	1	256.97	257.0	4.68	
N3a	下翼缘板	700×35×27215	1	5234.12	5234.1	38.10	
N3b	下翼缘板	700×50×11800	1	3242.05	3242.1	16.52	
N3c	下翼缘板	700×35×975	1	187.52	187.5	1.37	
N4	横向加劲肋	160×14×1950	18	34.29	617.2	11.23	
N5	横向加劲肋	160×14×1965	8	34.55	276.4	5.03	
N6	横向加劲肋	159×14×1990	10	34.77	347.7	6.33	
N7	横向加劲肋	158×14×1965	4	34.12	136.5	2.48	
N8	支撑加劲肋	292×25×1965	4	112.60	450.4	4.59	
N9	纵向加劲肋	150×12×1168	30	16.50	495.0	10.51	
N10	纵向加劲肋	150×12×918	8	12.97	103.8	2.20	
N11	纵向加劲肋	150×12×600	2	8.48	17.0	0.36	
	合计				24561.0	297.31	

材料汇总表

一个制作段合计（kg）	25074.7

横向接头材料表

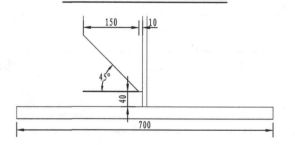

编号	名称	尺寸(mm×mm×mm)	数量	单重(kg)	总重(kg)	防腐面积(m²)	备注
N12	墩顶横梁处加劲板	292×25×275	2	15.76	31.5	0.32	
N13	墩顶横梁上翼缘接头	700×35×300	2	57.70	115.4	0.84	
N14	墩顶横梁腹板接头	542×20×1674	2	142.45	284.9	3.63	
N15	墩顶横梁下翼缘接头	600×16×542	2	40.85	81.7	1.3	
	合计				513.5	6.09	

注：
1、图中单位除注明者外，余均以毫米计。
2、材料表中尺寸仅供计算钢重，不得作为结构尺寸。
3、除明确注明之外，钢材为Q345桥梁用钢。
4、本图适用于中梁B制作段，吊装重量22.9t。
5、抗震挡块见抗震挡块构造图。
6、支垫板见支垫板详图。

钢-混工字组合梁上部结构通用图	荷载标准：公路—I 级	连续40m 斜度：0°
工字梁中梁制作段B—般构造图（四）	桥面宽度：13.0m、16.5m	图 号： ST-GL-04-32

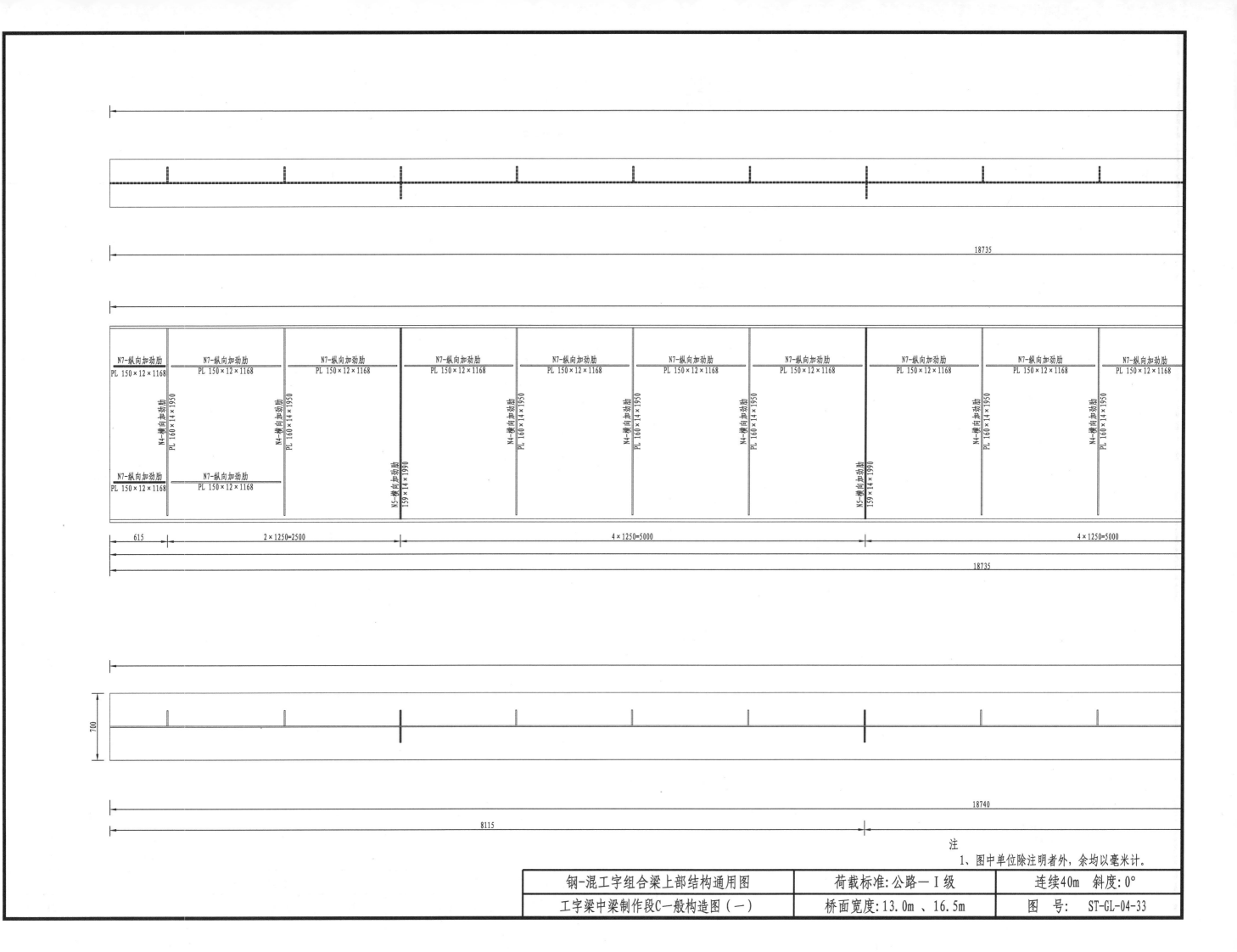

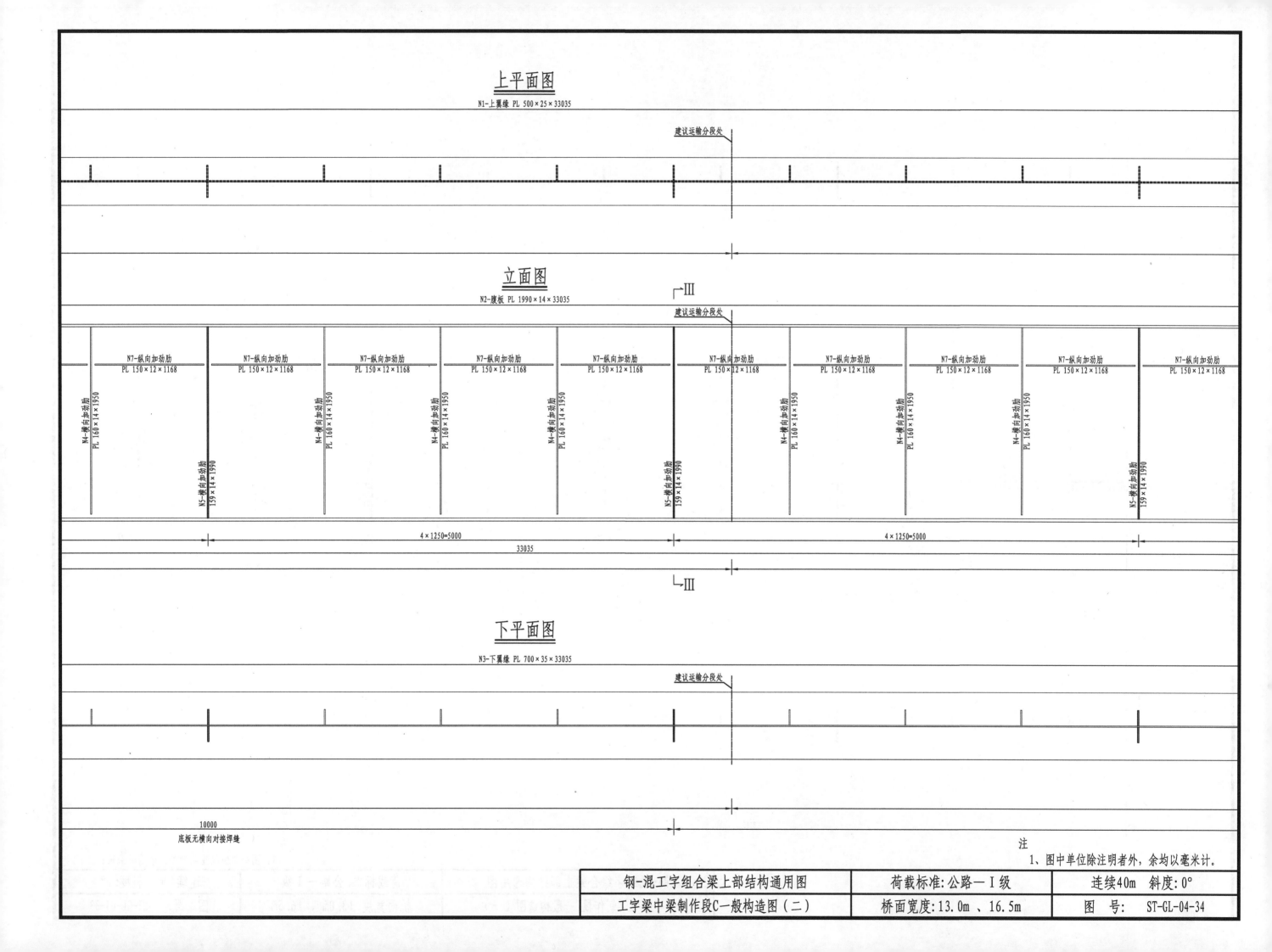

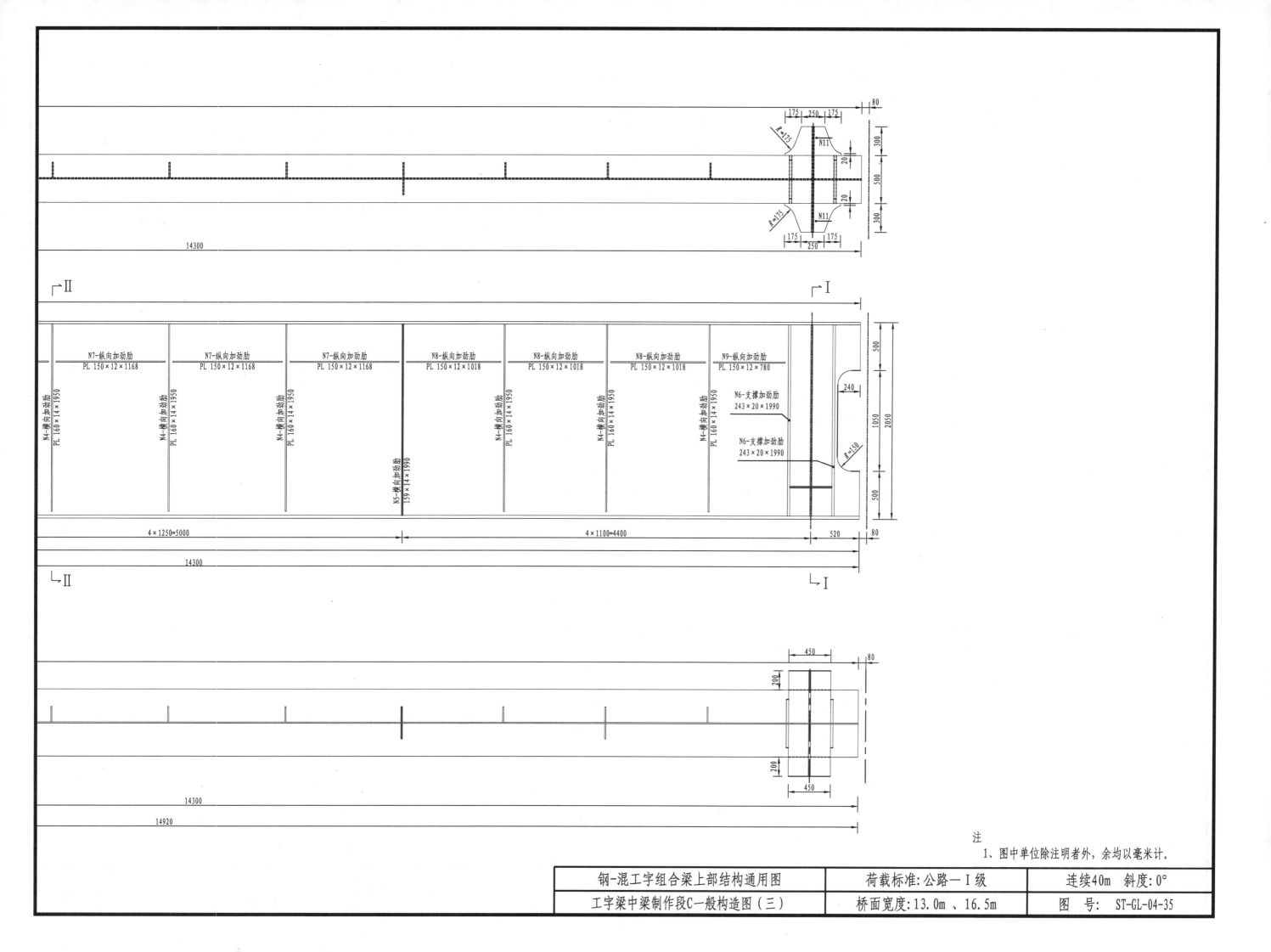

I-I

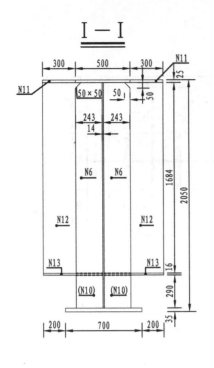

II-II

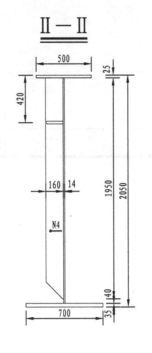

III-III

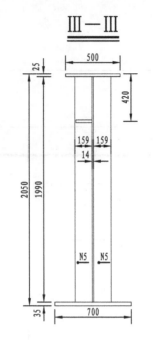

纵向加劲肋附加详图

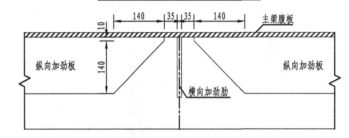

横向加劲肋附加详图

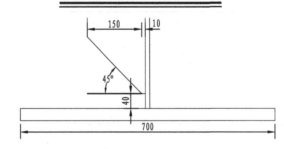

中梁C制作段顶底板、加劲板材料表

编号	名称	尺寸(mm×mm×mm)	数量	单重(kg)	总重(kg)	防腐面积(m²)	备注
N1	上翼缘板	500×25×33035	1	3242.05	3242.1	33.04	
N2	腹板	1990×14×33035	1	7225.88	7225.9	131.50	
N3	下翼缘板	700×35×33035	1	6354.42	6354.4	46.26	
N4	横向加劲肋	160×14×1950	20	34.29	685.8	12.48	
N5	横向加劲肋	159×14×1990	12	34.77	417.2	7.59	
N6	支撑劲肋	243×20×1990	4	75.92	303.7	3.87	
N7	纵向加劲肋	150×12×1168	24	16.50	396.0	8.41	
N8	纵向加劲肋	150×12×1018	3	14.38	43.1	0.92	
N9	纵向加劲肋	150×12×780	1	11.02	11.0	0.23	
合计					18679.2	244.30	

横向接头材料表

编号	名称	尺寸(mm×mm×mm)	数量	单重(kg)	总重(kg)	防腐面积(m²)	备注
N10	端横梁处加劲板	243×20×290	2	11.06	22.1	0.28	
N11	端横梁上翼缘接头	600×25×300	2	35.33	70.7	0.72	
N12	端横梁腹板接头	543×20×1684	2	143.56	287.1	3.66	
N13	端横梁下翼缘接头	450×16×543	2	30.69	61.4	0.98	
合计					441.3	5.64	

材料汇总表

一个制作段合计 (kg)
19120.6

注:
1、图中单位除注明者外，余均以毫米计。
2、材料表中尺寸仅供计算钢重，不得作为结构尺寸。
3、除明确注明之外，钢材为Q345桥梁用钢。
4、本图适用于中梁C制作段，吊装重量17.6t。
5、抗震挡块见抗震挡块构造图。
6、支垫板见支垫板详图。

钢-混工字组合梁上部结构通用图	荷载标准:公路—I级	连续40m 斜度:0°
工字梁中梁制作段C一般构造图（四）	桥面宽度:13.0m、16.5m	图号: ST-GL-04-36

制作段间连接钢板立面布置图

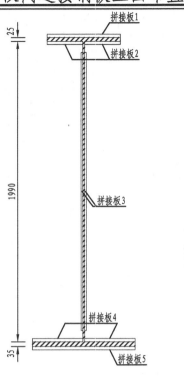

腹板接头螺栓布置

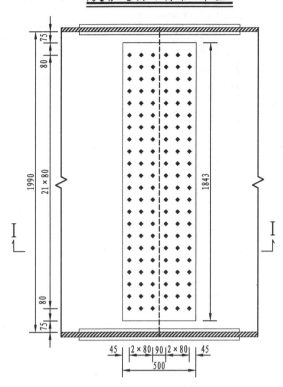

上翼缘板接头螺栓布置

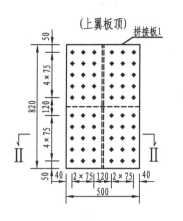

下翼缘板接头螺栓布置

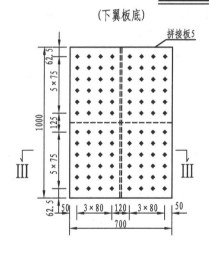

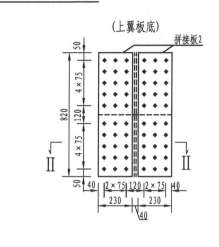

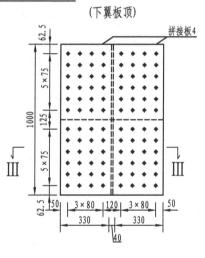

I—I

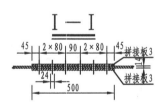

II—II

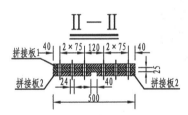

III—III

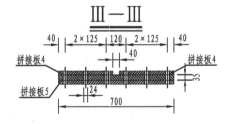

高强度螺栓构造图

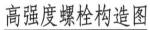

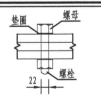

拼接段材料数量表

编号	名称	钢材牌号	规格(mm×mm)	板厚/长度(mm)	钢梁数量(个)	钢梁重量(kg)	防腐面积(m²)	单个拼接段(kg)
1	拼接板(上翼板)	Q345qE	500×820	16	1	51.5	0.82	板厚22mm: 234.9 板厚16mm: 98.9 板厚12mm: 173.6 防腐面积m²: 7.94
2			230×820	16	2	47.4	0.75	
3	拼接板(腹板)		500×1843	12	2	173.6	3.69	
4	拼接板(下翼板)		330×1000	22	2	114.0	1.32	
5			700×1000	22	1	120.9	1.40	
6	高强度螺栓	—	M22×125	—	288	—	—	288套

注：
1、图中单位除注明者外，余均以毫米计。
2、高强度螺栓为摩擦型连接，出厂时其接触面摩擦系数不小于0.55。
3、制作段接头位置见制作段构造图。

钢-混工字组合梁上部结构通用图	荷载标准: 公路—Ⅰ级	连续40m 斜度: 0°
钢-混工字组合梁拼接构造图	桥面宽度: 13.0m、16.5m	图号: ST-GL-04-37

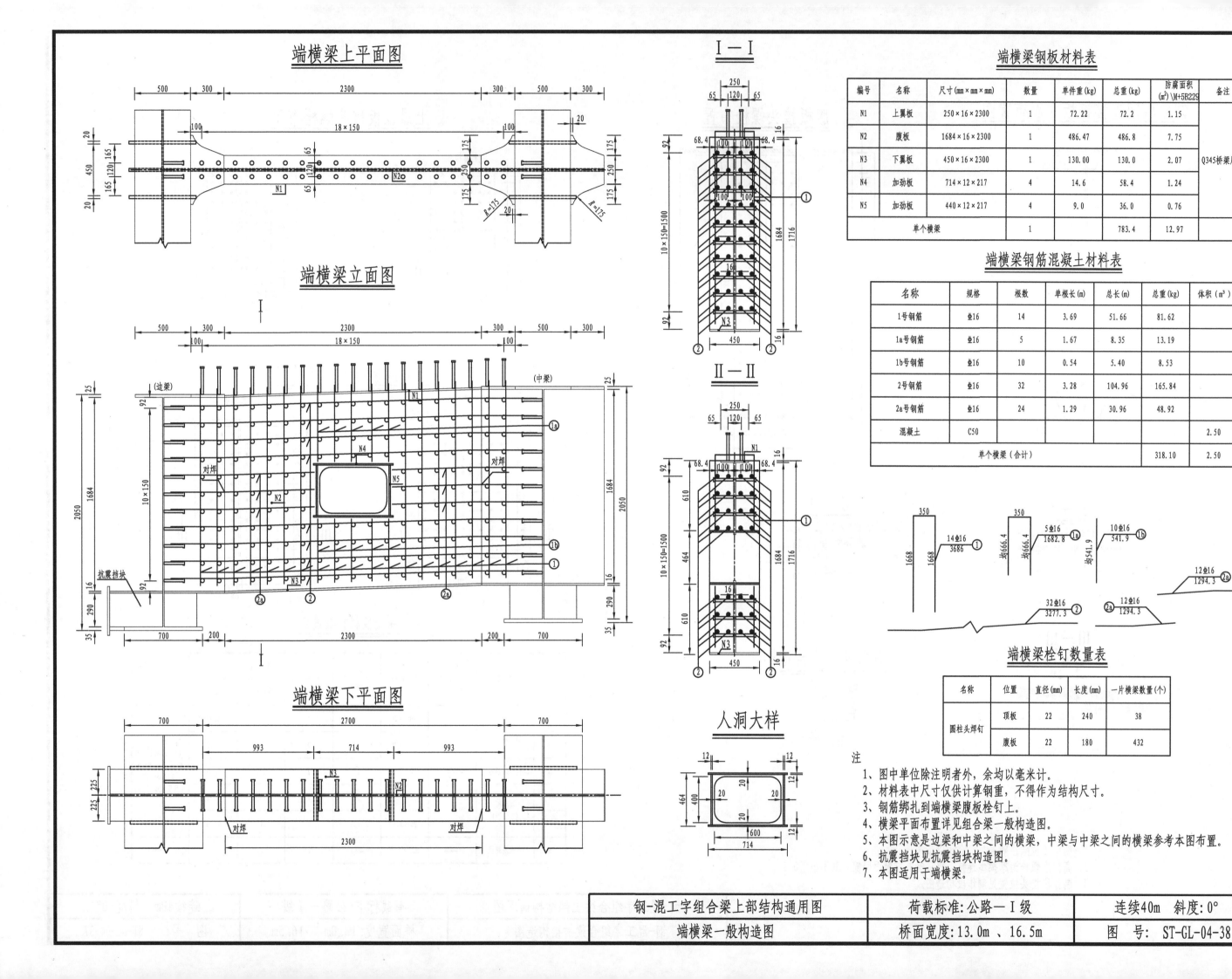

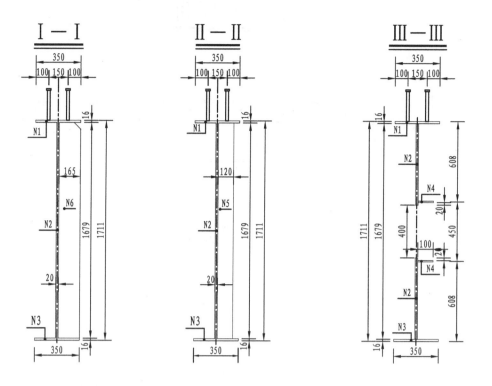

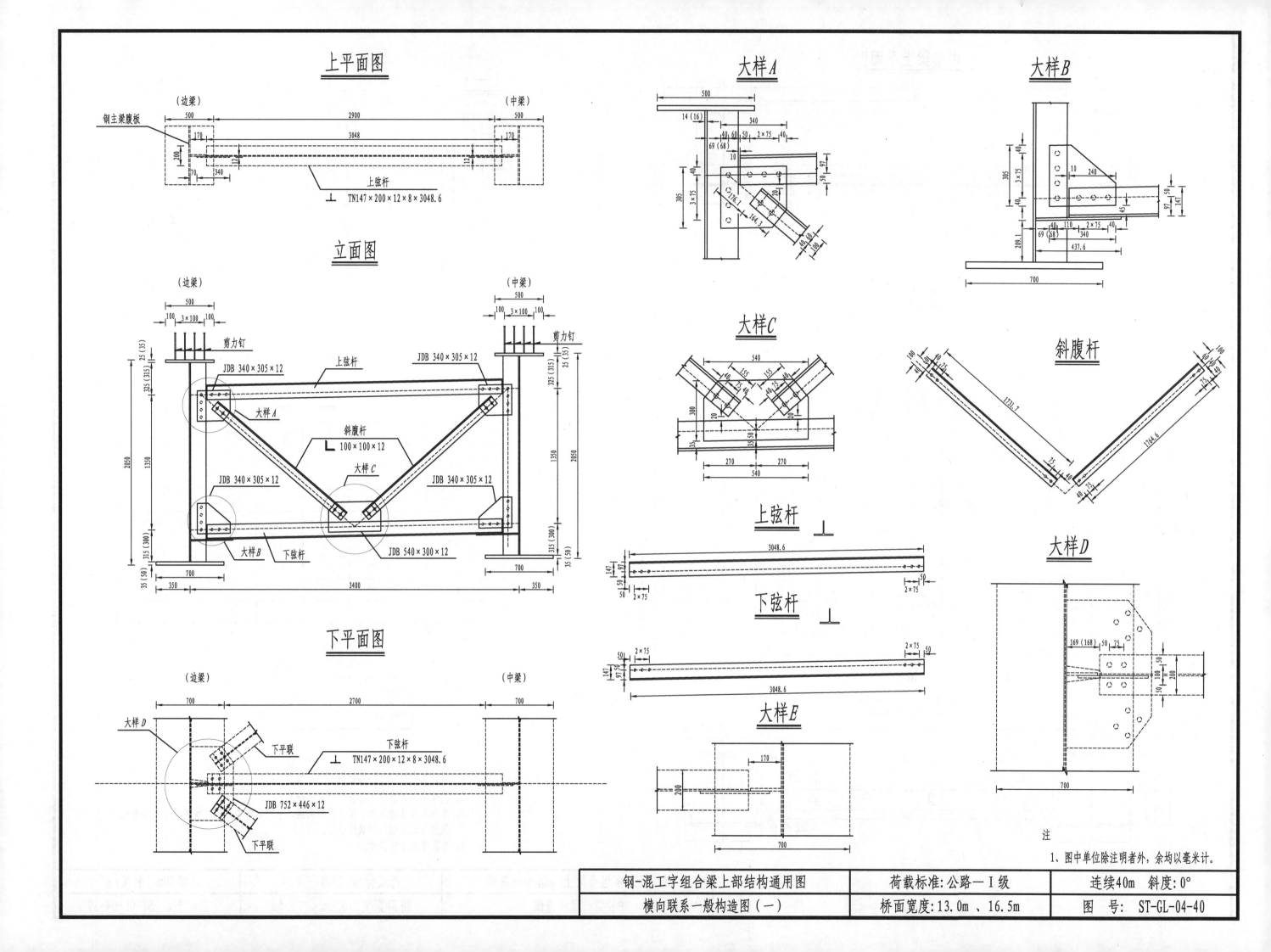

横向联系材料表 (3×40m)

名称	尺寸(mm)	数量	单件重(kg)	总重(kg)	防腐(m²)	备注
T型钢	147×200×12×8×3048.6	2	85.06	170.11	4.2	Q345D
角钢	100×100×12×1731.7	1	30.99	30.99	0.7	Q345D
	100×100×12×1764.6	1	31.58	31.58	0.7	
节点板	340×305×12	4	9.77	39.07	0.8	Q345qE
	540×300×12	1	15.26	15.26	0.3	
单幅一孔合计		T型钢	3572.35	142.5		
		角钢	1314.11			
		节点板	1141.03			
		M22高强度螺栓(套)	756			

注
1、图中单位除注明者外，余均以毫米计。
2、材料表中尺寸仅供计算钢重，不得作为结构尺寸。
3、螺栓采用M22摩擦型高强度螺栓。
4、括号外为主梁标准段尺寸，括号内为主梁加厚段尺寸。

钢-混工字组合梁上部结构通用图	荷载标准：公路—I级	连续40m 斜度：0°
横向联系一般构造图（二）	桥面宽度：13.0m、16.5m	图号：ST-GL-04-41

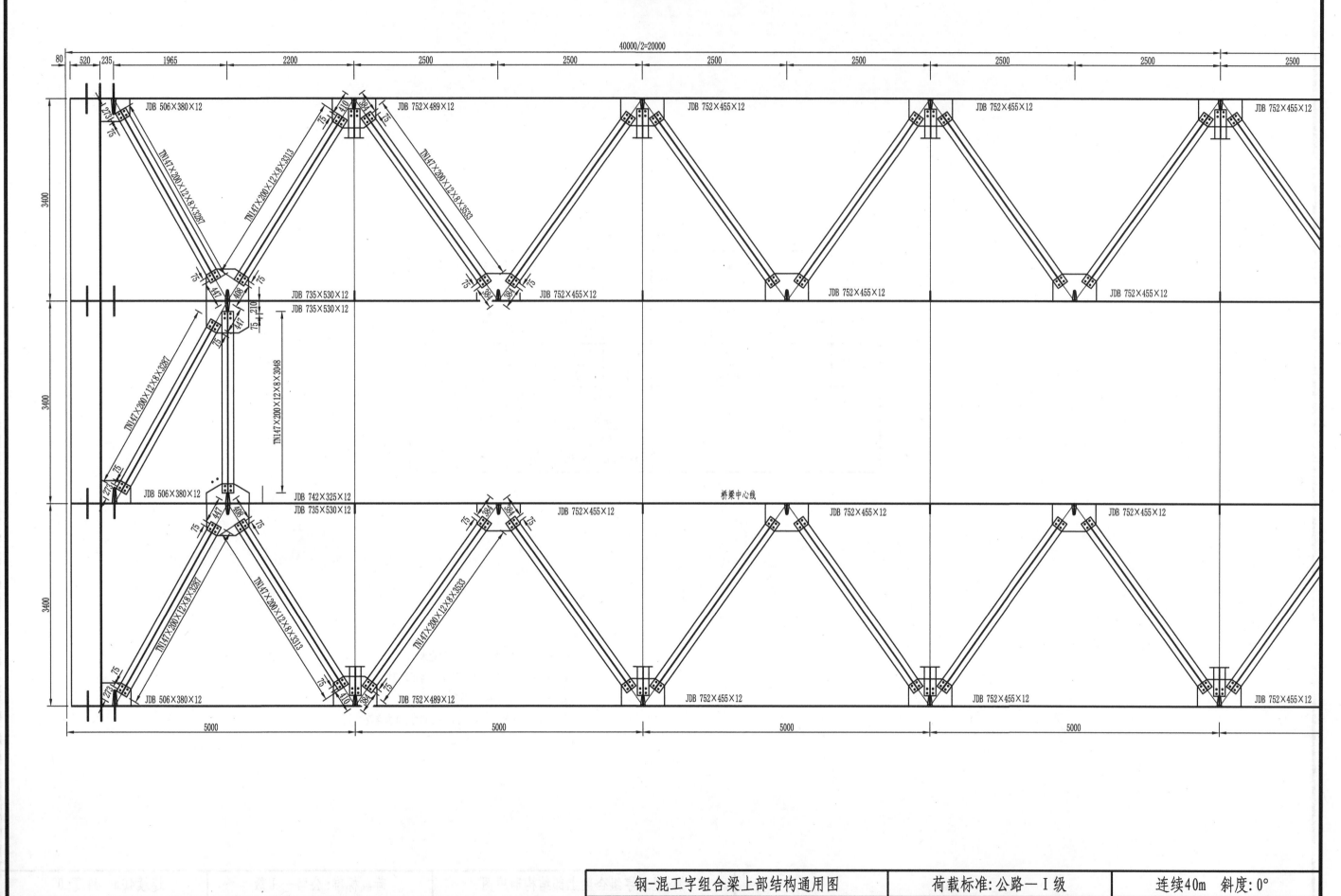

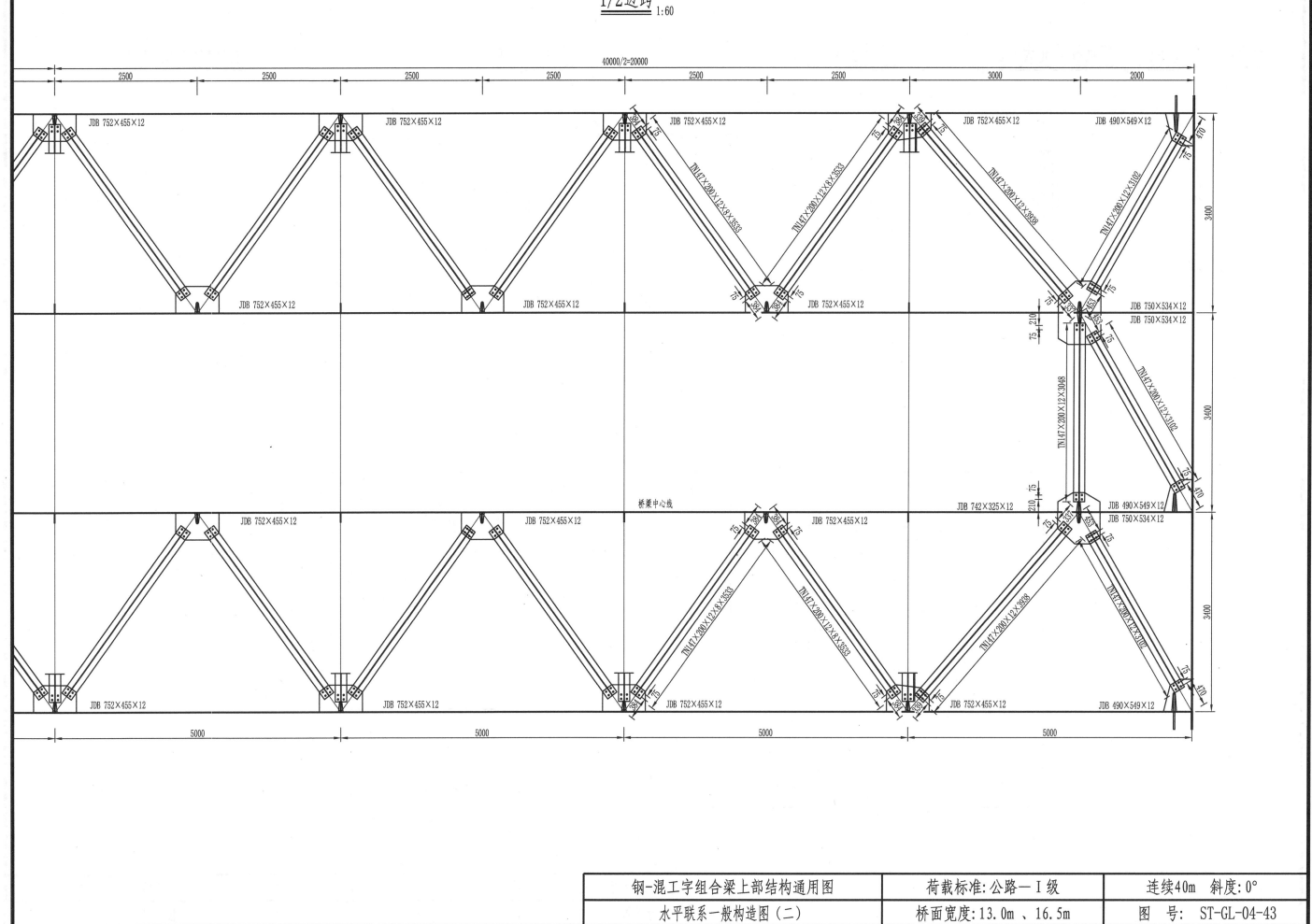

节点板开孔大样1 1:10　　节点板开孔大样2 1:10　　节点板开孔大样3 1:10　　　　　节点板大样 1:10　　　　　节点板开孔大样4 1:10

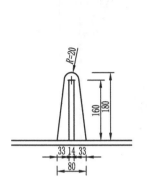
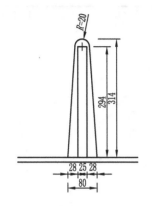
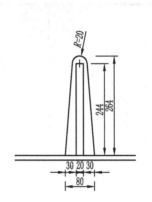
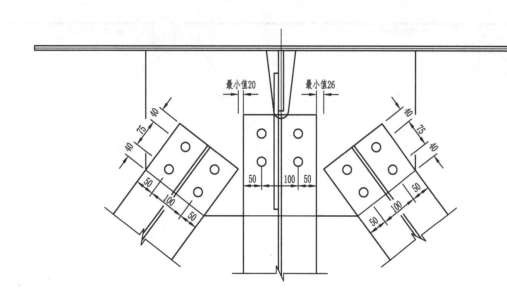
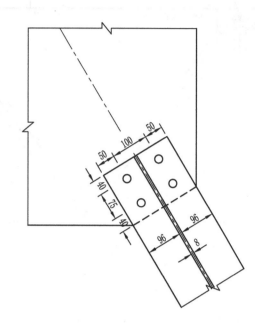

边跨平联材料表

名称	尺寸(mm)	数量	单件重(kg)	总重(kg)	防腐(m²)	备注
T型钢	TN147×200×12×8×3287	3	91.71	275.13	91.5	Q345D
	TN147×200×12×8×3313	2	92.43	184.86		
	TN147×200×12×8×3048	2	85.04	170.08		
	TN147×200×12×8×3533	24	98.57	2365.68		
	TN147×200×12×8×3938	2	109.87	219.74		
	TN147×200×12×8×3102	4	86.55	346.20		
节点板	506×380×12	3	18.11	54.33	28.5	Q345桥梁用钢
	752×489×12	2	34.64	69.28		
	735×530×12	4	36.70	146.80		
	742×325×12	2	22.72	45.44		
	752×455×12	24	32.23	773.52		
	490×549×12	4	25.34	101.36		
	750×534×12	4	37.73	150.92		
单幅一孔边跨合计		T型钢	3646.73		120.0	
		钢板	1341.66			
		M22高强度螺栓(套)	344			

中跨平联材料表

名称	尺寸(mm)	数量	单件重(kg)	总重(kg)	防腐(m²)	备注
T型钢	TN147×200×12×8×3048	2	85.04	170.08	87.7	Q345D
	TN147×200×12×8×3533	24	98.57	2365.68		
	TN147×200×12×8×3938	4	109.87	439.48		
	TN147×200×12×8×3102	6	86.55	519.30		
节点板	742×325×12	2	22.72	45.44	26.8	Q345桥梁用钢
	752×455×12	26	32.23	837.98		
	490×549×12	6	25.34	152.04		
	750×534×12	6	37.73	226.38		
单幅一孔中跨合计		T型钢	3494.54		114.5	
		钢板	1261.84			
		M22高强度螺栓(套)	344			

注
1、图中单位除注明者外，余均以毫米计。
2、材料表中尺寸仅供计算钢重，不得作为结构尺寸。
3、螺栓采用M22摩擦型高强度螺栓。

钢-混工字组合梁上部结构通用图	荷载标准:公路—Ⅰ级	连续40m　斜度:0°
水平联系一般构造图（三）	桥面宽度:13.0m、16.5m	图　号：ST-GL-04-44

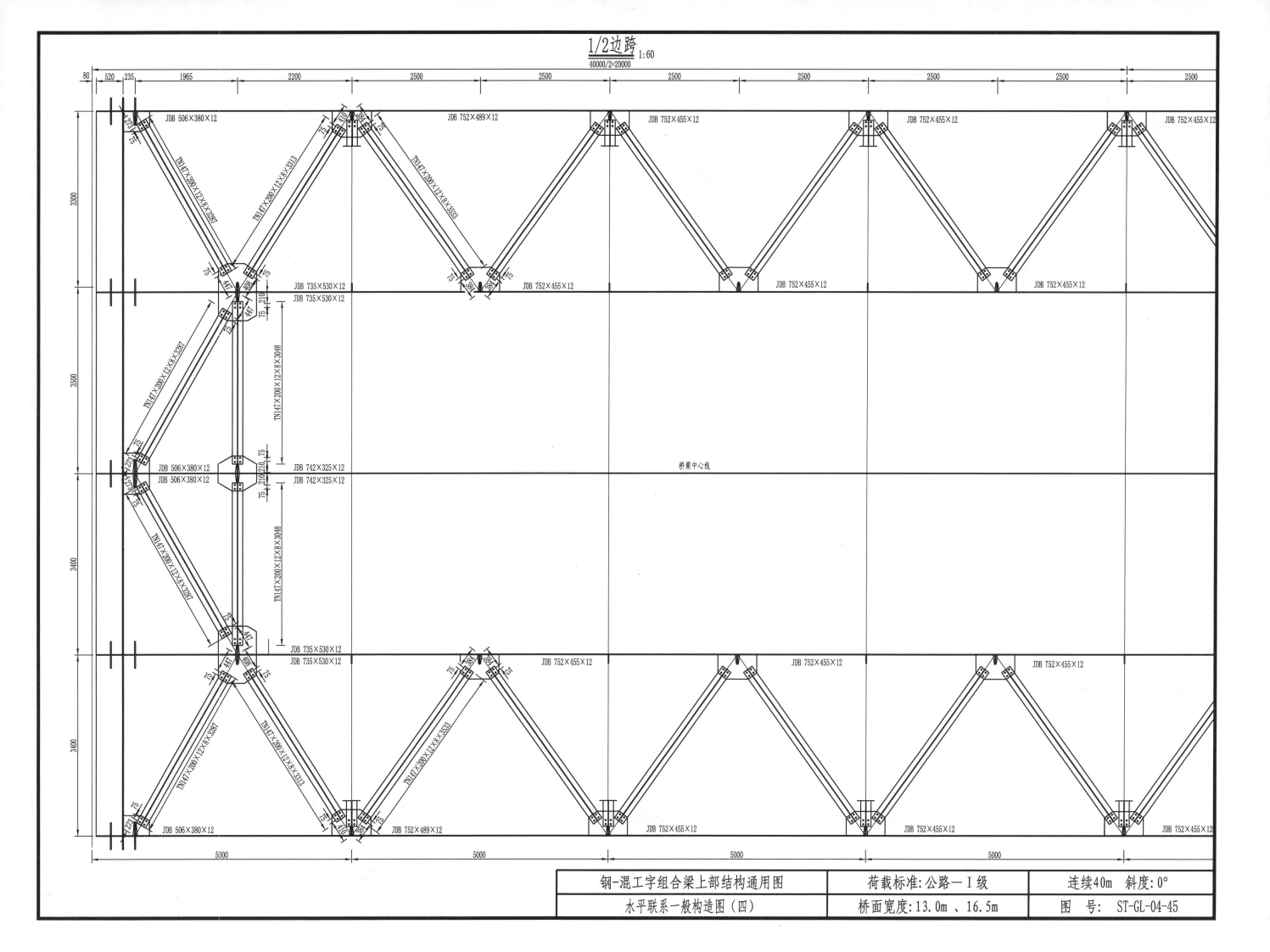

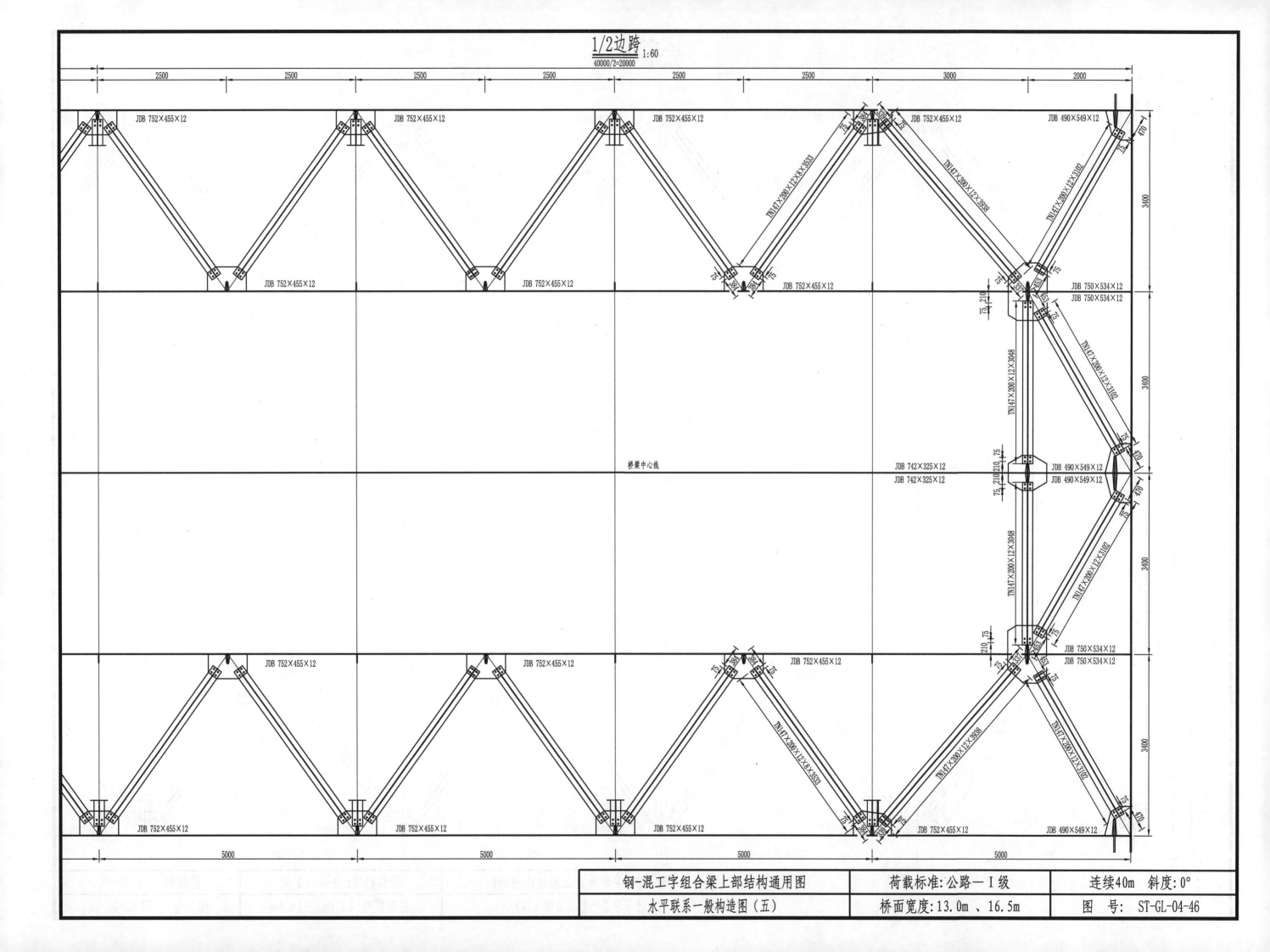

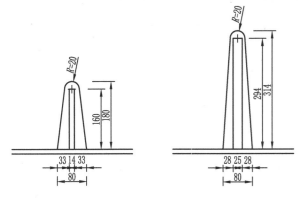

节点板开孔大样1 1:10　　节点板开孔大样2 1:10　　节点板开孔大样3 1:10

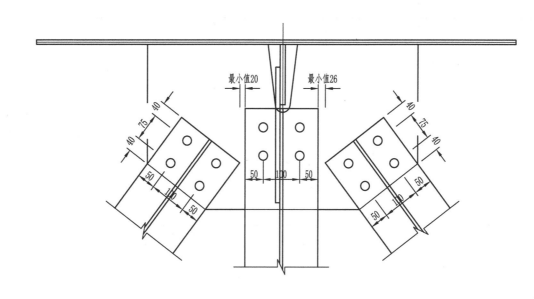

节点板大样 1:10

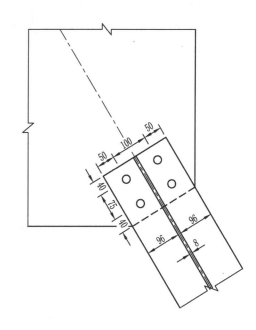

节点板开孔大样4 1:10

边跨平联材料表

名称	尺寸(mm)	数量	单件重(kg)	总重(kg)	防腐(m²)	备注
T型钢	TN147×200×12×8×3287	4	91.71	366.83	95.9	Q345D
	TN147×200×12×8×3313	2	92.43	184.87		
	TN147×200×12×8×3048	4	85.04	340.16		
	TN147×200×12×8×3533	24	98.57	2365.70		
	TN147×200×12×8×3938	2	109.87	219.74		
	TN147×200×12×8×3102	4	86.55	346.18		
节点板	506×380×12	4	18.11	72.45	29.8	Q345 桥梁用钢
	752×489×12	2	34.64	69.28		
	735×530×12	4	36.70	146.78		
	742×325×12	4	22.72	90.87		
	752×455×12	24	32.23	773.56		
	490×549×12	4	25.34	101.36		
	750×534×12	4	37.73	150.91		
单幅一孔边跨合计	T型钢		3823.47		125.7	
	钢板		1405.21			
	M22高强度螺栓(套)		376			

中跨平联材料表

名称	尺寸(mm)	数量	单件重(kg)	总重(kg)	防腐(m²)	备注
T型钢	TN147×200×12×8×3048	4	85.04	340.16	96.3	Q345D
	TN147×200×12×8×3533	24	98.57	2365.70		
	TN147×200×12×8×3938	4	109.87	439.48		
	TN147×200×12×8×3102	8	86.55	692.37		
节点板	742×325×12	4	22.72	45.43	26.8	Q345 桥梁用钢
	752×455×12	26	32.23	838.02		
	490×549×12	8	25.34	152.04		
	750×534×12	8	37.73	226.36		
单幅一孔中跨合计	T型钢		3837.70		113.1	
	钢板		1261.86			
	M22高强度螺栓(套)		376			

注：
1、图中单位除注明外，余均以毫米计。
2、材料表中尺寸仅供计算钢重，不得作为结构尺寸。
3、螺栓采用M22摩擦型高强度螺栓。

钢-混工字组合梁上部结构通用图	荷载标准：公路—Ⅰ级	连续40m　斜度：0°
水平联系一般构造图（六）	桥面宽度：13.0m、16.5m	图号：ST-GL-04-47

制作段A剪力钉布置图

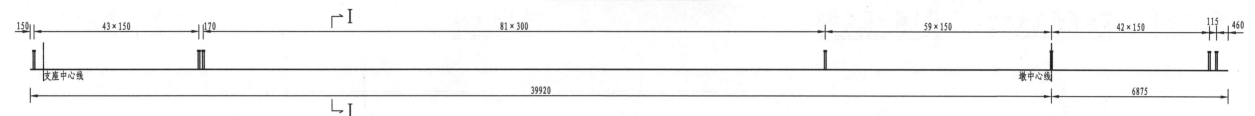

制作段B剪力钉布置图

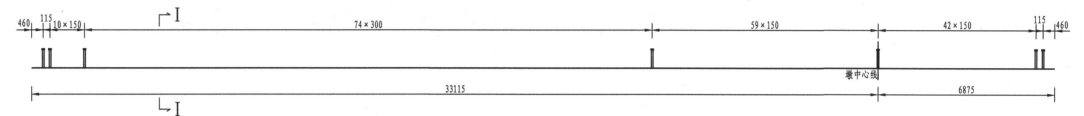

制作段C剪力钉布置图

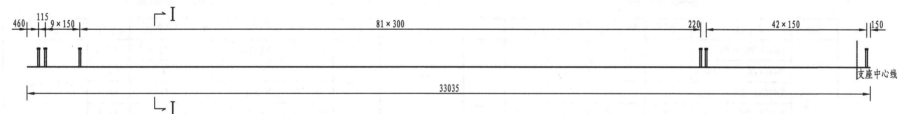

I – I

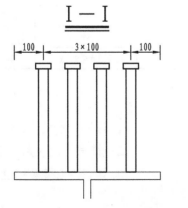

单幅一联主梁栓钉数量表

制作段	单个制作段栓钉个数（个）
制作段A	912
制作段B	752
制作段C	542
拼接板	4

剪力钉构造细节布置

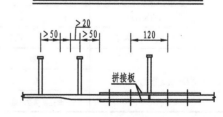

注
1、图中单位除注明者外，余均以毫米计。
2、剪力钉采用Φ22×240圆柱头焊钉。

钢-混工字组合梁上部结构通用图	荷载标准:公路—Ⅰ级	连续40m 斜度：0°
剪力钉布置图	桥面宽度:13.0m、16.5m	图 号：ST-GL-04-48

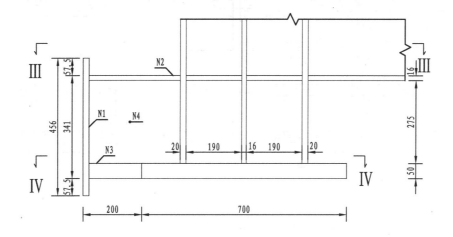

抗震挡块材料表（端横梁）

编号	名称	尺寸(mm×mm×mm)	数量	单位重(kg)	总重(kg)	防腐面积(m²)	备注
N1	抗震挡块	500×20×456	1	35.8	35.8	0.46	
N2	抗震挡块	450×16×523	1	29.6	29.6	0.47	Q345桥梁用钢
N3	抗震挡块	450×35×180	1	22.3	22.3	0.16	
N4	抗震挡块	290×20×523	1	27.9	27.9	0.28	
单个抗震块			1		115.5	1.4	

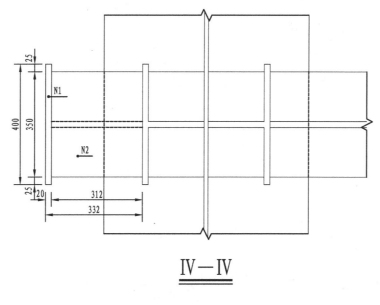

抗震挡块材料表（中横梁）

编号	名称	尺寸(mm×mm×mm)	数量	单位重(kg)	总重(kg)	防腐面积(m²)	备注
N1	抗震挡块	650×20×456	1	46.5	46.5	0.59	
N2	抗震挡块	600×16×522	1	39.3	39.3	0.63	Q345桥梁用钢
N3	抗震挡块	450×50×180	1	31.8	31.8	0.16	
N4	抗震挡块	275×25×522	1	28.2	28.2	0.29	
单个抗震块			1		145.8	1.7	

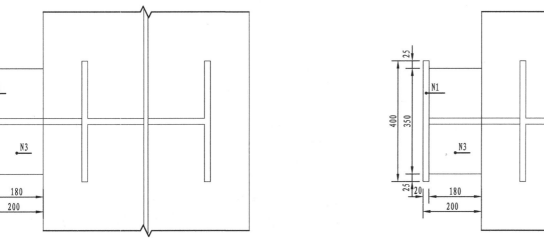

注：
1、图中单位除注明者外，余均以毫米计。
2、材料表中尺寸仅供计算钢重，不得作为结构尺寸。

钢-混工字组合梁上部结构通用图	荷载标准：公路—Ⅰ级	连续40m 斜度：0°
抗震挡块构造图	桥面宽度：13.0m、16.5m	图号：ST-GL-04-49

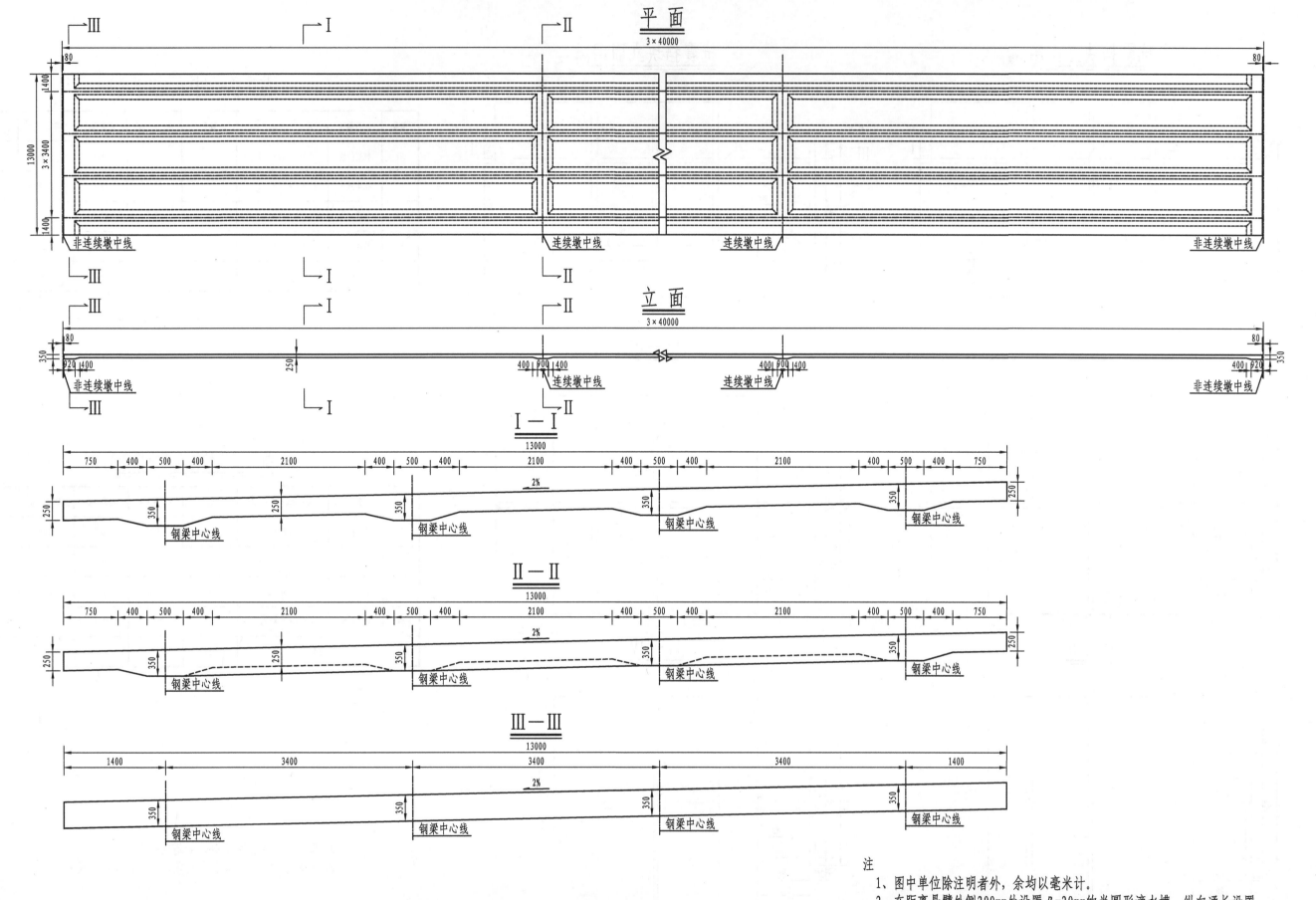

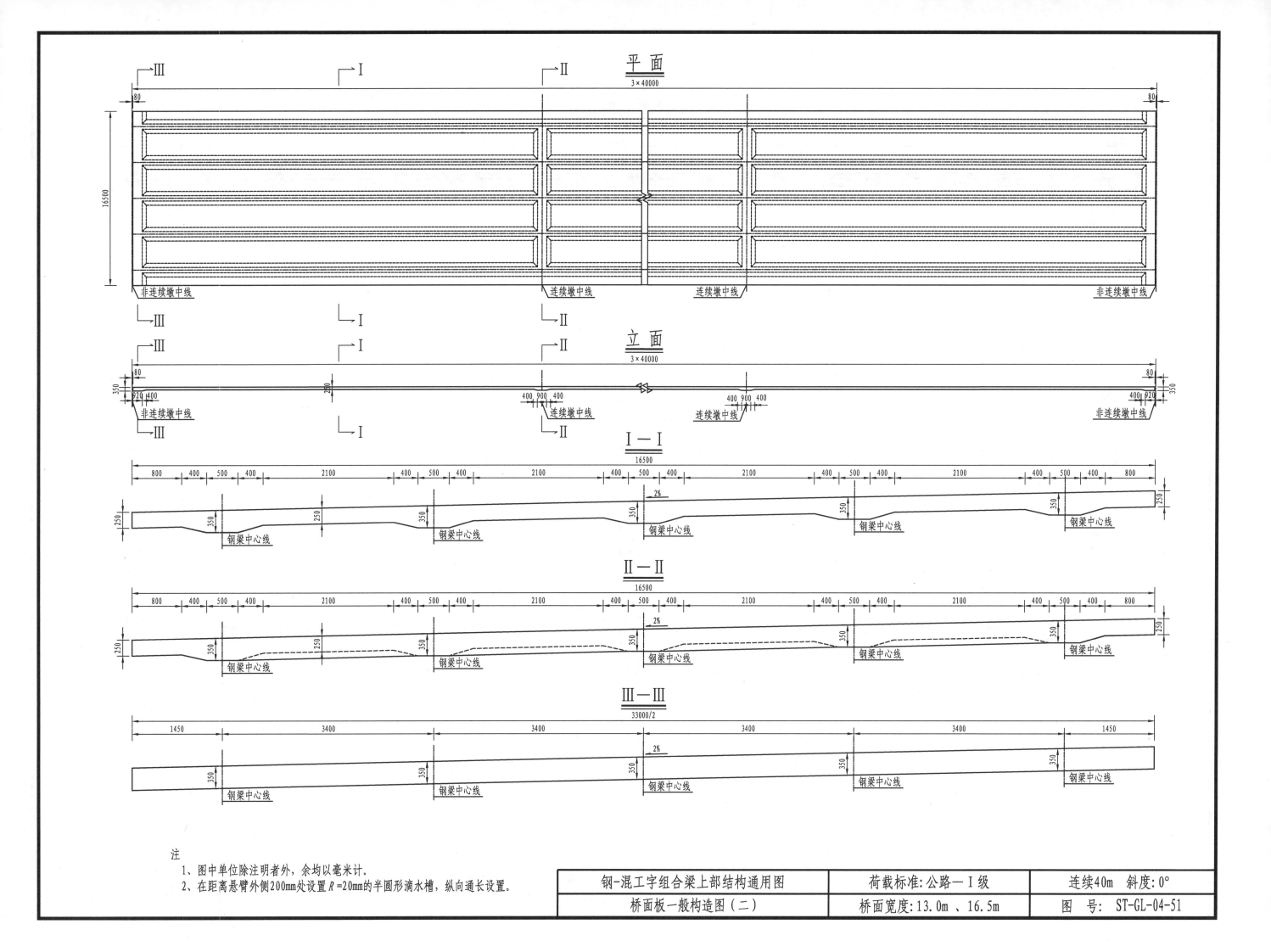

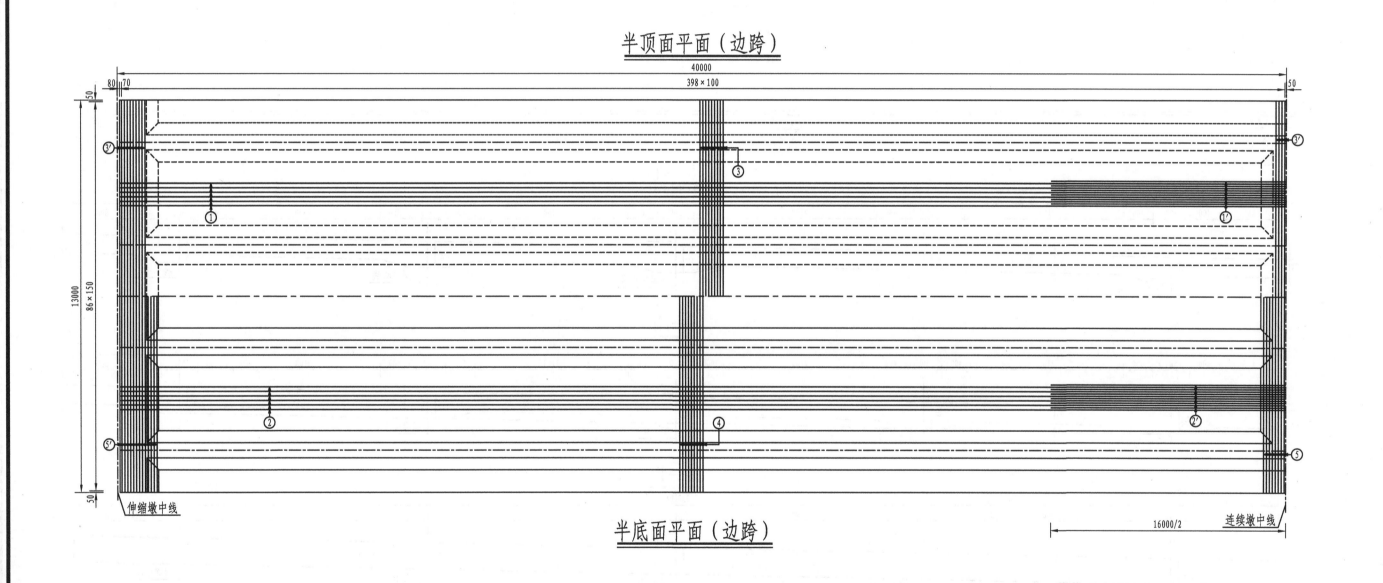

钢-混工字组合梁上部结构通用图	荷载标准：公路—Ⅰ级	连续40m 斜度：0°
桥面板钢筋一般构造图（一）	桥面宽度：13.0m、16.5m	图号：ST-GL-04-52

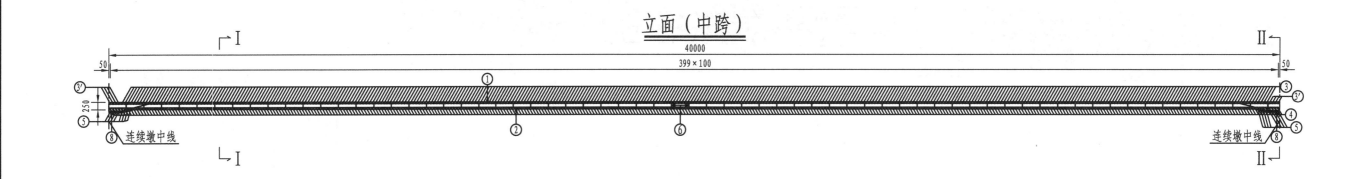

立面(中跨)

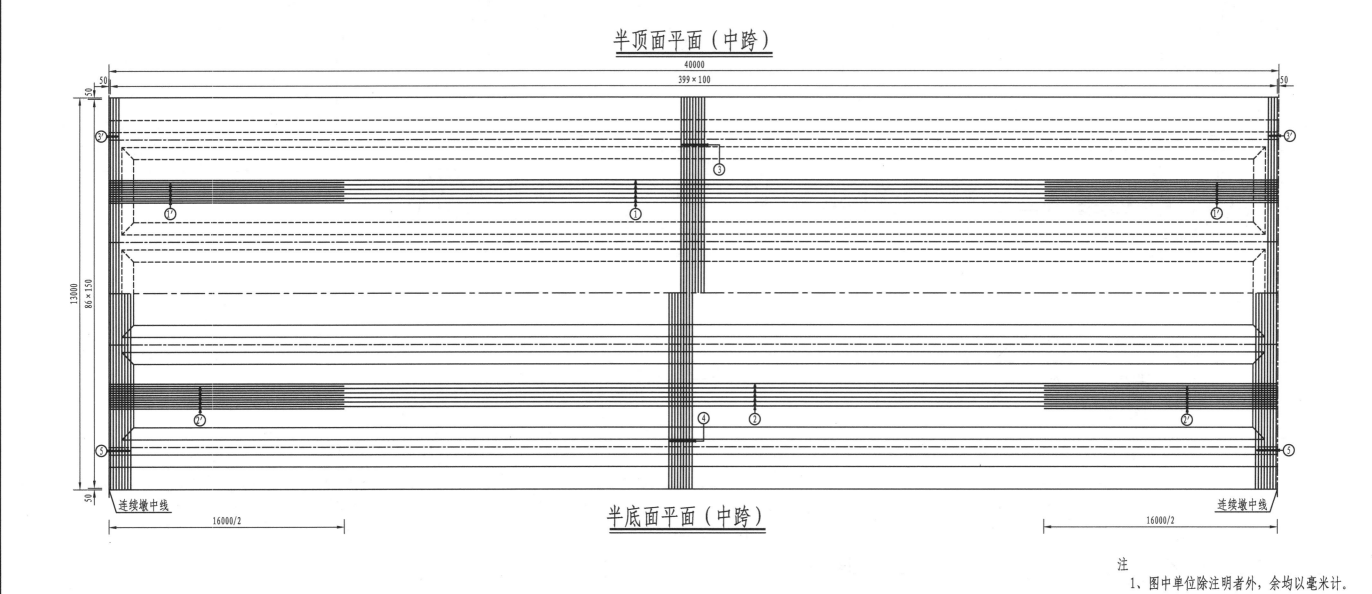

半顶面平面(中跨)

半底面平面(中跨)

注
1、图中单位除注明者外,余均以毫米计。

钢-混工字组合梁上部结构通用图	荷载标准:公路—Ⅰ级	连续40m 斜度:0°
桥面板钢筋一般构造图(二)	桥面宽度:13.0m、16.5m	图号: ST-GL-04-53

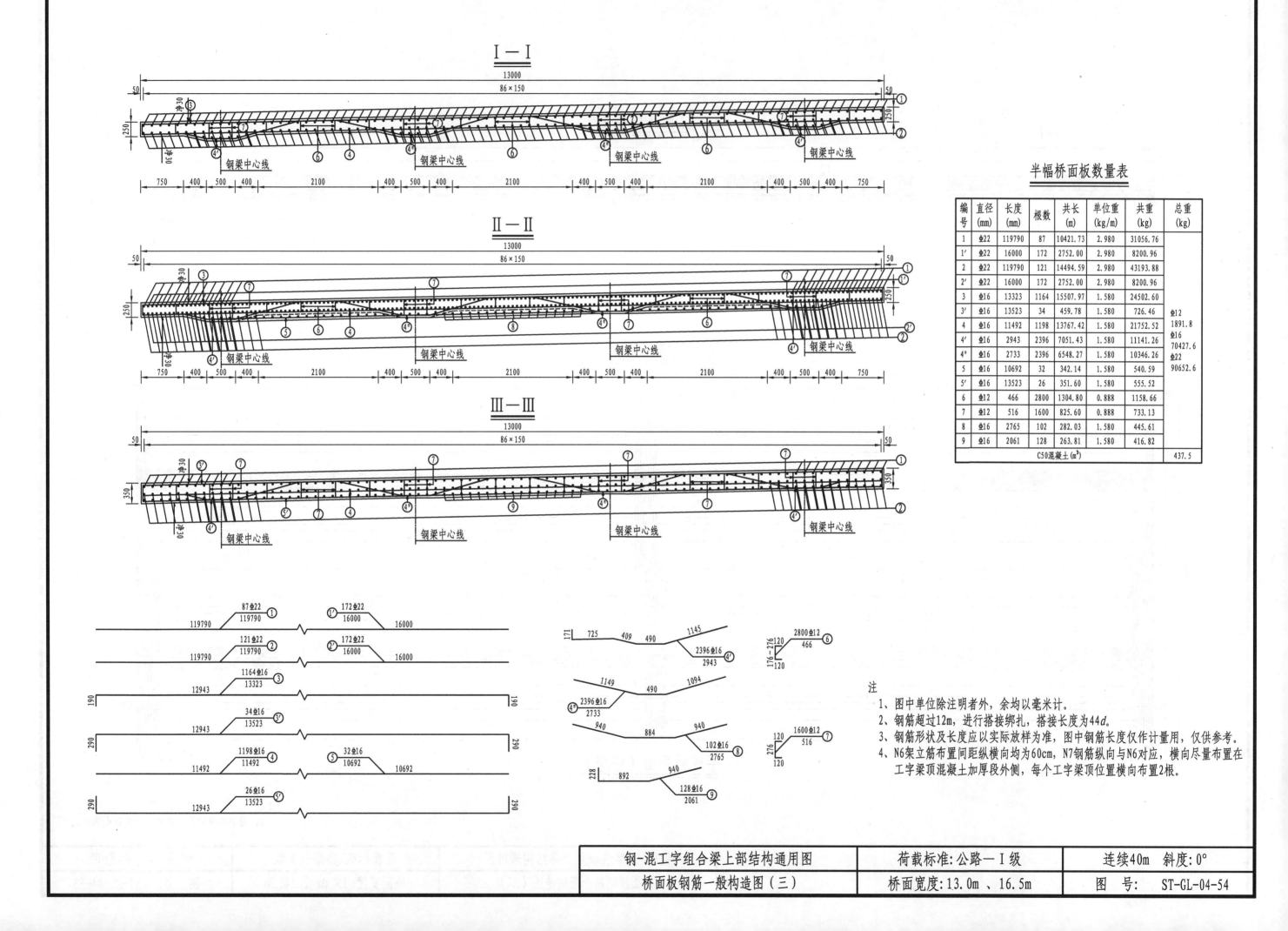

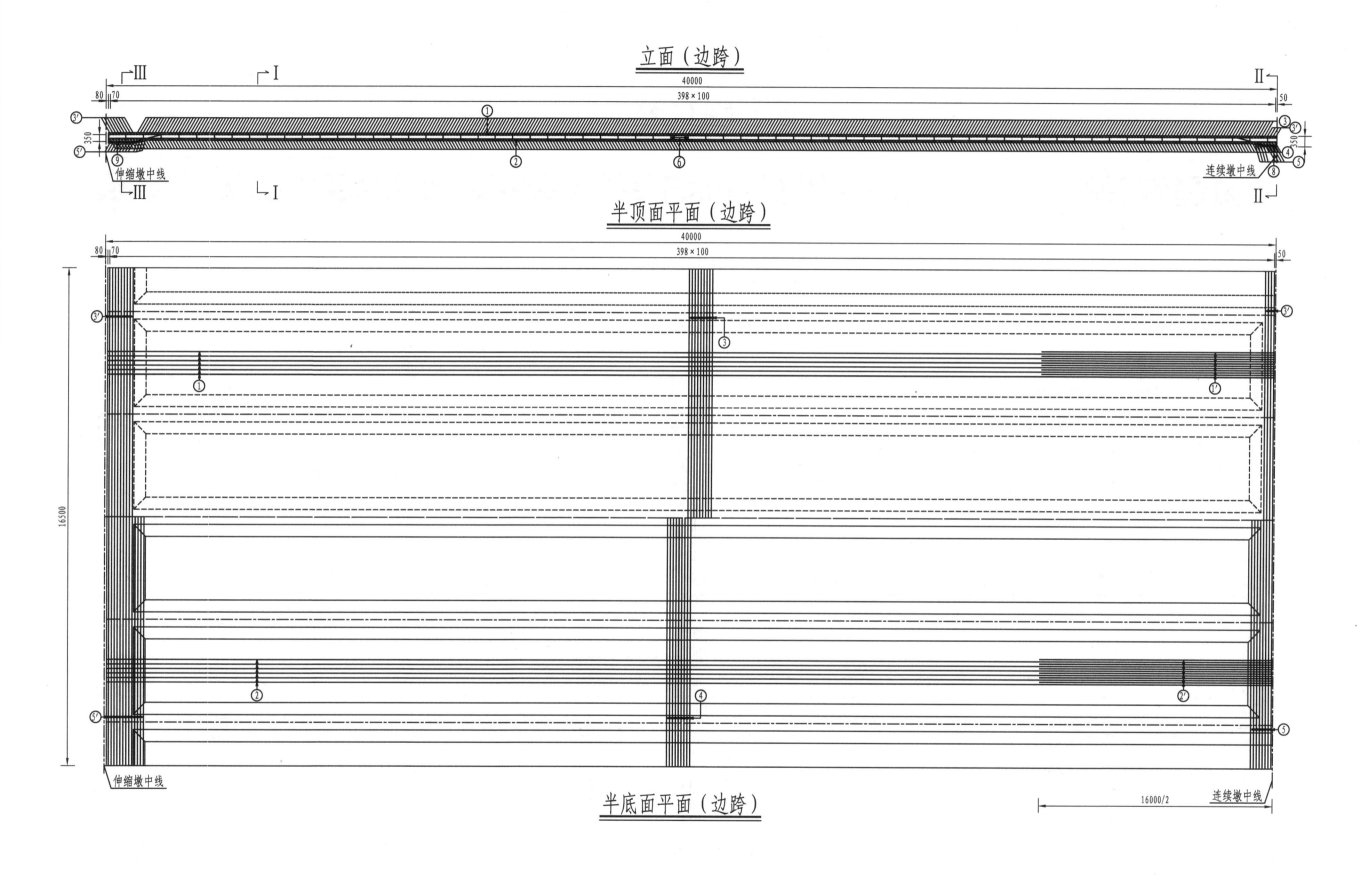

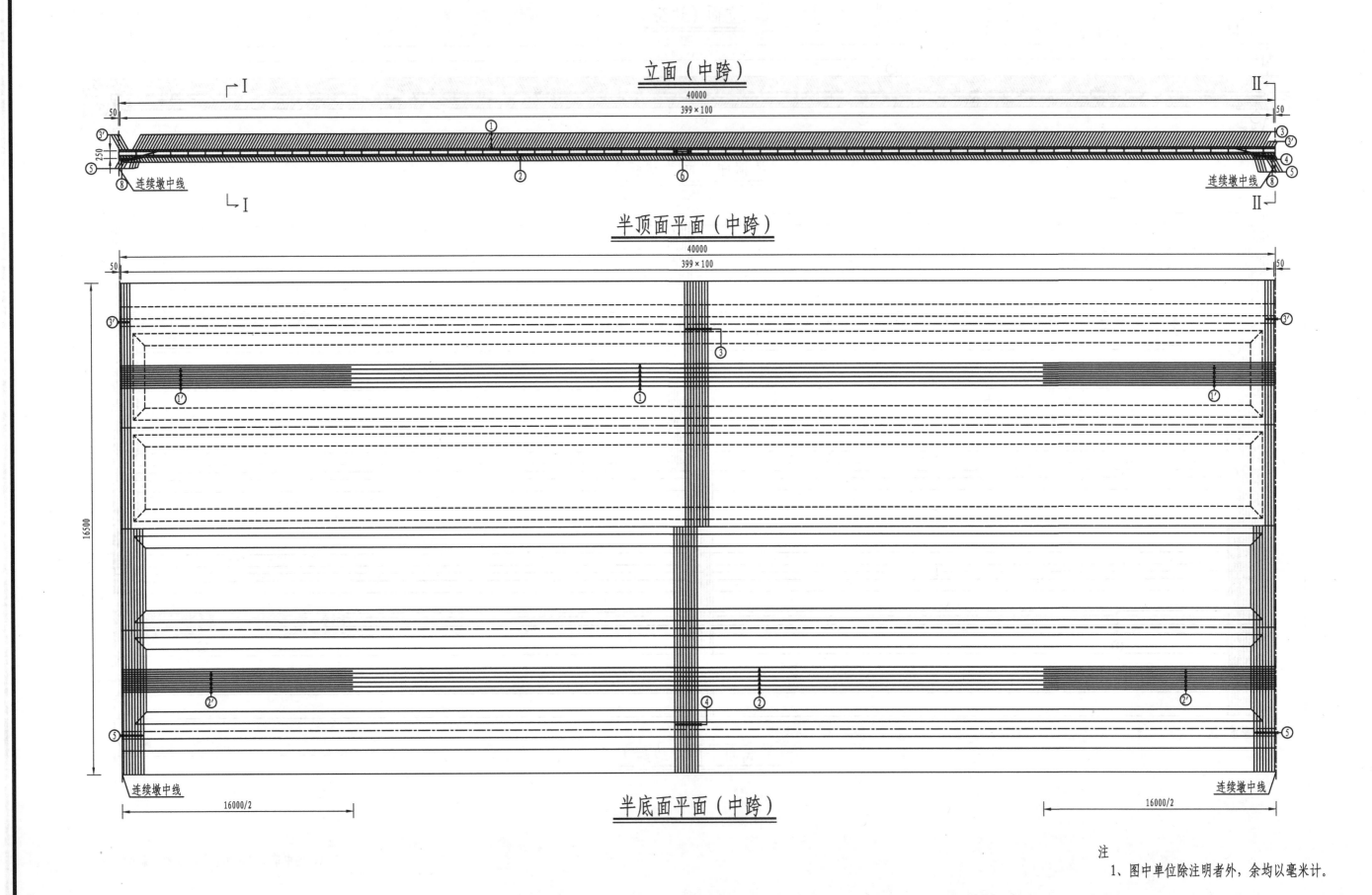

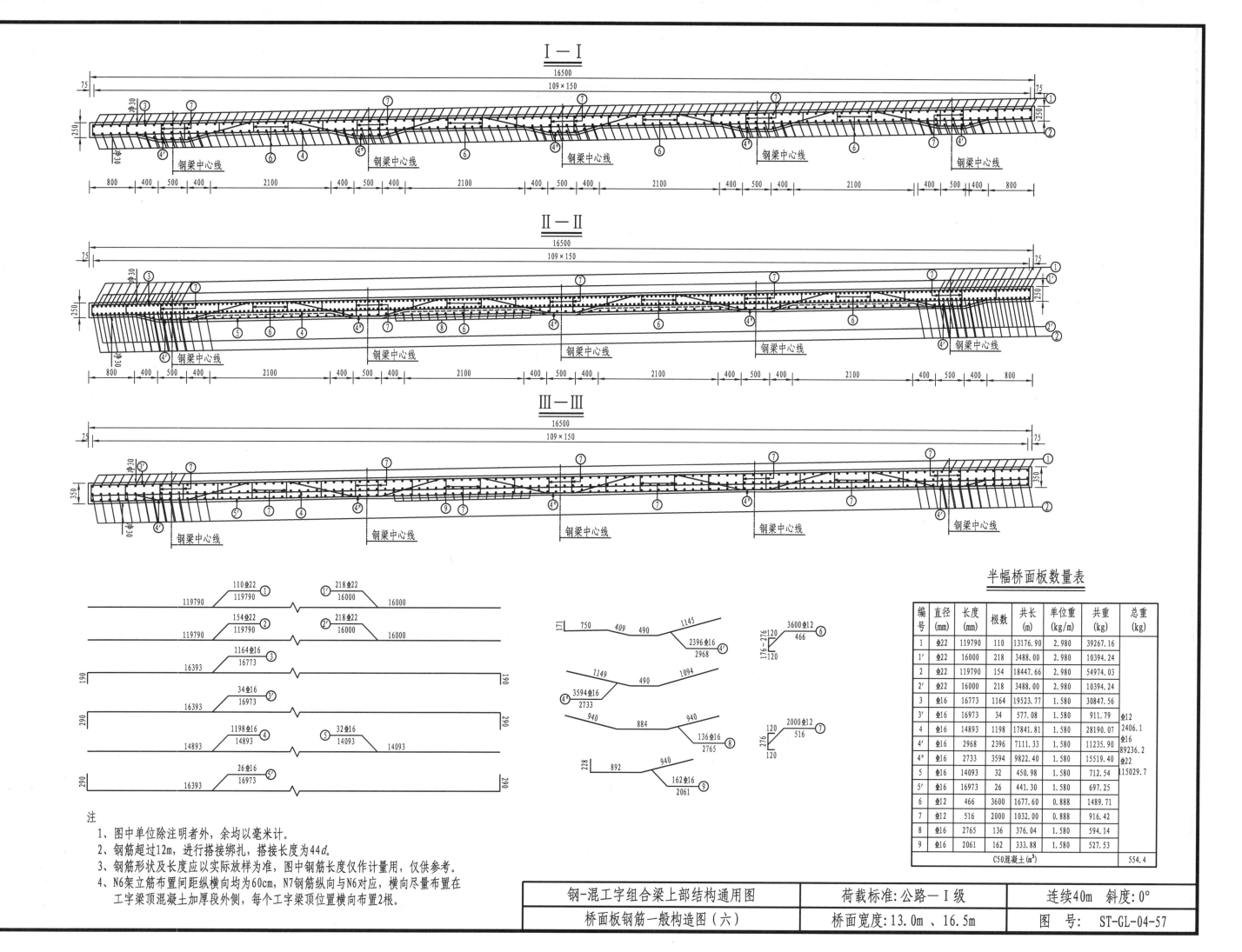

预拱度曲线

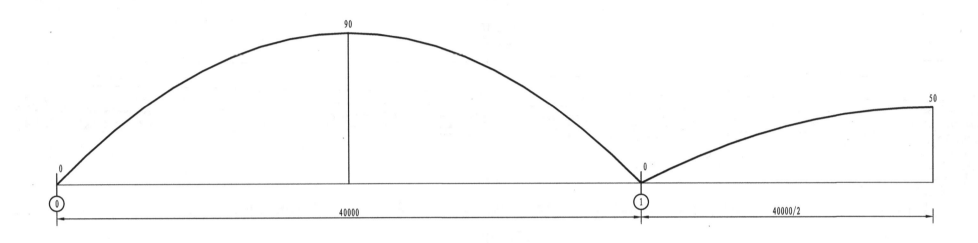

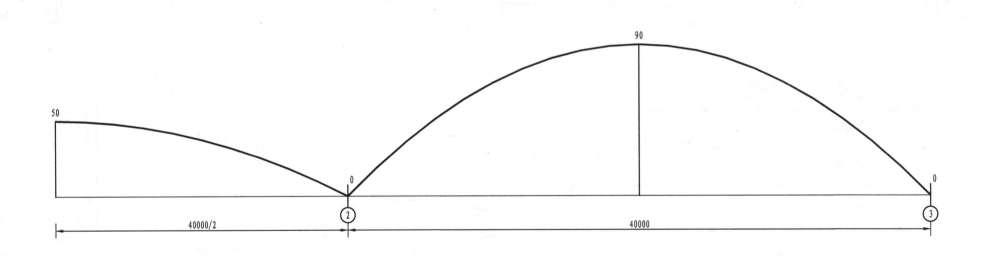

注
1、图中单位除注明者外，余均以毫米计。
2、主梁预拱度按二次抛物线变化，应严格按坐标放样制作，不得以直代曲。
3、施工放样时的梁底标高=钢箱中心线处桥面设计高-结构厚+荷载预拱度。

钢-混工字组合梁上部结构通用图	荷载标准：公路—Ⅰ级	连续40m 斜度：0°
预拱度设置示意图	桥面宽度：13.0m、16.5m	图 号： ST-GL-04-58

端横梁支座示意图

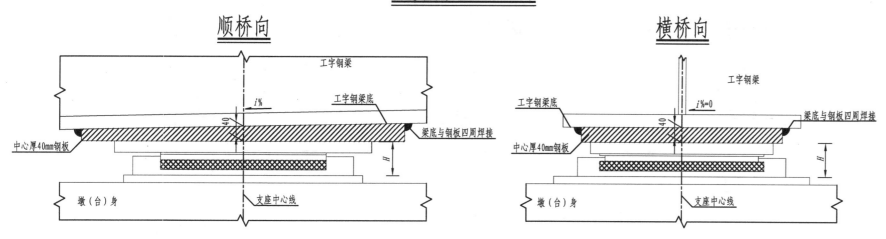

梁底楔形钢板平面

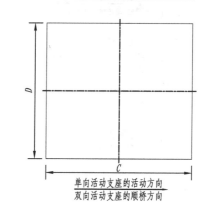

中横梁支座示意图

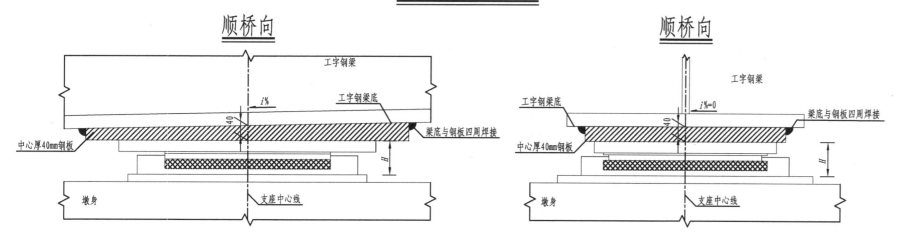

梁底楔形钢板构造图

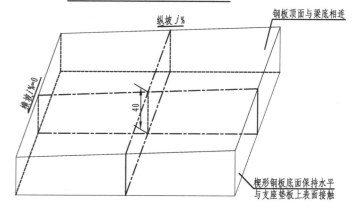

支座上钢板大样图

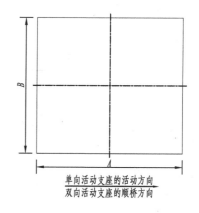

注：
1、图中单位除注明者外，余均以毫米计。
2、支座布置平面示意详见"支座平面布置图（二）"。
3、梁底楔形钢板应根据其下支座的构造和位置，焊接在梁底部；钢板与梁底采用四周焊；梁底楔形钢板与支座上钢板先用粘钢胶黏结，24h后周边再分段焊在一起，焊缝厚8mm，每段焊缝长度5cm。
4、要求活动支座成品在常温下其摩擦系数 $\tau \leqslant 0.04$。耐寒型盆式支座应采用天然橡胶，聚四氟乙烯板应用5201-2硅脂润滑，支座各部件尺寸材料详见产品说明书。
5、梁底楔形钢板采用A3钢板，中心厚40mm。楔形钢板底部必须水平，钢板应进行热浸镀锌处理。
6、《支座平面布置图》共两张，配合使用。

钢-混工字组合梁上部结构通用图	荷载标准：公路—Ⅰ级	连续40m 斜度：0°
支座平面布置图（一）	桥面宽度：13.0m、16.5m	图 号：ST-GL-04-59

支座平面布置示意图 (桥宽13m)

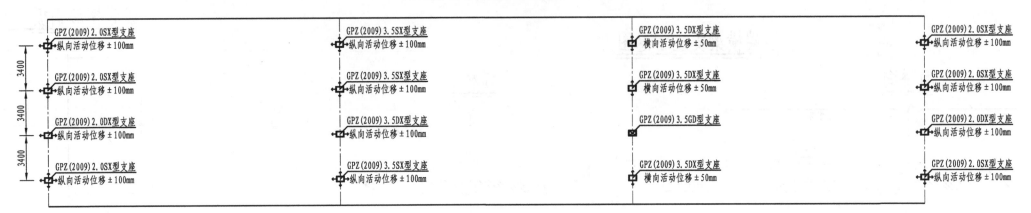

支座平面布置示意图 (桥宽16.5m)

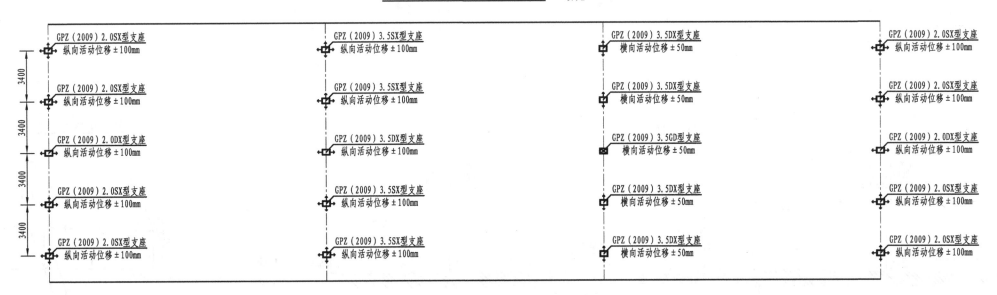

支座设计参数表(桥宽13m)

序号	支座型号	位移量(mm)	支座安装高度(mm)	支座垫板大小(mm) A	支座垫板大小(mm) B	数量
1	GPZ(2009)3.5GD		115	530	530	1
2	GPZ(2009)3.5DX	±50	125	625	585	3
3	GPZ(2009)3.5DX	±100	135	725	585	1
4	GPZ(2009)3.5SX	±100	125	690	530	3
5	GPZ(2009)2.0DX	±100	115	605	460	2
6	GPZ(2009)2.0SX	±100	105	575	430	6

梁底焊接钢板数量表(桥宽13m)

支座序号	钢板规格 C×D×Z (mm×mm×mm)	件数	单位重(kg)	共重(kg)	防腐面积(m²)
1	750×650×40	1	153.1	153.1	0.98
2	750×650×40	3	153.1	459.2	2.93
3	750×650×40	1	153.1	153.1	0.98
4	750×650×40	3	153.1	459.2	2.93
5	650×550×40	2	112.3	224.5	1.43
6	650×550×40	6	112.3	673.5	4.29
合计	A3钢板			2122.6	13.52

支座设计参数表(桥宽16.5m)

序号	支座型号	位移量(mm)	支座安装高度(mm)	支座垫板大小(mm) A	支座垫板大小(mm) B	数量
1	GPZ(2009)3.5GD		115	530	530	1
2	GPZ(2009)3.5DX	±50	125	625	585	4
3	GPZ(2009)3.5DX	±100	135	725	585	1
4	GPZ(2009)3.5SX	±100	125	690	530	4
5	GPZ(2009)2.0DX	±100	115	605	460	2
6	GPZ(2009)2.0SX	±100	105	575	430	8

梁底焊接钢板数量表(桥宽16.5m)

支座序号	钢板规格 C×D×Z (mm×mm×mm)	件数	单位重(kg)	共重(kg)	防腐面积(m²)
1	750×650×40	1	153.1	153.1	0.98
2	750×650×40	4	153.1	612.4	3.92
3	750×650×40	1	153.1	153.1	0.98
4	750×650×40	4	153.1	612.4	3.92
5	650×550×40	2	112.3	224.5	1.43
6	650×550×40	8	112.3	898.4	5.72
合计	A3钢板			2564.0	16.95

注
1、图中单位除注明者外，余均以毫米计。
2、支座垫石应预留螺栓孔，螺栓孔位置应由厂方提供，螺栓直径及长度应计算后确定。
3、支座上钢板与梁底预埋钢板采用断焊连接。
4、施工时，注意预埋相关构件，并确保预埋钢板底面水平。
5、墩顶支座安装时应使其一条支座中心线垂直于设计线放置；对单向活动支座，安装时应注意其可移动方向。
6、本图适用于地震动峰值加速度小于0.2g地区的桥梁。

钢-混工字组合梁上部结构通用图	荷载标准：公路—I级	连续40m 斜度：0°
支座平面布置图（二）	桥面宽度：13.0m、16.5m	图号：ST-GL-04-60

部位	序号	图示	说明
顶底板系列	1	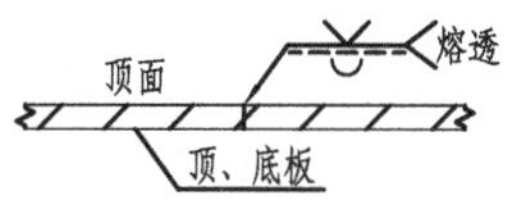	顶、底板等厚连接
	2		顶、底板不等厚连接
腹板系列	1		纵向腹板与顶底板的连接 实腹式横梁腹板与顶底板的连接
	2		腹板与横隔板的连接
	3		腹板等厚不等厚连接
	4		纵向腹板与腹板加劲肋连接
横隔板系列	1		实腹式横梁与腹板与顶、底板连接
	2	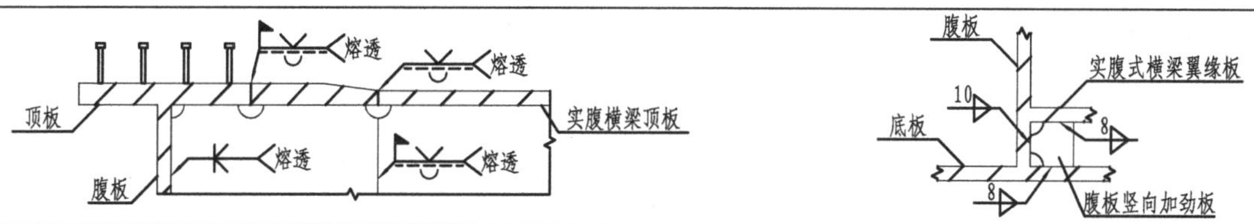	实腹横隔板翼缘板与主梁的连接

注：
1、图中单位除注明者外，余均以毫米计。
2、未特殊注明坡口的焊缝均为全熔透焊缝。
3、焊缝要求：
　Ⅰ级焊缝：所有熔透的焊缝均要求Ⅰ级焊缝；Ⅱ级焊缝：未特殊注明的不熔透的焊缝均要求Ⅱ级焊缝。

钢-混工字组合梁上部结构通用图	荷载标准：公路—Ⅰ级	连续40m 斜度：0°
钢-混工字组合梁焊缝通用图(一)	桥面宽度：13.0m、16.5m	图 号： ST-GL-04-61

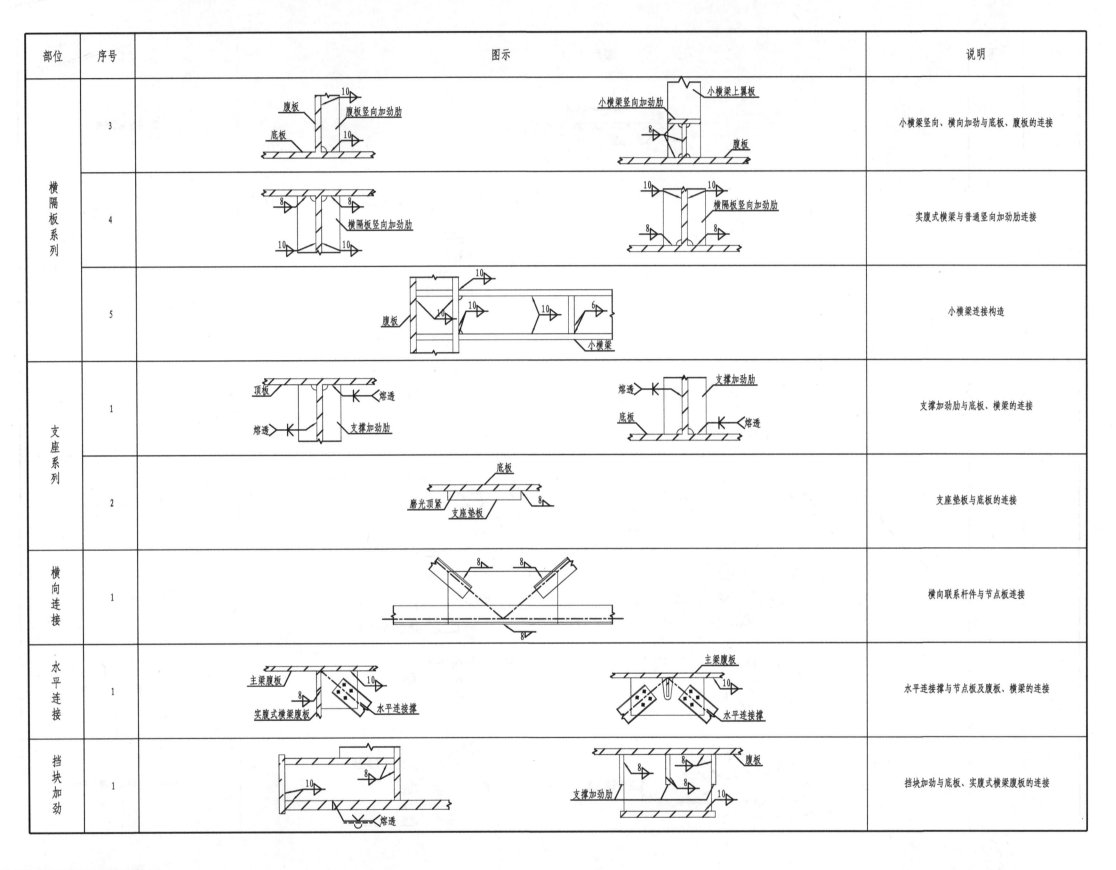

注
1、图中单位除注明者外，余均以毫米计。
2、未特殊注明坡口的焊缝均为全熔透焊缝。
3、焊缝要求：
Ⅰ级焊缝：所有熔透的焊缝均要求Ⅰ级焊缝；Ⅱ级焊缝：未特殊注明的不熔透的焊缝均要求Ⅱ级焊缝。

钢-混工字组合梁上部结构通用图	荷载标准：公路—Ⅰ级	连续40m 斜度：0°
钢-混工字组合梁焊缝通用图(二)	桥面宽度：13.0m、16.5m	图号：ST-GL-04-62